从"新"开始
从"研"出发

走向学科理解的校本教学研究

北京市第八十中学雄安校区教学研究成果集

胡友永　王建勋◎主编

中国书籍出版社
China Book Press

图书在版编目（CIP）数据

从"新"开始，从"研"出发：走向学科理解的校本教学研究：北京市第八十中学雄安校区教学研究成果集/胡友永，王建勋主编.—北京：中国书籍出版社，2020.10

ISBN 978-7-5068-8015-2

Ⅰ.①从… Ⅱ.①胡…②王… Ⅲ.①中学教育—教育研究—研究成果—汇编—北京 Ⅳ.①G632.0

中国版本图书馆 CIP 数据核字（2020）第 192721 号

从"新"开始，从"研"出发：走向学科理解的校本教学研究
——北京市第八十中学雄安校区教学研究成果集

胡友永　王建勋　主编

责任编辑	杨铠瑞
责任印制	孙马飞　马　芝
封面设计	中联华文
出版发行	中国书籍出版社
地　　址	北京市丰台区三路居路 97 号（邮编：100073）
电　　话	（010）52257143（总编室）　（010）52257140（发行部）
电子邮箱	eo@chinabp.com.cn
经　　销	全国新华书店
印　　刷	三河市华东印刷有限公司
开　　本	710 毫米×1000 毫米　1/16
字　　数	291 千字
印　　张	19
版　　次	2020 年 10 月第 1 版　2020 年 10 月第 1 次印刷
书　　号	ISBN 978-7-5068-8015-2
定　　价	75.00 元

版权所有　翻印必究

编委会

主　　编：胡友永　王建勋

执行主编：李继良　李景斋

特邀编委：朱金长　栗克庄　郭占军　化广增

　　　　　房　涛　徐世贵　王炳新　王玉辉

　　　　　李宏村　聂成华　张启华　赵修瑞

　　　　　许　浩　郝　刚　王　众　宋福龙

序　言

所有的努力，只为遇见更美好的教育

每个时代，都有伟大的节点。

就像曾国藩说过的那样："天下事，在局外呐喊议论，总是无益，必须躬身入局，挺膺负责，方有成事之可冀。"

作为首批援建雄安的教师团队，北京市第八十中学义不容辞地站在了时代的最前列，荣幸成为雄安新区建设的开拓者。可以说，2018年3月北京市第八十中学雄安校区的成立，为这座新城的谋篇布局吹响了集结号。新区发展，教育先行！这是国家决策，也是我们每一位援建教育人的使命和担当。

随着雄安新区总体规划的逐步落地实施，雄安的发展已经进入快车道。面对这样一个未来之城、千年之城和世界之城，我们深知，只有教育的快速、优质发展，才会让雄安更有生机、有活力、有魅力。面对困境和压力，我们唯有奋力成长方可成就最好的自己，唯有敢于变革才能体现自我的社会价值。

改革——从理念起步

"新故相推，日生不滞。"北京市第八十中学雄安校区成立的两年，是锐意改革，创新日进的两年。每位教师用爱和智慧诠释了"立德以昭世人，立言以启社会，立功以报家国"的情怀；每位干部用奉献和付出彰显了"发时代之声，建新世之业，赴未历之程，探未有之境"的决心和勇气。此时此刻，我为他们骄傲，为自己能融入这样一个伟大的集体而自豪！

罗曼·罗兰在《约翰·克利斯朵夫》中写道：圣者克利斯朵夫背着一个孩子过河，浪头很急，孩子很重。他费尽千辛万苦过了河，放下孩子说："孩子，你叫什么名字？为什么那么沉重？"孩子回答说："我是未来的日子！"这个故事，是在告诉我们，唯有逐浪前行，才能到达彼岸，才会实现梦想，因为我们肩上背负着孩子们的明天，背负着雄安的明天。

改革不是闭门造车，也不是主观臆想，更不会一蹴而就，需要扎根现实，用心设计。

改革——从课程出发

2018年9月北京市第八十中学专家团队全面接管学校以来，我们边破边立，从无到有。"名师工作室"成员竭尽全力让每位教师懂得了职业的崇高，让每位学生焕发了对生命的全新认知，让每位干部体会到了成长的意义。

让学校的每一位孩子走出家门，看到诗和远方。参观体验中国科技馆，让我们第一次有了真正意义的社会实践课程；远程教室和实验课的开启，完善了我们的课程体系；舞蹈、魔术、剪纸、白洋淀芦苇画等几十个学生社团的成立，拓展了学生个性发展的空间；首届经典诵读、新年诗会和成人仪式的举办，更是构建了我们立体的校本课程。

知行并重，多元融合，构建起了八十中学雄安校区独特的课程体系；以人为本，立德树人，雄安校区有了多视角、多层次的管理评价体系；第一届课堂教学基本功大赛的举办，让老师有了认识自我、提升自我的平台；第一届班主任教育基本功大赛的实施，让老师们有了展示个性、彰显教育理念的契机。华师教育研究院专业培训团队的引入，使我们的课堂教学有了智力支撑；邀请著名教育家魏书生先生担任我校班主任成长导师，使我们的教育管理水平和管理思想有了崭新的突破；北京首都师范大学研究生实习基地的成立，拉近了我们与教育教学的高端对话；河北省省级示范校的申报成功，让我们有了更高更远的视角和追求。

一年多的奋斗与实践，让我们懂得：也许我们只是一粒种子，但我们用爱与奉献播下了希望；也许，我们只是一盏灯火，但我们用忠诚与信仰，点亮了人心，照亮所有追梦人的前程。

改革——找准突破口

要想在废墟上开出灿烂的花,就要为种子找到突破口。

北京市第八十中学雄安校区之所以能在短时间内有跨越式、超常规的发展,就是因为我们选择了把教学和科研作为突破点。

教学是一所学校的生命线,尊重学生主体地位,重视学生个性发展,则是教学的出发点和立足点。要让学生完成"我想学、我会学、我学会"的蜕变,教学教研,无疑是最直接、最有效的抓手。

于是,从北京市第八十中学进驻雄安校区的第一天开始,我们就把教学研究当作重中之重、全局之重来抓。

立足于学校实际,搭建教师专业学习平台

一是专家引领。学校多次聘请了北师大、首师大等高校专家到校讲学。教师教育教学观念有了提升,理论水平有了提高。

二是"走出去、请进来"。学校管理层、骨干教师到北京、上海、深圳、成都、重庆等地名校取经问道,汲取先进管理理念,提高教学素养;依托北京市第八十中学优质教学资源,通过引入华师教育研究院,以"把握课标、用好教材、精准备课"为抓手,培养研究型教师;邀请北京市教研员、特级教师团队为教学"诊脉开方",更新教学观念,丰富教学手段,提高业务水平。

三是读书启智。学校要求每学期每位教师都要阅读一本理论书籍和学科专业书籍,并联系教育教学实践开展了读书评比活动,以读书启迪教师的教育教学智慧。

立足于教学研究,搭建教师专业研究平台

成立教研组,主要学科由北京教师任教研组长,打通初高中教师壁垒,

使教研活动轰轰烈烈开展起来了，学校也有了浓浓的学术研究氛围；学校积极实践课题推动下的"学、教、研"的"三位一体"式校本培训，形成了观念的一致性、行动的互补性、评价的激励性、成长的和谐性；以"教师自主发展研究中心"为平台，积极参与新区组织的"教师培养计划"，开展了"华师教育研究院一册书、单元（章节或专题）三研和七说说课""魏书生班主任培养基地""首师大硕士研究生实践基地"等活动。一年多来，教师们撰写的科研论文获市级以上奖的有十多篇，获市级以上的课堂教学案例或教学设计奖的二十多个，4个新区教育科研课题立项，并涌现出了华宇峰、陈扬扬等一大批青年骨干教师。

立足于课堂教学，搭建教师专业实践平台

　　课堂教学是实施新课程教学和落实学科核心素养的主阵地，也是提高教师教育教学实践能力的主要抓手。学校通过一年一度的教师教学基本功大赛，为教师搭建研究与交流的平台，实现了教师与新课程共同成长的专业化发展。通过一年多的探索与实践，交流课、引领课、示范课精彩纷呈，高效课堂、生命力课堂和精品课堂也风生水起。

　　教研不是教学的简单延伸，而是教学思想的内化，是教师与学生的双重唤醒。所以，我们首先从教师开始，让教师明确：教研就是要点燃自己，点燃自己求知探索的激情，哪怕是一点微光，也能更好地照亮他人、服务学生。同时也让教师明白：教研是接纳与传递，是创造与更新，需要勇气和坚持。为此，我们打破了初、高中分离的教研壁垒，采取了初、高中教学建构一体化的思路。在我眼里，只有打通"任督二脉"的教师，才可能成为真正意义上的名师高手。哪怕这过程很艰辛，很漫长，我认为依然有价值，依然值得期待。因为只有相信现在，才会看见未来。唯有敢于在一颗种子身上看见参天大树的人，才不会因疲惫而无心灌溉，因时日漫长而终止等待。

改革——以文化为支点

　　在北京市第八十中学"一人一天地，一木一自然——让生命因教育而精

彩"的教育思想引领下，雄安校区传承并发扬学校的优良传统和作风，根据实际，秉承内生性的原则，着力改革，对学校文化从点位、主线和立体全方位进行了系统梳理建构和深化提升。

首先，我们开发了以课程体系为核心的校本文化体系。我们的课程与学校文化有机结合，用学校文化引领课程建设，用课程建设发展学校文化。我们需要向外展示独特的学校文化，我们更需要向内用力，让文化走进教室、走进课堂、走进学科，走进每一个师生的生活学习中。例如，面对白洋淀的历史变迁，我们设计了"记住乡愁"系列校本课程，通过走访，采风，编写村志、村史等活动，使乡土文化课程化，使学校文化个性化、人性化，从而构建了我们学校特有的学校文化内涵。

其次，积极创建学校文化仪式。有人说过，没有仪式感的人生，只会灰头土脸。校园文化仪式不仅可以让学生对传统与历史有敬畏感，更能带给他们内心的感动和心灵的洗礼。进驻雄安以来，我们第一次组织了高三成人仪式，第一次举办了英语文化节，第一次组织了新年诗会，第一次举办了经典国学诵读，第一次举办了夏令营开班仪式，第一次组织参观了白洋淀家谱文化等。我们坚信，能让孩子感动的校园文化仪式必将成为文化因子深深植入学生的内心世界，成为永久的文化记忆，成为人生中的重要精神历程。

最后，通过校园环境改造，构建独特的学校文化符号和学校文化品牌。有人说，教育的本质是人点亮人，其实环境也可以改变人，良好的校园文化环境同样可以点亮人生。

从学校操场七个坟头的迁出开始，我们便开始了艰难而执着的改变。一个即将跨入省级示范校的学校操场居然是黄土操场的历史就此结束；教学楼内随处可见的硕大垃圾桶的景象，在我们的努力下成为历史；学生餐厅有序了，学生宿舍干净了。为了更好地服务学生，我们把图书馆阅览室搬到了走廊，构建了全天候开放的独特文化景观。

"路漫漫其修远兮，吾将上下而求索。"教育就是一段旅程，有着无止境的相遇与对话。我们与新时代相遇，我们与雄安相遇，我们也会与未来相遇。

有人说，有什么样的教育，就会有什么样的未来。让我们欣喜的是，努力，让我们遇见了更美好的教育。

一年多来，我们实施了"学校文化构建、课程体系架构、教师专业发展、教育质量提升、学校环境改造、管理专业化"六大工程，从全面铺开到初见成效，短短的时间我们见证了奇迹，也创造了奇迹。

"蹄疾而步稳，勇毅而笃行。"叩问初心，我们任重道远……感谢这个伟大的时代，让我们能亲历变革、参与创造。就像习近平总书记说的那样："新时代属于每一个人，每一个人都是新时代的见证者、开创者、建设者。""功成不必在我，功成必定有我。"

所有的美好当下，都是"我们"曾经一同负重奋斗的结果。真诚感谢一路陪伴着的每一位教师，感谢与我们一同成长获益的孩子，感谢北师大、首师大、华师教育研究院等专家的引领和指导……一本成果集，是记录也是见证，是回顾也是总结，是终点也是新征程的起点，里面的每一个文字都体现着老师们的专业尺度，融汇着我们每个人有温度的心血。在此还要特别感谢华师教育研究院的房涛、徐世贵、王炳新、王玉辉等专家们和李宏村、聂成华等部门负责人，是他们的把关让这本成果集更有"分量"，也是他们的助力这本书才能付梓印刷。

在雄安这片热土上，每天都在演绎着精彩的中国故事，这故事属于你、属于我、属于我们。希望每个故事因为有了我们而变得温暖，因为有了我们而更有力量。

既开始了奋斗，当砥砺前行！

是为序。

胡友永

2020 年 1 月于雄安

目 录
CONTENTS

第一部分　一册书三研

英语冀教版八年级下册 ………………………………………… 郝春苗　3

生物人教版选修3 ……………………………………………… 马曼曼　15

数学人教版九年级下册 ………………………………………… 田丽华　26

历史人民版必修第一册 ………………………………………… 冯　涛　37

语文统编版八年级下册 ………………………………………… 薛艳玲　43

道德与法治统编版八年级下册 ………………………………… 赵景泉　61

地理湘教版必修Ⅰ ……………………………………………… 刘永辉　68

第二部分　单元（章节或专题）三研

化学苏教版选修4"专题一 化学反应与能量变化" ………… 张落兴　107

数学人教版选修2－1"第二章 圆锥曲线与方程" ………… 王立彬　124

信息技术校本教材"第一单元 客观世界的数字化" ……… 化宇峰　130

英语人教版必修1"Unit 4 Earthquakes" ………………… 张亚萍　142

语文统编版九上第一单元"感悟诗情　吟咏人生" ……… 李景斋　148

生物人教版八下"第一章 生物的生殖和发育" …………… 陈扬扬　155

数学人教A版必修1"第二章 基本初等函数（Ⅰ）" ……… 崔凯超　174

英语冀教版九年级全一册"Unit 1 Stay healthy" ………… 李　丹　187

数学人教版七上"第二章 整式的加减" …………………… 田　彦　197

物理人教版九年级全一册"第十七章 欧姆定律" ……… 高海燕 211

第三部分　单篇教学说课

历史统编版八上第一单元"第2课 第二次鸦片战争" ……… 梁　清 229
数学人教版八上第十二章"12.1 全等三角形" ……… 邱质彬 234
美术人美版八上第15册"第6课 纸板的联想——座椅设计" ………
　　　　　　　　　　　　　　　　　　　　　　　　　卢志华 240
音乐冀少版七下第六单元"第1课时 绿色的梦" ……… 赵春芳 245
英语冀教版八上 Unit 5 "Lesson25 I want to be a teacher!" …… 田丹丹 249
语文统编版八上第六单元"第22课 愚公移山" ……… 郭腊梅 256
化学苏教版选修4 专题3 第一单元"第1课时 强电解质和弱电解质" ……
　　　　　　　　　　　　　　　　　　　　　　　　　刘　盼 263
物理人教版选修3-1第一章"9 带电粒子在电场中的运动" ………
　　　　　　　　　　　　　　　　　　　　　　　　　康　滢 271

第四部分　学生心理调查

中学生心理健康现状调查研究 ……… 郭占军 281

第一部分 01

| 一册书三研 |

英语冀教版八年级下册

北京市第八十中学雄安校区　郝春苗

社会在进步，教育在改革。过去的2019年对于我来说，注定是值得铭记的一年！我们在华师教育研究院专家的耐心指导下，参与讲、听、评课，认真进行一册书"三研"。然后，水到渠成地过渡到单元"三研"和说课。通过这一系列的研修活动，大大地激发了我们的学术研究意识，主动关注学科发展动态，学习新观点，了解新信息，站在课堂教学改革的前沿，逐步成为研究型教师。对我而言，英语课堂教学不再是简单地说教，也不再局限于课本，而是要把握课标，驾驭教材，精准备课，才能使自己的课堂更加完美！

下面我要分享的内容是英语冀教版八年级下册的一册书"三研"（见图1）。

图1

总地来看，一册书"三研"包括三个方面：研课标、研教材、研实施。研课标要从课程总目标、分级目标和分级标准进行研究；研教材包括教材的编写体例、编写意图特点、单元结构及知识整合；研实施就要研究教学策略、评价策略、课程资源开发与利用策略、整体教学思路及课时安排。

一、研课标

研课标通常是研究课标的课程总目标、分级目标和分级标准。

（一）课程总目标

英语学习使学生形成初步的综合语言运用能力，促进心智发展，提高综合人文素养。那么综合语言运用能力的形成，建立在语言技能、语言知识、情感态度、学习策略、文化意识等方面整体发展的基础之上。语言技能是语言运用能力的重要组成部分，主要包括听、说、读、写等方面的技能以及这些技能的综合运用。语言知识包括语音、词汇、语法以及用于表达常见的话题和功能的语言形式等。情感态度是指动机、兴趣、自信、意志、合作精神等影响学生学习过程和学习效果的相关因素，以及在学习过程中逐渐形成的祖国意识和国际视野。学习策略包括认知策略、调控策略、交际策略和资源策略等。文化意识是有关文化知识、文化理解、跨文化交际意识和能力。

（二）分级目标

课标要求八年级学生在上述综合语言运用能力的五个方面都达到四级的综合行为表现。（4年级应完成一级目标，6年级完成二级目标，7～9年级分别完成三、四、五级目标）

（三）分级标准

义务教育阶段英语课程各个级别的目标是指学生在语言技能、语言知识、情感态度、学习策略和文化意识五方面应达到的综合行为表现（图2）。

1. 语言技能的听说读写分别有以下要求

（1）"听"：能听懂接近自然语速、熟悉话题的简单语段，识别主题，获取主要信息；能听懂简单故事的情节发展，理解其中主要人物和事件；能听懂连续的指令并据此完成任务；能听懂广播、电视等媒体中的初级英语教学节目。

（2）"说"：能根据指示给出连贯的简单指令；能引出话题并进行几个回合的交谈；能在教师的帮助下或者根据图片用简单的语言描述自己或他人的经历；能在教师的指导下参与角色表演等活动，能在上述口语活动中使用正

图 2

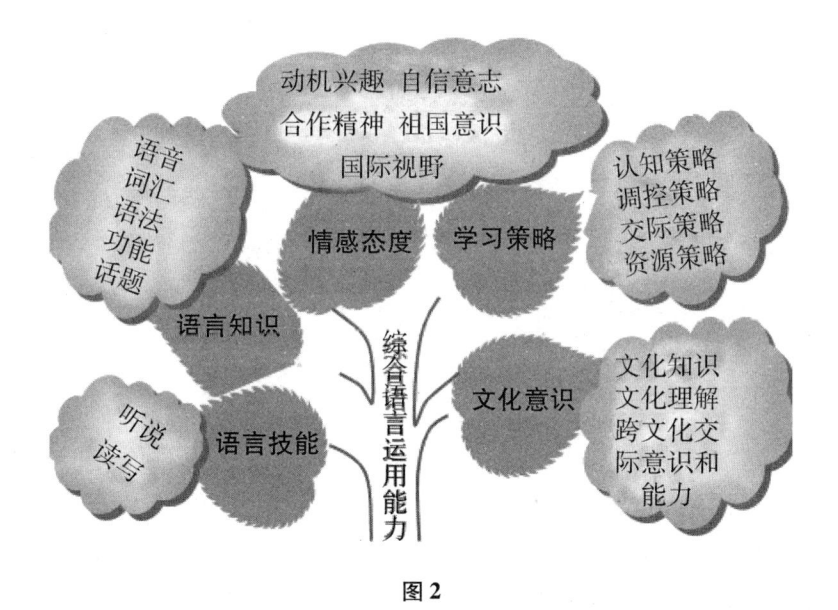

确的语音、语调。

（3）"读"：能连贯、流畅地朗读课文，能理解简单读物中的事件发生顺序和人物行为，并从中找出有关信息，理解大意；能根据上下文猜测生词的意思；能理解并解释图表提供的信息；能读懂简单的个人信件、说明文等应用文体材料；能使用英汉词典等工具书帮助阅读理解；课外阅读量应累计达到 10 万词以上。

（4）"写"：能正确使用标点符号；能用词组或简单句为自己创作的图片写出说明；能写出简短的文段，如简单的指令、规则；能在教师的帮助下或以小组讨论的方式起草和修改作文。

2. 语言知识四级标准

刚才在第一部分已经介绍过了，语言知识包括语音、词汇、语法以及用于表达常见的话题和功能的语言形式等。

（1）语音：在日常生活会话中做到语音语调基本正确、自然、流畅；根据重音和语调的变化，理解和表达不同的意图和态度；根据读音规则和音标拼读单词。

（2）词汇：八年级下册要求掌握并能使用的单词 156 个、认读单词 200 个和 127 个习惯用语或固定搭配。

（3）语法：能够理解并正确使用不定代词、it、条件状语从句、宾语从句、形容词和副词的比较等级、现在完成时态和被动语态。

（4）功能：理解和运用有关下列话题的语言表达方式，温度、旅游、种植、动物与环境、请求、邀请、情感、喜好等等。常见话题：理解和运用有关下列话题的语言表达方式，季节和天气、户外活动、网络、园艺、生意、讨论奥林匹克运动，并且学会比较、会阐述原因、影响和意愿。

3. 情感态度四级标准

有明确的学习目的，能认识到学习英语的目的在于交流；有学习英语的愿望和兴趣，乐于参与英语实践活动；能在小组活动中积极与他人合作，互相帮助，共同完成学习任务。

4. 学习策略四级标准

（1）认知策略：在学习中积极思考，主动探究，善于发现语言的规律并能运用规律举一反三；尝试阅读英语故事及其他英语课外读物。

（2）调控策略：明确自己学习英语的目标，制定切实可行的英语学习计划。注意了解和反思自己学习英语中的进步和不足，积极探索适合自己的英语学习方法。

（3）交际策略：善于抓住用英语交际的机会。在交际中，可以借助手势、表情，遇到困难，要有效地寻求帮助。

（4）资源策略：注意通过音像资料丰富自己的学习，也可以借助简单的工具书查找资料。现在网络如此发达，可以借助它进行学习。

5. 文化意识四级标准

了解英语国家的人际交往习俗；了解世界上主要的文体活动、节假日及庆祝方式；能初步用英语介绍祖国的主要节日和典型的文化习俗。

研究课标，可以使教师熟知课程标准，准确把握课程性质、教学目标和科学思想方法，拓展学科视野，具有广播深厚的教学理论基础。

二、研教材

研究教材，可以使我们具有精深的学科专业知识，建构起完整的学科知识体系，对学段学科内容了如指掌，并且能够游刃有余地施教。下面就教材的地位及作用、编写意图、教材特点、教材单元结构及整合进行研究。

（一）本册教材的地位与作用

三个过渡，三个加深，起到承上启下的作用。三个过渡是指词语运用到句型运用、听简短的对话到较长对话、情景交际到语篇理解。三个加深是指听力材料难度加深、语法项目难度加深、阅读短文难度加深。

（二）本册教材的编写意图

面向全体学生，注重素质培养。整体设计目标，体现灵活开放。突出学生主体，尊重个体差异。采取活动途径，倡导体验参与。注重过程评价，促进学生发展。开发课程资源，拓展运用渠道。

（三）本册教材具有四大特点

图文并茂、实用性强、注重交际、词汇量大。图文并茂是以生动活泼又切合单元内容的图画作为每个单元的开头，不仅版面设计充满新意，而且在内容和结构方面更富有创意，更具时代感，更有现代信息，更加贴近学生生活。实用性强则体现在每个单元的选材都源于学生的学习和生活，紧紧地与学生们的年龄特征、认知结构、生活经验联系在一起，所以学生容易接受，学习热情自然也高。为什么说本册教材注重交际呢？因为教材设计了大量的听说读写材料，每个单元都有语言活动，且内容不同、形式多样，学生对这些活动充满兴趣，所以大家都能情绪高昂地参加小组活动、班级展示等活动。词汇量大则大大丰富了学生的词汇量，让学生能够更好地表达自己的所思所想。

（四）教材的单元结构及整合

Unit 1 Spring is coming!

Unit 2 Plant a plant!

Unit 3 Animals are our friends

Unit 4 The Internet connects us

Unit 5 Buying and selling

Unit 6 Be a champion!

Unit 7 Know our world

Unit 8 Save our world

每个单元有6课，一共48课。每课由两部分组成，左面是内容丰富的课文，右面则是各种形式的活动。课文内容围绕单元话题、以主要人物的活动为主线展开。活动部分既有对语言知识的训练，又有对语言能力的培养，还兼具习题的特点，可以帮助教师及时、准确地判断学生的学习情况。每个单元所附单元复习题主要分为6个板块：词汇、语法、听说、综合活动、自我评价、拓展欣赏等，便于学生们对单元知识进行复习、巩固、归纳和反思。本册教材中的语言知识内容各个单元有所侧重。Unit 1、Unit 2 为构词法，Unit 3 不定代词，Unit 4 状语从句，Unit 5、Unit 6 宾语从句，Unit 6 形容词副词比较，Unit 7 现在完成时态和被动语态（见图3）。

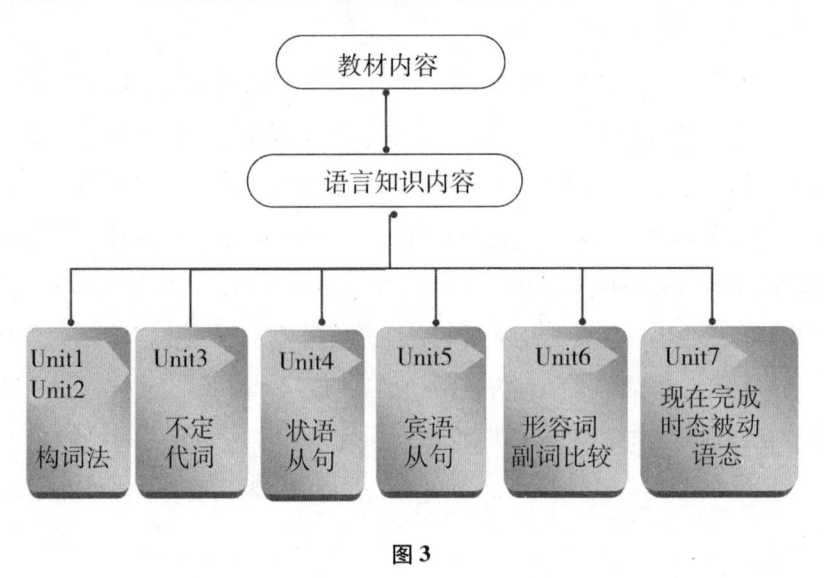

图3

把人教版和冀教版的教材进行对比。两个版本都涉及的话题：学校和家庭生活、文化和风俗习惯、日常生活、卫生与体育、购物、节日、天气、食物、环境等等。冀教版教材在对话方面的篇幅占得更多一些，所选的文章涵盖面广。每节课后面有各种形式的活动。在每个单元结束后，针对本单元的内容，有听说读写方面的练习，可以使学生们对所学知识进行进一步梳理和巩固。而人教版教材与时事政治的联系较密切，侧重于对学生的德育教育。练习题是贯穿于每节课的内容之中，以便做到即学即练。

中考分析：以课标中所规定的九年级毕业生的综合语言运用能力应达到

的要求为考察标准，考试内容的选择以知识为基础、以能力为重点、以发展为目标。设置语境，突出语篇，强调运用，真正发挥中考对教学的反拨与导向作用。试题贴近学生生活，传递正能量，注重基础与实际运用能力的考察，做到内容全面、结构合理、难易恰当、区分度明显，实现不同题型的不同测试功能。下面我把近三年的中考试题进行简单的分析（听力除外）：

表1

年份 题型	2017年	2018年	2019年
单项选择	26. 名词性物主代词	26. 形容词性物主代词	26. 名词性物主代词
	27. 介词辨析	27. 名词辨析	27. 名词辨析
	28. 形容词辨析	28. 形容词辨析	28. 介词辨析
	29. 动词短语辨析	29. 连词辨析	29. 形容词比较级辨析
	30. 情态动词辨析	30. 一般现在时态的考查	30. 现在进行时态的考查
	31. 现在进行时态的考查	31. 一般过去时态的考查	31. 动词短语辨析
	32. 形容词最高级	32. 动词短语辨析	32. 一般现在时态的被动语态
	33. 现在完成时态的考查	33. 现在完成时态的考查	33. 一般过去时态的考查
	34. 复合句：条件状语从句	34. 一般现在时态的被动语态	34. 过去进行时态的考查
	35. 一般现在时态的被动语态	35. 复合句：宾语从句	35. 副词辨析

从表1我们可以看到，三年的单项选择题都对代词、形容词、动词短语、时态、被动语态进行了考查。和以往不同的是，没有对冠词进行考查，都把冠词放在词语运用的题型中。2019年单选题没有对连词进行考查，而是考察了介词in。35小题，不和往年一样考查复合句，而是考查了副词almost。从2019年题型上看，30、32、33、34题都是放在具体的语境中，来判断答案，所以鉴于这种情况，我们不要对英语知识死搬硬套，我们要把英语知识学"活"！

八年级下册涉及的语法内容有不定代词、条件状语从句、宾语从句、形容词和副词的比较等级、现在完成时态和被动语态以及it。复合句出现在2017年34小题，2018年35小题，2019年的65小题。对形容词和副词的考查则分布在单项选择、完形填空和词语运用之中。前两年考试都涉及了现在完成时态，2019年没有出现。被动语态每年中考都会考查。

表2

年份 题型	2017年	2018年	2019年
完形填空	36. 动词 cry	36. 名词 salt	36. 连词 when
	37. 动词 have	37. 连词 but	37. 名词 teacher
	38. 名词 garden	38. 名词 uses	38. 副词 finally
	39. 动词 smile	39. 形容词 safe	39. 名词 invention
	40. 形容词 hungry	40. 动词 protect	40. 动词 encourage
	41. 动词短语 ask for	41. 介词 in	41. 介词 with
	42. 名词 hand	42. 形容词 valuable	42. 形容词 similar
	43. 副词 suddenly	43. 动词 describe	43. 动词 work
	44. 形容词 painful	44. 动词 get	44. 动词短语 look for
	45. 动词 forget	45. 名词 money	45. 名词 interest

如表2所示，近三年的完形填空都考查到了名词、动词和形容词。2017年考查了副词，2018年没有副词，而是加了连词和介词。在2019年，连词，副词和介词都是考查的内容。由此可见，今后的中考试题涉及的内容会越来越全面。在做题的过程中，学生们应根据上下文的内容，善于抓住有效的提示信息，利用词语的固定用法，考虑应该用什么时态等，认真耐心地完成这个题型。

2019年阅读理解中最明显的变化，是比往年多了一篇阅读理解。阅读理解的题量由原来的5/5/5式，变成了今年的3/3/4/5式。所选体裁大致没有变化，对细节理解、推理判断、词义猜测、主旨大意类题型的考查，比重基本上没有变化。但是，细节理解题占80%。在今后的训练中，让学生在做阅读时画出答案的依据，可以减少盲目性，提高正确性。

词语运用：对于这个题型来说，近几年考查的内容相似，只是顺序不同。分别考查了形容词、冠词、介词、副词、序数词、连词、代词、动词和名词。

连词成句：2018年连词成句分别考查了一般疑问句、祈使句、特殊疑问句、陈述句和感叹句。2019年没有考查一般疑问句，而是用复合句替代，在2017年中考题中也考查了复合句。

2019年的书面表达"When to Say Thank You"围绕文明礼貌展开话题,源于教材,贴近生活,传递正能量,体现学科育人的特点。

三、研实施

研实施包括教学策略、评价策略、课程资源开发与利用策略、整体教学思路及课时安排。

(一)教学策略

1. 面向全体学生,为每一个学生学习英语奠定基础

教师要充分了解班里的每一个学生,包括学生的性格、生活习惯、学习经历、水平和学习风格,因材施教,为学生提供多样化的发展空间。对他们在学习中出现的问题应给予有针对性的指导。

2. 注重语言实践,培养学生的语言运用能力

在学生的语言学习和实践活动中,教师应该注意处理好学习知识和发展能力的关系、语言操练和语言运用的关系以及教学和考试的关系。

3. 加强学习策略的指导,培养学生自主学习能力

有道是"授之以鱼,不如授之以渔"。根据学生的认知特点和学习风格,在英语教学实践活动中,有计划、有步骤地帮助他们找到适合自己的学习方法,不断提高他们自主学习的能力。

4. 培养学生跨文化交际意识,发展跨文化交际能力

英语教学应有利于学生理解异国文化,形成跨文化意识,拓展文化视野,同时加深对中华民族优秀传统文化的理解与感受。

5. 结合实际教学需要,创造性地使用教材

在英语教学活动中,没有必要根据教材按部就班地去讲解,可以根据当地实际情况、学生的现有水平做适当的调整、增加或者删减。

6. 合理运用各种教学资源,提高学生的学习效率

随着社会的不断发展,我们应该充分利用现代先进的教育资源,使教学的内容、形式与过程更为生动、直观、形象,以适应学生的认知特点。也可以利用广播电视、图书馆、班里的板报、英语角等多种资源,拓展学生自主学习的渠道和空间。

7. 组织生动活泼的课外活动，拓展学生的学习渠道

"兴趣是学习最好的老师。"面对我们的第二种语言，有的学生已经心生畏惧，他们不愿意也不敢参与到课堂教学中。所以作为英语教师，我们要想方设法地组织生动活泼的课外活动，比如单词 PK 比赛、对话表演、英语短剧等，不断地激发学生的学习兴趣，调动他们学习英语的积极性。

8. 不断提高专业水平，努力适应课程的要求

自从成立雄安新区以来，我深深地认识到自己知识的缺乏和英语教学能力的不足。为了适应社会、经济和科技的发展提出的要求，在华师教育研究院的指导下，我认真研究课标、钻研教材、学习如何讲好一节课、如何评课……我要不断地提高自身的业务水平，善于调整自己的知识结构和扩大知识面，积极而有创造性地探索行之有效的教学方法，努力使自己成为具有创新精神的研究型教师。

（二）评价策略

1. 尊重每一名学生的差异，面向全体，全面检查学生英语素养

2. 从语言学习的多角度进行评价，同时评价形式多样，如教师评价、学生互评、家长评价、学生自评相结合

3. 关注考查学生对阅读材料的领悟和把握能力

4. 用准确、地道的具有正能量的短语和句子进行评价表扬，同时指出进一步提高的具体方法

5. 考题关注生活、贴近现实、有时代特征，而且要难易适中

（三）课程资源开发与利用策略

包括课程资源、开发方法、学校资源。可供我们利用的课程资源包括英语教材、相关学习材料、辅助设施、广播影视节目、录音录像资料、直观教具、光盘、杂志、书籍等。课程资料的开发方法有：充分利用信息技术和互联网络，以及文本文件、图片、视频文件单元课件。学校资源有班级图书角、英语角、班级小报。我们要鼓励学生交流学习资源。

（四）整体教学思路及课时安排

"好的开始是成功的一半"，所以在设计一节课的时候，导入要新颖别致，吸引学生的眼球，以便学生们能够以良好的状态投入这节课中。课堂教

学生动有趣，在课上经常设计一些游戏或者小组活动，比如词语接龙、英语单词速写比赛、对话表演等，积极调动学生学习英语的积极性，不断激发他们学习的兴趣。在英语教学活动中，教师不是一味地说教，而是引领学生积极思考、合作探究，发现学习语言的规律，真正地做到以学生为主体的思想，让学生们在开心快乐的气氛中学到英语知识（见图4）。

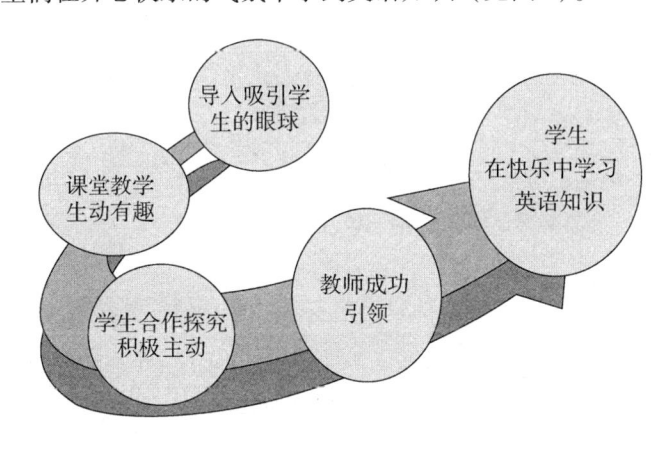

图 4

我的英语课型分成六类：探究课、阅读课、写作课、听说课、练习课、竞赛课（如图5所示）。以每周10节课（包括早晚自习）为准：探究课4课时、阅读课1课时、写作课1课时、听说课1课时、练习课2课时、竞赛课1课时。

图 5

以第二单元为例，说一下我的课时安排（含早晚自习）。（见图6）

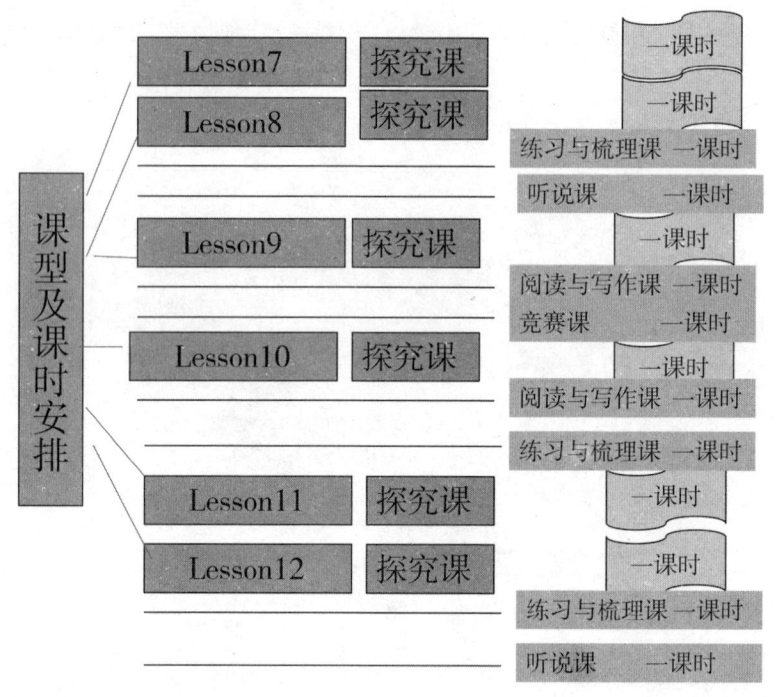

课型及课时安排：
- Lesson7 探究课 —— 一课时
- Lesson8 探究课 —— 一课时
- 练习与梳理课 一课时
- 听说课 一课时
- Lesson9 探究课 —— 一课时
- 阅读与写作课 一课时
- 竞赛课 一课时
- Lesson10 探究课 —— 一课时
- 阅读与写作课 一课时
- 练习与梳理课 一课时
- 一课时
- Lesson11 探究课 —— 一课时
- Lesson12 探究课 —— 一课时
- 练习与梳理课 一课时
- 听说课 一课时

图6

其他的七个单元的课时安排与上图基本相似，但是也可根据实际情况做一些调整。

新学期、新气象、新时代、新发展，教育要实现高质量发展，关键要靠教师。我们每个教师只有把握课标，用好教材，精准备课，才能使每一节课以最佳的方式呈现给同学们。同时指导学生们构建知识体系和学习方法体系，让他们能够积极主动地参与到课堂教学之中，从而在开心愉悦的气氛中获得知识！

"春日之禾，不见其长，日有其增。"只要我们坚持，我们的英语课堂会越来越精彩，学生们的学习兴趣也会越来越浓厚，从而他们的英语综合运用能力也会越来越棒！

生物人教版选修3

北京市第八十中学雄安校区　马曼曼

美国教育学家克洛威尔说:"教育面临的最大挑战,不是技术,不是资源,不是责任感,而是发现新的思维方法。"因此,作为生物教师应组织学生在开展科学探究的过程中发展科学思维,从而使其形成正确的生命观念,最终成长为具有社会责任感的人。这就对教师提出了更高的要求,然而,鸡蛋从外打破是食物,从内打破是生命。人生亦然,从外打破是压力,从内打破是成长。正因为面临着挑战,也迎来了成长的蜕变。

我对人教版高中《生物·选修3·现代生物科技专题》从课标、教材、实施三个方面,十二个维度进行了研究,以下是我对本册教材教学的理解。

一、研课标

(一) 课程性质、基本理念、设计思路

生物学是自然科学中的一门基础学科,是研究生命现象和生命活动规律的科学。其基本理念是:

1. **核心素养为宗旨**

生物学学科核心素养包括生命观念、科学思维、科学探究和社会责任四个维度。这四大学科核心素养并不是孤立的,而是有一定的逻辑关系的。其中生命观念是生物学学科核心素养的基础,而生命观念形成的过程离不开科学思维和科学探究。科学思维和科学探究是相辅相成的。科学思维是科学探究的内涵,科学探究则是科学思维的实证过程。在生命观念、科学思维、科学探究形成的过程中,又产生了社会责任意识。

2. 内容聚焦大概念

本课程的设计和实施追求"少而精的原则",以确保学生有相对充裕的时间主动学习。

3. 教学过程重实践

生物课程强调学生的学习过程是主动参与的过程。

4. 学业评价促发展

本课程重视以评价促进学生的学习与发展,重视评价的诊断作用、激励作用和促进作用。

生物学能反映自然科学的本质,要求学生在掌握基础生物学知识的同时,更要领悟生物学家在研究过程中所持有的观点和解决问题的思路和方法。该理念更加注重学生的生物学学科核心素养的培养,教学过程中重视学生的操作能力。现在大多数学校的生物实验室设备无法满足新课程标准的要求,这要求学校生物实验室设备的提高,评价的观念也需发生改变,以学生为主体,以学生发展为本,更加注重能力培养。

该课程的设计思路是:以发展学生生物学学科核心素养为宗旨;充分吸纳科学教育研究成果和生物学教改经验;满足学生多元需求,突出课程的基础性和选择性。

(二)课程总目标、本册目标

生物课程的总目标:树立生命观念、形成科学思维的习惯、掌握科学探究的思路和方法、具有开展生物学实践活动的意愿和社会责任感。新课标中目标更加明确,学习生物课程使学生在多方面提升自己,思维能力、解决问题的能力得到锻炼,同时也使学生具有一定的责任感,为今后的发展打下基础,更加适应当今社会的发展需要。

本册目标:引导学生与时俱进;正确认识科学与技术的互动;关注科学技术的社会应用,增强社会责任感;深化热爱生物科学技术的情感,发展探究能力。

(三)内容标准

高中生物学课程分为必修、选择性必修和选修三个部分。必修部分包括"分子与细胞"和"遗传与进化"两个模块;选择性必修部分有"稳态与调节""生物与环境"和"生物技术与工程"三个模块;选修部分涉及现实生活应用、职业规划前瞻及学业发展基础三个方向的多个拓展模块。

本课程的必修学分共计4学分,每个必修模块为2学分,每个学分的教学需18学时。每个学生必须完成2个必修模块的学习,共72学时,每周2~4学时,建议在高一年级开设。

学生在修满本课程必修学分的基础上,可根据兴趣和志向学习选择性必修和选修课程。选择性必修课程每个模块为2学分,选修课程每个模块为1学分,每个学分的教学需18学时。学生在完成了必修课程的学习后,可以直接学习选择性必修或选修课程,也可以不再选修本学科课程。

本册内容标准:结合实例,举例说出细胞工程和基因工程等所用基本原理(生命观念);针对某一需求,在细胞工程和基因工程中选取恰当的技术和方法,并进行简单设计和制作(生命观念、科学探究);面对与生物技术和工程有关的话题,能够运用生物学知识表明自己的观点并展开讨论(科学思维、社会责任)。

五个专题合起来,具体内容标准为17项。其中"简述"为8项,"举例说出"为6项,"关注"为2项,讨论为1项。这说明在知识性目标上以了解水平为主,在情感目标上以经历水平为主,技能性目标体现在活动建议中,主要是参观、调查、资料收集、交流讨论、专题综述等。

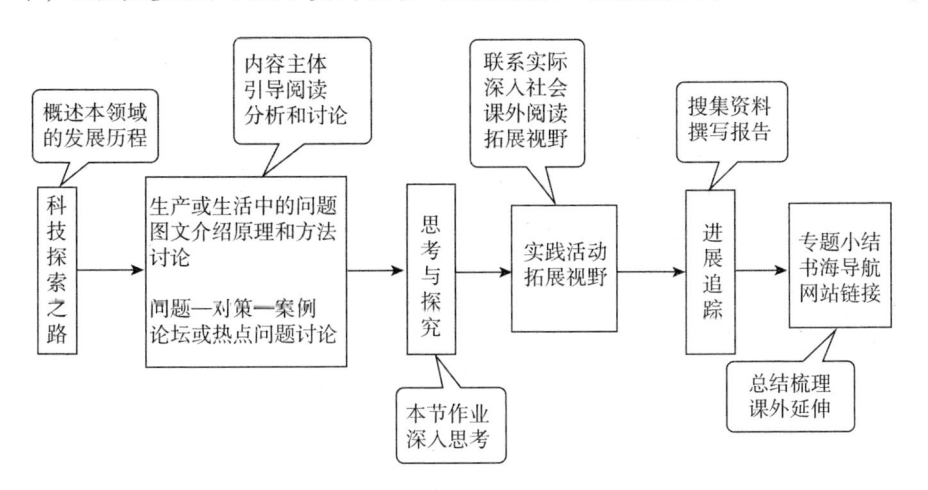

图1 选修3教材呈现方式

二、研教材

（一）教材编写体例

本册书的编写体例：目录、正文、后记。目录的作用是不容忽视的，运用目录可以一目了然地了解新学期的内容框架、章节结构，才能做到"纲举目张"。正文主要阐述每一节的知识要点。后记则阐明编写者的编写依据及对编写提供了帮助的专家、学者、教师等表达感谢之情。

专题编写体例：专题标题、专题引言以及"科学探索之路""专题小结""进展追踪""书海导航"。引言是一个专题知识的生长点、核心内容，它能使学生初步了解本专题的学习目标。"科技探索之路"介绍了一个专题的科技发展史，能让学生在历史的感性氛围中走进专题的学习，激发了学生学习的兴趣。"专题小结"是对本专题所有知识点的概括，有利于学生将零散的知识规模化、系统化。"进展追踪""书海导航"能够指导教师与学生了解本专题的进展及编写本专题的主要参考文献。

节编写体例：节标题、正文、插图以及"寻根问底""生物技术资料卡""思考与探究""模拟制作""异想天开""拓展视野"。丰富精美的插图增添了生物科学的趣味性，使学习变得轻松愉快。"寻根问底"栏目中的问题较为专业，能够培养学生追根求源的能力，学生只有通过课外阅读才能找到合理的答案。"生物技术资料卡"是对正文知识的进一步说明或者补充，能够指导学生学习科学的方法。"思考与探究"是对教材知识的延伸，为学生提供了探究学习、自主学习的平台。"模拟制作"让学生通过动手实践，掌握重要知识。爱因斯坦说过："想象力比知识更重要，因为知识是有限的，而想象力概括着世界上的一切，推动着进步，并且是知识进化的源泉。""异想天开"栏目中的想法虽然不切合实际，但能培养学生大胆想象和假设。"拓展视野"则拓宽了学生的学习空间。

（二）教材编写特点

1. 体现科学性、思想性和艺术性的统一

教材内容系统规范，严谨准确；有利于学生发展探究能力和实践能力；文字表述准确、生动，图文并茂，清晰美观。

2. 体现了学习方式的多样化

这样更有利于学生自主学习和主动构建知识。与必修教材有效衔接，没有内容上和思维上的明显脱节或不必要的重复。

3. 联系生活实际

本模块的教材，并不是仅介绍纯粹的生物科学技术，而是与社会生活、生产和发展的现实需求紧密结合的。如基因工程、细胞工程、胚胎工程，不仅是生物科学技术热点，也是社会关注的热点。生物技术的安全性和伦理问题，更是直指科学技术的社会责任问题。

（三）内容框架

专题1 基因工程

1.1 DNA重组技术的基本工具

1.2 基因工程的基本操作程序

1.3 基因工程的应用

1.4 蛋白质工程的崛起

专题2 细胞工程

2.1 植物细胞工程

2.1.1 植物细胞工程的基本技术

2.1.2 植物细胞工程的实际应用

2.2 动物细胞工程

2.2.1 动物细胞培养和核移植技术

2.2.2 动物细胞融合与单体克隆抗体

专题3 胚胎工程

3.1 体内受精和早期胚胎发育

3.2 体外受精和早期胚胎培养

3.3 胚胎工程的应用及前景

专题4 生物技术的安全性和伦理性问题

4.1 转基因生物的安全性

4.2 关注生物技术的伦理问题

4.3 禁止生物武器

专题5　生态工程

5.1　生态工程的基本原理

5.2　生态工程的实例和发展前景

（四）教材立体式整合

基因工程在人教版必修2的第6章第2节首次出现，简要介绍了基因工程及其应用、转基因生物和转基因食品的安全性。人教版选修3专题1对基因工程及其应用进行了进一步延伸，引入了第二基因工程——蛋白质工程。在专题4《转基因生物的安全性》的学习中，学生通过上网或查阅资料、报道，对转基因食品有了更科学的认识和理解。不难理解必修部分对于选修部分的基础性，必修部分的概念和原理是理解选修部分技术流程的关键，运用必修部分的知识可以进一步加深对现代生物科技的理解和把握；加强必修与选修的综合和联系，可以让学生深刻理解科学和技术的有机联系。

（五）不同版本教材对比

人教版选修3和浙科版选修3在编写体例上有一定区别，其中人教版教材中插入了"异想天开"模块，由于用词和配图都极具幽默感，所以更能激发学生的想象力，从而使他们兴趣浓厚地主动探究。浙科版选修3在每节开头都设有"本节要点"，能更直接地表明编者想让学生了解的知识。此外在内容上也有不同，人教版专题2是细胞工程，浙科版第二章是克隆技术。

浙科版教材参照美国教材来设置知识体系，从总体上看知识的难度较大。有些内容比人教版教材的知识点要更深入，为那些希望深入学习生物知识的同学提供了平台。由于现代生物科技专题本来就抽象难懂，于是我们选择的是基础、生动的人教版教材。

（六）考题分析

（2017年新课标Ⅰ卷，38）真核生物基因中通常有内含子，而原核生物基因中没有，原核生物没有真核生物所具有的切除内含子对应的RNA序列的机制。已知在人体中基因A（有内含子）可以表达出某种特定蛋白（简称蛋白A）。回答下列问题：

（1）某同学从人的基因组文库中获得了基因A，以大肠杆菌作为受体细胞却未得到蛋白A，其原因是＿＿＿＿＿＿＿＿＿＿＿＿＿＿＿＿＿＿＿＿＿＿。

（2）若用家蚕作为表达基因 A 的受体，在噬菌体和昆虫病毒两种载体中，不选用_____作为载体，其原因是_____。

（3）若要高效地获得蛋白 A，可选用大肠杆菌作为受体。因为与家蚕相比，大肠杆菌具有_____（答出两点即可）等优点。

（4）若要检测基因 A 是否翻译出蛋白 A，可用的检测物质是_____（填"蛋白 A 的基因"或"蛋白 A 的抗体"）。

（5）艾弗里等人的肺炎双球菌转化实验为证明 DNA 是遗传物质做出了重要贡献，也可以说是基因工程的先导，如果说他们的工作为基因工程理论的建立提供了启示，那么，这一启示是_____。

答案：

（1）基因 A 有内含子，在大肠杆菌中，其初始转录产物中与内含子对应的 RNA 序列不能被切除，无法表达出蛋白 A

（2）噬菌体　噬菌体的宿主是细菌，而不是家蚕

（3）繁殖快、容易培养

（4）蛋白 A 的抗体

（5）DNA 可以从一种生物个体转移到另一种生物个体

解析：本题考查对基因工程技术的理解、噬菌体是专门侵染细菌的病毒及目的基因是否表达的检测方法。

（2018 全国 I 卷，38）回答下列问题：

（1）博耶（H. Boyer）和科恩（S. Cohen）将非洲爪蟾核糖体蛋白基因与质粒重组后导入大肠杆菌细胞中进行了表达，该研究除证明了质粒可以作为载体外，还证明了_____（答出两点即可）。

（2）体外重组的质粒可通过 Ca^{2+} 参与的_____方法导入大肠杆菌细胞；而体外重组的噬菌体 DNA 通常需与_____组装成完整噬菌体后，才能通过侵染的方法将重组的噬菌体 DNA 导入宿主细胞，在细菌、心肌细胞、叶肉细胞中，可作为重组噬菌体宿主细胞的是_____。

（3）真核生物基因（目的基因）在大肠杆菌细胞内表达时，表达出的蛋

白质可能会被降解。为防止蛋白质被降解，在实验中应选用_____的大肠杆菌作为受体细胞，在蛋白质纯化的过程中应添加_____的抑制剂。

答案：

（1）体外重组的质粒可以进入体细胞；真核生物基因可在原核细胞中表达

（2）转化　　外壳蛋白（噬菌体蛋白）　　细菌

（3）蛋白酶缺陷型　　蛋白酶

解析：本题考查基因工程中目的基因与质粒结合形成重组质粒后导入受体细胞的过程、目的基因进入受体细胞的方法以及目的基因的检测与鉴定的方法。

（2019全国卷Ⅰ，38）基因工程中可以通过PCR技术扩增目的基因。回答下列问题。

（1）基因工程中所用的目的基因可以人工合成，也可以从基因文库中获得。基因文库包括_____和_____。

（2）生物体细胞内的DNA复制开始时，解开DNA双链的酶是_____。在体外利用PCR技术扩增目的基因时，使反应体系中的模板DNA解链为单链的条件是_____。上述两个解链过程的共同点是破坏了DNA双链分子中的_____。

（3）目前在PCR反应中使用Taq酶而不使用大肠杆菌DNA聚合酶的主要原因是_____。

答案：

（1）基因组文库　　cDNA文库

（2）解旋酶　　加热至90～95 ℃　　氢键

（3）Taq酶热稳定性高，而大肠杆菌DNA聚合酶在高温下会失活

解析：本题考查的是基因工程中通过PCR技术扩增目的基因的内容。PCR技术的原理是DNA双链复制的原理，所以类似于细胞内的DNA复制过程，需要模板、原料、酶等条件。由于该过程中的高温条件，所以需要用耐高温的热稳定DNA聚合酶。

从近三年全国卷Ⅰ高考试题分析可以看出，选修3考查内容相对集中，主要考查基因工程、细胞工程、胚胎工程，考点涵盖了各项工程的基本原

理、操作步骤、生产应用等，并与必修进行适当综合。能力要求方面主要考查学生是否能掌握所学知识的要点，以及知识间的内在联系。从高考试题的考查特点不难看出，基本概念和原理是选修3模块教学的核心目标。

三、研实施

（一）课标策略

1. 教学策略

高度关注生物学学科核心素养的达成；组织以探究为特点的主动学习是落实生物科学学科核心素养的关键；通过大概念的学习，帮助学生形成生命观念；加强和完善生物学实验教学；落实科学、技术和社会相互关系的教育；注意学科间的联系；注重生物科学史和科学本质的学习。

2. 评价策略

评价是日常教学过程中不可或缺的重要环节，是教师了解教学过程、调控教和学的行为、提高教学质量的重要手段。评价以学生发展为本，以生物学课程内容、学业质量标准为依据，聚焦学科核心素养，促进教师的教和学生的学。

（1）评价原则：遵循立德树人指导思想，重视学生爱国主义情操和社会责任感形成；关注对生物大概念的理解和融会贯通；指向生物学学科核心素养发展；体现导向性和激励性；方式多样性。

（2）评价内容：学生的生命观念；学生科学思维的发展；学生科学探究能力；学生的社会责任意识。

（3）评价方式：学生成长记录；课堂行为观察；作业练习检测；实践与应用检测；阶段性纸笔检测。

（4）结果反馈：利用评语、谈话等形式对学生学习情况及时反馈。

3. 课程资源开发与利用策略。

广泛利用媒体资源；积极开发和利用信息技术课程资源；充分利用学生的生活资源；积极利用社会上的生物学课程资源；重视地方教育行政部门、学校校长和教师的课程能力建设。

（二）整体教学思路及课时安排

本人将必修与选修部分的内在关系进行了梳理，形成了如下主要的综合对应关系：基因工程——必修1，细胞工程——必修2，胚胎工程——必修1、2，生物技术安全——必修3，生态工程——必修3。通过这样的知识融合，可以做到知识的触类旁通。从学生的认知规律和学习特点来说，加强必修和选修的融合，可以使学生掌握融会贯通的学习方法，培养学生整合知识的能力，促进知识的内化过程，从而建构稳固的知识系统。

本册书的课时安排如下：选修3的总课时安排为24课时。

专题1　基因工程（7课时）

1.1　DNA重组技术的基本工具（1课时）

1.2　基因工程的基本操作程序（3课时）

1.3　基因工程的应用（2课时）

1.4　蛋白质工程的崛起（1课时）

专题2　细胞工程（6课时）

2.1.1　植物细胞工程的基本技术（2课时）

2.1.2　植物细胞工程的实际应用（1课时）

2.2.1　动物细胞培养和核移植技术（2课时）

2.2.2　动物细胞融合与单体克隆抗体（1课时）

专题3　胚胎工程（5课时）

3.1　体内受精和早期胚胎发育（2课时）

3.2　体外受精和早期胚胎培养（1课时）

3.3　胚胎工程的应用及前景（2课时）

专题4　生物技术的安全性和伦理性问题（3课时）

4.1　转基因生物的安全性（1课时）

4.2　关注生物技术的伦理问题（1课时）

4.3　禁止生物武器（1课时）

专题5　生态工程（3课时）

5.1　生态工程的基本原理（2课时）

5.2　生态工程的实例和发展前景（1课时）

（三）教学方法及流程

教学方法及流程

教学方法选择讲授法与探究式教学法相结合。组织学生参观、调查、资料收集、交流讨论等

生物基本理论的教学流程

创设情境，引导学生提出问题，展开学习目标 ➡ 通过多种方式的教育活动，让学生关注科学技术的社会功能 ➡ 由理论上升到实际，应用生物科学技术，参与个人和社会事务的决策

生物学概念的教学流程

提出问题——实例分析——得出概念——实际应用的流程设计

以专题4中4.1《转基因生物的安全性》中转基因食品的安全性为例，教学流程为情景导入、明确学习目标→回顾旧知、引出新知→开展辩论、激发学生热情→反思总结、当堂检测。由学生比较感兴趣的转基因食品引入要探讨的内容，引导学生回顾基因工程的相关知识，通过辩论方式展开探讨，教师加以引导总结。方法采用讲授法、分组讨论、开展辩论的形式。辩论式教学让学生思维变得开阔起来，让生物课堂活泼生动，让核心素养更加贴近课堂。

"问渠那得清如许？为有源头活水来。""三研"为我开启了一扇窗，让我看到了改变的希望。她如一股清泉，流入我的心里，当然要想细水长流，做到学以致用就要不断地反思自我、更新自我、提升自我，努力成为一名优秀的教师。我们不能给学生背不动的书包，要给他们带得走的礼物。

数学人教版九年级下册

北京市第八十中学雄安校区　　田丽华

一册书三研是从研课标、研教材、研实施三个方面进行的。通过对课标和教材的研读，弄清课程标准的特点和教学要求。了解所教课程的总目标和学段目标，明了所教课程的总体设计思路，吃透课程标准对教材的基本要求。这样教师就可以厘清教学主线，掌握教材编写体系和内容安排及一册书中各知识部分的内在联系，为科学有效地制订学期教学计划和教学实施打下基础。

一、研课标

（一）课程性质、课程基本理念、课程设计思路

1. 课程性质

义务教育阶段的数学课程是培养公民素质的基础课程，具有基础性、普及性和发展性。数学课程不仅能使学生掌握必备的基础知识和基本技能，培养学生的抽象思维、推理能力、创新意识和实践能力，还能够促进学生在情感态度与价值观等方面的发展，为学生未来生活、工作和学习奠定良好的基础。

2. 课程基本理念

数学课程教育要面向全体学生，课程内容要符合学生的认知规律，从学生已有的生活经验出发，有利于学生体验、理解、思考。教学活动是师生积极参与、交往互动、共同发展的过程。教学过程中教师要激发学生学习的兴趣，引发学生的数学思考。提升学生的推理能力和创新意识。学习评价的主要目的是为了全面了解学生数学学习的过程和结果。应建立目标多元、方法

多样的评价体系。学习评价要重视学生在数学活动中所表现出来的情感与态度，帮助学生认识自我、建立信心。数学课程应根据实际情况合理地运用现代信息技术，要注意信息技术与课程内容的整合，注重实效。

3. 课程设计思路

为了体现数学课程的整体性，根据学生发展的生理和心理特征，将九年的学习时间划分为三个学段。每个学段的课程目标分为总目标和学段目标，从知识技能、数学思考、问题解决、情感态度四个方面加以阐述。在各学段中，安排了四个部分的课程内容："数与代数""图形与几何""统计与概率""综合与实践"。数学课程的设计，充分考虑本阶段学生数学学习的特点，符合学生的认知规律和心理特征，有利于激发学生的学习兴趣，引发数学思考。

（二）课程目标

人教版九年级下册的课程目标从以下四个方面具体阐述：

（1）体验从具体情境中抽象出数学符号的过程，掌握必要的运算技能；探索具体问题中的数量关系和变化规律；掌握用函数进行表述的方法。

（2）体会通过合情推理探索数学结论，运用演绎推理加以证明的过程，在多种形式的数学活动中，发展合情推理与演绎推理的能力。

（3）学会在具体的情境中从数学的角度发现问题和提出问题，并综合运用数学知识和方法等解决简单的实际问题。

（4）积极参与数学活动，对数学有好奇心和求知欲。

（三）课程内容

反比例函数：结合具体情境体会反比例函数的意义，能根据已知条件确定反比例函数的表达式，能画出反比例函数的图像，根据图像和表达式探索并理解图像的变化情况，能用反比例函数解决简单实际问题。

图形的相似：通过具体实例认识图形的相似；了解相似多边形和相似比；了解相似三角形的判定定理及判定定理的证明；了解相似三角形的性质定理：相似三角形对应线段的比等于相似比，面积比等于相似比的平方。

锐角三角函数：利用相似的直角三角形，探索并认识锐角三角函数，知道特殊角的三角函数值；能用锐角三角函数解直角三角形；能用相关知识解决一些简单的实际问题。

图形的投影：了解中心投影和平行投影的概念；会画直棱柱、圆柱、圆锥、球的主视图、左视图、俯视图，能判断简单物体的视图。

综合与实践：结合实际情境，经历设计解决具体问题的方案，并加以实施的过程，体验建立模型、解决问题的过程，并在此过程中，尝试发现和提出问题。

二、研教材

（一）教材编排体例

本册教材每个单元的章前图和引言，反映本章的主要内容和学习方法，使学生了解本章内容的概貌，注重知识的导入（如图1所示）。正文部分教材以问题案例引入，设置了观察、思考、探究、归纳等栏目，以问题、填空等形式引导学生通过观察、分析、猜想获取数学知识，积累学习经验，正文部分注重对知识的深入剖析。章末安排的小结包括"知识结构图"和"回顾与思考"两部分，让学生在宏观上对本章的知识有更清晰的认识。课后复习题分复习巩固、综合应用、拓广探索三个维度，分类分层体现知识的综合应用性，深化学生对本章核心内容和数学思想的理解。

图1 图人教版九年级下册教材编写体例

(二) 教材编写特点

1. 加强数学知识与实际的联系，体现数学知识的形成和应用

本册书各章内容编写时，对于概念的引入、知识的形成等均注意从实际问题出发，例如在学习反比例函数的概念、图像、性质时，教材先从生活实际的行程问题、面积问题出发，抽象出描述反比例变化规律的数学模型，使学生体会反比例函数的意义，画出反比例函数的图像探索反比例函数的性质，利用反比例函数的性质解决简单的实际问题，学生进一步加深对反比例函数的认识。这一过程体现了数学源于实际，同时将所得数学结论运用于实际。

2. 注重数学知识的整体性，突出知识的连贯性

本册书在编写的过程中，注重学生对数学知识内部联系的认识，引导学生用已有的知识解决问题。例如在探究"相似三角形的判定与性质"的知识过程中，通过类比"全等三角形的判定和性质"来学习，利用全等三角形的学习经验提出相似三角形的问题和方法，引导学生学习探究。在第26章"反比例函数的图像和性质"的学习过程中，其探究的思路、方法与正比例函数的图像和性质是一样的；教材在新旧知识结构安排上充分注意尊重数学的内在体系结构，挖掘数学知识的内在联系，揭示数学知识的本质。

3. 为学生创设探索和交流的机会，扩大学生的思维空间

在学习"投影与视图"章节内容时教材首先从学生身边的实例出发，引出投影的概念、分类；再通过"思考"栏目，引导学生比较和认识中心投影与平行投影的区别，以及平行投影中"正投影"与"斜投影"的区别；接着通过"探究"栏目，引导学生讨论正投影中基本线段的性质；最后引导学生"归纳"得出正投影的性质。教材通过设置"观察""思考""讨论""探究""归纳"等栏目，让学生通过观察、分析、思考、探索活动来发现结论，经历知识的"再发现"过程。"投影与视图"是立体图形与平面图形之间的转化，需要学生直观感知、动手操作。我们在教学过程中结合教材在"课题学习—制作立体模型"教学设计，组织学生制作立体模型的实践活动，让学生在制作模型的过程中体验平面图形到立体图形转化的过程，学生通过动手操作体会用三视图表示立体图形的作用，进一步感受立体图形与平面图形之间

的联系。这样的设计不仅巩固学生已学的相关知识，而且也培养了学生的空间观念，扩大学生的思维空间。

（三）不同版本教材的对比

通过对数学九年级下册人教版和北师大版教材进行比较（见图2），从整体来看两个版本的教材都贯彻落实新课标理念，充分尊重数学的内在体系结构，挖掘数学知识的内在联系，揭示数学知识的本质。两个版本的课程内容都安排了数与代数、图形与几何、统计与概率、综合与实践四个课程领域。教材内容的呈现均体现过程性。

北师大版教材

第一章 直角三角形的边角关系
1 锐角三角函数
2 30°，45°，60°角的三角函数值
3 三角函数的计算
4 解直角三角形
5 三角函数的应用
6 利用三角函数测高
回顾与思考
复习题

第二章 二次函数
1 二次函数
2 二次函数的图象与性质
3 确定二次函数的表达式
4 二次函数的应用
5 二次函数与一元二次方程
回顾与思考
复习题

第三章 圆
1 圆
2 圆的对称性
*3 垂径定理
4 圆周角和圆心角的关系
5 确定圆的条件
6 直线和圆的位置关系
*7 切线长定理
8 圆内接正多边形
9 弧长及扇形的面积
回顾与思考
复习题

人教版教材

第二十六章 反比例函数
26.1 反比例函数
信息技术应用 探索反比例函数的性质
26.2 实际问题与反比例函数
阅读与思考 生活中的反比例关系
数学活动
小结
复习题26

第二十七章 相似
27.1 图形的相似
27.2 相似三角形
观察与猜想 奇妙的分形图形
27.3 位似
信息技术应用 探索位似的性质
数学活动
小结
复习题27

第二十八章 锐角三角函数
28.1 锐角三角函数
阅读与思考 一张古老的"三角函数表"
28.2 解直角三角形及其应用
阅读与思考 山坡的高度
数学活动
小结
复习题28

第二十九章 投影与视图
29.1 投影
29.2 三视图
阅读与思考 视图的产生与应用

图2 不同版本教材内容比较

两个版本内容编排上的不同：对于"解直角三角形"，北师大版教材是从学生日常生活中的"梯子靠墙"问题导入，引导学生观察：当梯子倾斜的角度发生变化时，梯子的倾斜程度发生了怎样的变化？当梯子倾斜的角度不变时，梯子的倾斜程度有无变化？此时倾斜角的对边与邻边的比值有怎样的关系？教材的设计是引导学生由解决实际问题构建数学模型，抽象出直角三角形中边角之间的关系，从而引出锐角三角函数的有关知识。北师大版教材对知识呈现注重引导学生用数学眼光看问题，培养学生用数学知识解决实际问题的能力。人教版教材是从学生最熟悉的问题情境导入，通过对含有30度、45度的直角三角形的对边与斜边的比值是固定值的推理得出猜想：在直角三角形中，当确定一个锐角的大小，那么这个锐角的对边与斜边的比值是一个固定值。人教版教材对知识的呈现体现了由特殊到一般的推理过程。从学生已有的知识导入，激发学生的学习兴趣，由特殊情况经历猜想、探究、归纳、证明得出一般性的结论，让学生在学习中培养了分析问题、解决问题的能力。

（四）教材的内容框架

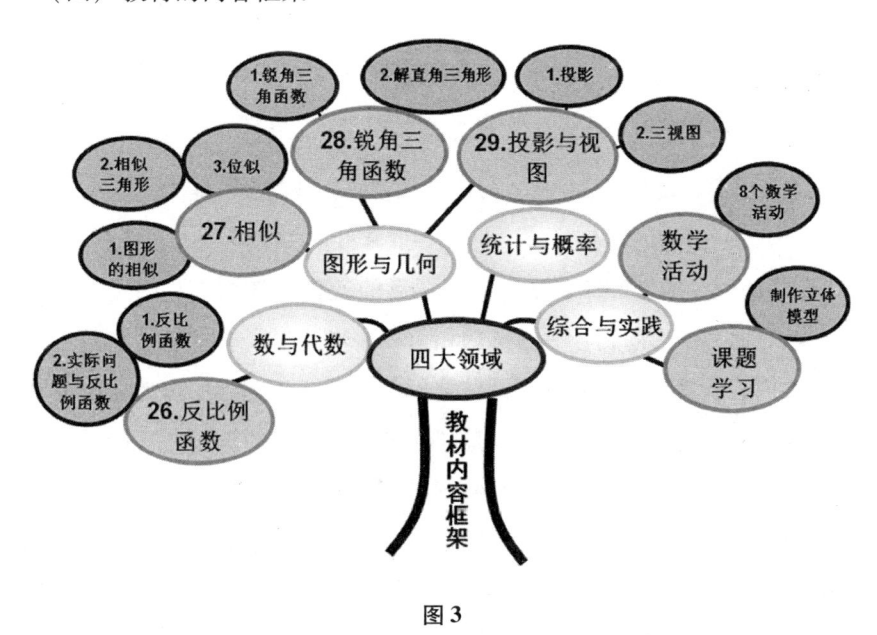

图3

人教版九年级下册教材设置了四个章节：第26章反比例函数、第27章相似、第28章锐角三角函数、第29章投影与视图。

"反比例函数"从生活实际问题出发,从函数的角度对知识加以刻画,引导学生认识反比例函数;"相似"先由生活实例认识相似图形,再研究相似三角形的判定和性质及其实际应用,最后研究特殊的相似即位似的特征;"锐角三角函数"从直角三角形全等的判定得到解直角三角形的条件,并用锐角三角函数、勾股定理等知识解决问题;"投影与视图"从生活实例出发,研究中心投影和平行投影,本章内容利用几何体的三视图、立体图形和三视图的双向转化,增强学生的空间观念。

(五)教材的知识整合

教师在日常教学中要深入钻研教材,把握教材的编写思想和教材特色,结合学生对知识掌握的实际情况,灵活运用教材内容。

1. 函数知识的整合

在学生学习了实际问题与反比例函数之后,教研组在集体备课中考虑到反比例函数是初中数学函数的重要内容之一,反比例函数的学习是对一次函数和二次函数相关知识的进一步深入和拓展,而且函数综合应用问题是中考的热点,也是学生学习的难点,此时学生已经具备了用函数解决问题的经验。我们会在这部分内容上加入反比例函数与一次函数的综合应用、反比例函数与二次函数综合应用的小专题。通过小专题的练习,不仅加深学生对反比例函数图像和性质的认识,还提升了学生建立数学模型解决函数问题的能力。

2. 图形的变化知识整合

《数学课程标准(2011版)》中"图形的变化"知识有:图形的平移—图形的轴对称—图形的旋转—图形的相似—图形的投影。相似是"图形的变化"主要内容,其研究的是图形形状之间的关系,而图形的位似还研究到了图形位置的关系,所以本章知识也是"图形的变化"的深化。"图形的变化"是一个知识载体,考试题型多与几何图形相结合,出现在压轴题中与圆、平行四边形、直角三角形勾股定理的综合应用。对于本章的知识我们会以思维导图的形式呈现,构建图形的变换知识框架,让学生在宏观上对"图形的变化"有更清晰的认识,全面了解图形变换之间的内存联系与区别。

(六)考题分析

通过对河北省2017、2018、2019三年的中考试题分析,可以看出:函数知识的综合应用仍是中考考查的重点。2017、2018、2019 三年中考试题中考查函数的综合应用问题的分值约为 24 分、23 分、25 分；考查的题型有选择题、解答题，一般是第 16、24、26 题属于中档、中档偏难的题型。试题要求学生在实际问题中构建函数模型，用函数的思想解决问题。图形的相似与解直角三角形综合应用多出现在中考的第 25 题，分值约为 10～12 分，也是有难度水平的试题。"投影与视图"近三年中考题都放在了较容易的选择题，分值是 3 分。

通过对近三年中考试题的分析，可以预测 2020 年的中考题的题型、考点的分值比重、试卷的结构保持基本稳定，函数与几何图像的综合应用题容易考到。在教学过程中，教师需要转变教学理念，发挥学生学习的主体作用，以加强学生数学思想方法的渗透和解题能力的培养。

三、研实施

（一）教学策略

1. 突出学生学习的主体地位

教学过程中要将学生这个教学的主体放在首要位置，激发和调动学生在数学学习的积极性和主动性，减少教师在整个教学过程中的主宰作用，让学生真正成为学习过程中的主人。创设良好学习氛围，在讲授新知识中要充分给学生"探索"的时间和空间，对数学公式、定理的形成过程要让学生亲身经历质疑、判断、探究的认识过程，引导学生发现与探究，让学生在探究知识过程中发展各方面的能力。教师要蹲下身子，放低姿态，从学生的认知水平出发，遵循学生的认知规律。

2. 改变课堂组织形式，充分发挥小组讨论的实效

课堂教学提倡小组合作学习，引导学生积极参与学习，给全体学生搭建自学、群学、展学的学习平台。通过大家的讨论可以有效地发现问题，而且有效地解决自己在学习过程中的问题，同时能够不断激发学生自身的创造力和想象力。

3. 注重数学知识与实际问题的联系

数学源于生活，必然需要学生将知识运用到实践中。这样不仅能提升学

生解决问题的能力，同时能够提升学生学习数学的热情。例如第28章《解直角三角形》以确定比萨斜塔倾斜程度为问题背景，引出锐角三角函数的概念，利用解直角三角形的方法解决问题。再如，教科书通过丰富有趣的具有实际背景的例题和习题，从不同的角度展示了解直角三角形在实际中的广泛应用。教科书这样将解直角三角形的内容与实际问题紧密联系，可以让学生体会解直角三角形的理论源于实际，是实际的需要；也让学生看到解直角三角形在解决实际问题中所起的作用。

（二）评价策略

评价的主要目的是全面了解学生数学学习的过程和结果，激励学生学习和改进教师教学。评价不仅要关注学生的学习结果，更要关注学生在学习过程中的发现和变化。应采用多样化的评价方式。为了更好地促进学生的发展，本学期我们的评价方式有以下几种。

1. 一日一评中的学生自评和师生互评

利用每天课上的导学案设计学生的自评环节，一节课后让学生结合自己课上的表现写下自评；老师根据学生课上学生的表现给予及时的评价，这时老师的评价要多关注学生学习过程的表现，关注学生的情感。

2. 一周一评

把"每日小测""每周一测"的测评结果在每周五做出汇总，对成绩表现突出、成绩进步、学习态度、课上表现有进步的同学给予表扬。

3. 一月一评

结合年级组开展的"月考测试""期中测试"成绩，对表现突出的学生提出表扬。

4. 学期总评

结合学生一学期在学习态度、作业完成、勤于思考、善于合作等方面的综合表现，评选出学期"最佳学习标兵""小老师""老师小助手"。

在活动评比中表扬的方式也是多种的，有老师亲手做的表扬卡、奖状、周末小冠军的奖牌等。利用评价结果，发挥评价的激励作用，保护学生的自尊心和自信心。通过评价得到的信息，可以了解学生数学学习达到的水平和存在的问题，帮助教师进行总结与反思，调整和改进教学内容与教学过程。

（三）课程资源的开发与利用策略

1. 文本资源

认真学习《数学课程标准（2011 版）》，高效精准使用教材。教师一方面要吃透教材，善于厘清和利用教材中知识的纵向联系，另一方面应该创造性地使用教材，开发学生身边的数学资源与教材内容整合，敢于进行教材的重组与整合，切实发挥教材的高效作用。

2. 信息技术资源

借助学校的网络资源搜集有关数学教学方面的知识，扩大学生的知识面，课上教学用多媒体课件展示教学内容，让学生更好地学习和理解知识。例如我们在学习用"描点"的方法画反比例函数的图像，适当借助计算画图软件来辅助教学，就可以画出准确性很高的反比例函数图像，而且画图的速度也快，制图软件还能直观形象地帮助我们演示反比例函数的渐近性和对称性。

3. 环境与工具资源

学生每天学习生活的校园是我们课程资源开发中经常用到的资源。在学习"解直角三角形"中测量旗杆的高度，老师指导学习小组的学生制定测量方案，让学生们去实地测量一下学校国旗杆的高度；学生在学习"投影与视图"时，教室里的板擦、课桌、铅笔都可以应用于教学中，或者还可以让学生自己制作学具，比如正方体模型等，让学生观察展开后的图形。教师在教学过程中尽量抓住各种学习资源，进行因势利导，使教学活动收到良好的效果。

（四）学期整体教学设计思路

新课程倡导以学生为中心的课堂教学过程，倡导学生自主性地探究学习模式。数学课堂上以学生为主体，创设情境让学生更多地参加数学活动，关注学生数学思维的培养和能力的提升。本学期教学设计思路基本流程是：

1. 单元导入 明确目标（时间预设 4 分钟）

教师通过多媒体用知识树的形式呈现本章知识结构的思维导图，让学生从宏观上形象直观地了解本节课知识与整章知识结构中的关系。有助于学生形成清晰的知识链。再结合课程标准要求、教材内容和学情的分析，制定本节课的学习目标。让学生在学习目标的指引下进行有针对性的学习。

2. 新知导学 合作探究（时间预设 16 分钟）

学生通过导学案完成自学指导的学习任务，这个环节是通过学生独立完成（自学）、组内讨论（交流）、小组汇报（展示）、教师点拨（反馈）达成。在这一环节中要充分发挥学生的主动性，引导学生运用观察、分析、类比、归纳、猜想等方法去研究与探索，逐步解决设计的问题。同时，教师作为参与者主动加入学生们的探究活动中，对学生们的探究起到促进和调节的作用，使问题不断引向深入。

3. 巩固训练 拓展提高（时间预设 15 分钟）

在教学过程中，围绕本节课的教学重难点，精心选择 2～3 道难易适中的典型问题，引导学生尽可能独立完成，从中感悟本节课基础知识、基本方法的应用。考虑到班里学生的知识水平不同，在照顾到基础稍差学生的同时，又能让基础好的学生有能力提升的机会，在导学案中设计基础训练和拓展提高。这样设计练习题既能有效地落实学习目标，又能让不同层次的学生运用知识解决相应的数学问题。然后通过学生做题反馈的信息，教师再针对存在的问题进行示范性讲解。

4. 课堂小结 回归目标（时间预设 3 分钟）

通过一节课的学习，对照知识树和学习目标，小结学习的收获：包括"知识上……"和"方法上……"，与第 1 环节形成呼应，反思自己是否完成了学习目标，培养学生及时总结反思的习惯。

5. 达标检测 当堂反馈（时间预设 7 分钟）

结合本节课的教学重点，出示测试题，测试时间一般控制在 7 分钟左右。主要是通过学生独立完成，组内交换，当堂批改，小组记分，反馈落实。检测学生的学习效果，并当堂进行反馈落实，实现堂堂清。

通过对人教版九年级下册一册书的三研，提高了我对课标的认识，厘清了教学思路，让我们对所教的教材在全套教材中的地位和作用认识得更清楚、更明白。在研究学习过程中，有幸倾听了众多专家和学者的精彩讲解，我不仅学到了先进的教学理念，还发现了自身在教育教学中的不足，使我对教育教学有了更多新的认识，也有了更深刻的思考，为我今后的教育教学指明了方向。

历史人民版必修第二册

北京市第八十中学雄安校区　冯　涛

北京市第八十中学的教育观"一人一天地，一木一自然"蕴含着丰富的人文性质的生态教育理念，这同时也需要作为教师的我们认真研究课标、教材、考试等，做到教学具有针对性，满足学生发展的需求，不断提升自身业务素养，才能成为生态教育的合格执行者。

著名历史学家钱穆先生在《国史大纲》中讲："当信任何一国之国民，尤其是自称知识在水平线以上之国民，对其本国已往之历史，应该略有所知。"历史教学不仅仅局限于对本国史的了解，处于新时代，尤其是在雄安新区设置的历史背景下，我们更应该对世界历史知识有所了解，以培养新时代合格的公民素养。

下面我以高中历史必修二经济史的内容，从研课标、研教材、研实施三个角度来阐释对于本册教材教学的理解。

一、研课标

历史学科的课程性质：在一定历史观指导下叙述和阐释人类历史进程及规律的学科。探寻历史真相，总结历史经验，认识历史规律，顺应历史发展趋势，是历史学的重要社会功能。历史学是人类文化的重要组成部分，在传承人类文明的共同遗产、提高公民文化素质等方面起着不可替代的作用。

中学历史课程承载着历史学的教育功能，其基本教育理念：①以立德树人为历史课程的根本任务。②坚持正确的思想导向和价值判断。③以培养和提高学生的历史学科核心素养为目标。学生通过学习高中历史课程，拓宽历史知识视野，发展历史思维，提高历史学科核心素养，主要包括唯物史观、时空观念、史料实证、历史解释和家国情怀，以历史基本史实为依托，从历史发展的角度理解并深刻认识社会主义核心价值观，弘扬中华民族优秀文化传统，形成具有新时代特色的国际视野，树立正确的世界观、人生观、价值观和历史观，为将来的学习打下良好的基础，使自己逐渐成为合格的社会主义公民。

历史课程的目标即在于以立德树人为核心，培养学生的五大核心素养。

立德树人是历史课程的根本任务，是最基本和最重要的教育理念，是全面贯彻党的教育方针，切实落实立德树人的根本任务，坚持育人为本、德育为先，使历史教育成为形成和发展社会主义核心价值观的重要途径。唯物史观——诸素养得以达成的理论保证，是揭示人类历史客观基础及发展规律的科学的历史观和方法论。时空观念——是诸素养中学科本质的体现，是在特定的时间联系和空间联系下，对事物进行观察、分析的意识和思维方式。史料实证——是诸素养得以达成的必要途径，是指对获取的史料进行辨析，并运用可信的史料努力重现历史真实的态度与方法。历史解释——是诸素养中对历史思维与表达能力的要求，是指以史料为依据，对历史事物进行理性分析和客观评判的态度、能力与方法。家国情怀——是诸素养中价值追求的目标，是学习和探究历史应具有的人文追求，体现了对国家富强、人民幸福的情感，以及对国家的高度认同感、归属感、责任感和使命感。

二、研教材

（一）内容结构

高中历史必修二，以经济史内容为主，包括八个专题，分别为：古代中国经济的基本结构与特点、近代中国资本主义的曲折发展、中国社会主义建设道路的探索、中国近现代社会生活的变迁、走向世界的资本主义市场、罗斯福新政与当代资本主义、苏联社会主义建设的经验与教训、当今世界经济的全球化趋势。从时间上看跨越了七八千年的历史，从空间上看涵盖了世界主要文明的发展情况。

专题一古代中国经济的基本结构与特点，包括古代中国的农业经济、古代中国的手工业经济、古代中国的商业经济、古代中国的经济政策四个部分；专题二近代中国资本主义的曲折发展，包括近代中国民族工业的兴起、民国时期民族工业的曲折发展、近代中国资本主义的历史命运三个部分；专题三中国社会主义建设道路的探索，包括社会主义建设在探索中曲折发展、伟大的历史性转折、走向社会主义现代化建设新阶段三个部分；专题四中国近现代社会生活的变迁，包括物质生活和社会习俗的变迁、交通和通信工具的进步、大众传播媒介的更新三个部分；专题五走向世界的资本主义市场，包括开辟文明交往的航线、血与火的征服与掠夺、"蒸汽"的力量、走向整体的世界四个部分；专题六罗斯福新政与当代资本主义，包括"自由放任"的美国、罗斯福新政、当代资本主义的新变化三个部分；专题七苏联社会主义建设的经验与教训，包括社会主义建设道路的初期探索、斯大林模式的社会主义建设道路、苏联社会主义改革与挫折三个部分；专题八当今世界经济的全球化趋势，包括二战后资本主义世界经济体系的形成、当今世界经济区域集团化的发展、经济全球化的世界三个部分。

（二）编排体例

本书的编排体例包括：章前（导语和学习建议）、正文（课前提示、内容讲解、自我测评、材料阅读与思考）、专题小结与测评（专题小结与问题研讨）。

（三）教材编写特点

（1）体现了政治与经济之间的密切联系。

（2）主要是中外历史发展中的经济活动。

（3）了解物质基础，从而揭示人类物质活动奥秘。

（4）为提高高中历史素养打下基础。

（5）采用专题史的思路安排课程。

三、研实施

本要点主要是从高考考点的角度来进行分析。

了解自古以来中外经济的发展和社会生活的变迁，以及人类为发展社会经济、改善生活所做出的努力，进一步加深对人类社会发展进程中经济和社会生活领域的认识,是高中历史学习的基本内容之一。

1. 古代中国经济的基本结构与特点

(1) 知道古代中国农业的主要耕作方式和土地制度,了解古代中国农业经济的基本特点。

(2) 列举古代中国手工业发展的基本史实,认识古代中国手工业发展的特征。

(3) 概述古代中国商业发展的概貌,了解古代中国商业发展的特点。

(4) 了解"重农抑商""海禁"等政策及其影响,分析中国资本主义萌芽发展缓慢的原因。

2. 近代中国经济结构的变动与资本主义的曲折发展

(1) 简述鸦片战争后中国经济结构的变动和近代民族工业兴起的史实,认识近代中国资本主义产生的历史背景。

(2) 了解民国时期民族工业曲折发展的主要史实,探讨影响中国资本主义发展的主要因素。

(3) 探讨在半殖民地半封建社会条件下,资本主义在中国近代历史发展进程中的地位和作用。

3. 中国特色社会主义建设的道路

(1) 概述20世纪50年代至70年代我国探索社会主义建设道路的实践,总结其经验教训。

(2) 了解中共十一届三中全会有关改革开放决策的内容,认识其对我国开创社会主义现代化建设新局面的历史意义。

(3) 讲述家庭联产承包责任制和国有企业改革的主要内容,认识改革与社会发展的关系。

(4) 概述我国创办经济特区、兴办经济技术开发区、开辟沿海经济开放区和开发开放上海浦东的史实,分析我国对外开放格局初步形成的特点。

(5) 了解我国建立社会主义市场经济体制的过程,认识其对我国社会主义现代化建设的意义。

4. 中国近现代社会生活的变迁

(1) 了解近代以来人们物质生活和社会习俗变化的史实,探讨影响其变化的因素。

（2）了解中国近代以来交通、通讯工具的进步，认识其对人们社会生活的影响。

（3）以我国近现代报刊、影视和互联网的逐渐普及为例，说明大众传播媒体的发展给人们生活方式带来的巨大变化。

5. 新航路的开辟、殖民扩张与资本主义世界市场的形成和发展

（1）概述迪亚士、哥伦布开辟新航路的史实，认识地理大发现对世界市场形成的意义。

（2）列举荷兰、英国野蛮抢夺殖民地和建立海外商品市场的史实，认识殖民扩张与掠夺是资本主义列强建立世界市场的主要途径。

（3）了解两次工业革命的基本史实，探讨其对资本主义世界市场发展的影响。

6. 罗斯福新政与资本主义运行机制的调节

（1）了解1929~1933年资本主义世界经济危机爆发的原因、特点和影响，认识罗斯福新政的历史背景。

（2）列举罗斯福新政的主要内容，认识罗斯福新政的特点，探讨其在资本主义自我调节机制形成中的作用。

（3）以第二次世界大战后美国等国家为例，分析当代资本主义的新变化。

7. 苏联社会主义建设的经验与教训

（1）了解俄国国内战争后苏维埃政权面临的形势，认识战时共产主义政策向新经济政策转变的必要性。

（2）列举"斯大林模式"的主要表现，认识其在实践中的经验教训。

（3）概述从赫鲁晓夫改革到戈尔巴乔夫改革的基本历程，认识社会主义改革的复杂性、艰巨性和曲折性。

8. 当今世界经济的全球化趋势

（1）以"布雷顿森林体系"建立为例，认识第二次世界大战后以美国为主导的资本主义世界经济体系的形成。

（2）以欧洲联盟、北美自由贸易区及亚太经济合作组织为例，认识当今

世界经济区域集团化发展趋势。

（3）了解世界贸易组织（WTO）的由来和发展，认识它在世界经济全球化进程中的作用。了解中国参加世界贸易组织的史实，认识其影响和作用。

（4）了解经济全球化的发展趋势，探讨经济全球化进程中的问题。

通过本模块的学习，了解历史上中外经济发展和社会生活变迁的基本史实；学会搜集、整理和运用人类经济活动和社会生活方面的相关资料，理解历史上不同国家与地区的社会经济发展模式，并对其做出科学的评价与解释；进一步认识我国的基本国情和世界经济发展趋势，为建设美丽中国而不断努力。

我们不满足于只是成为教材的讲述者，而是努力将教材整合创编，成为教材使用的思考者、研发者，科学地构建教学平台，让教学目标明确、体系完备，师生在教学中更加受益，享受教育的精彩。"三研"推开了一扇门，让我看到更高、更远的风景，教学漫无止境，仍需永葆初心、上下求索。

语文统编版八年级下册

北京市第八十中学雄安校区　　薛艳玲

研读课标,把握教材,打造高效课堂,是每位教师的职责与追求。作为教师,我们只有深入研究课程标准,研究教材,运用合适的教学方法,才能实现由"教教材"向"用教材教"的转变,从而促进课程改革的不断深入与发展,促进素质教育的推进与提升,相信我们对教材的每一次解读都注定是一次美丽的跨越。我研究的是统编版八年级语文下册教材,下面我将从研课程、研教材、研实施三方面进行研说。

一、研课标

(一)课程性质、基本理念和设计思路

1. 课程性质

语文是一门学习语言文字运用的综合性、实践性课程。语文课程是实践性课程,应着重培养学生的语文实践能力,而培养这种能力的主要途径也应是语文实践。语文教学要重视学生读书、写作、口语交际、搜集处理信息等语文实践,提倡多读多写,改变机械、粗糙、烦琐的作业方式,让学生在语文实践中学习语文,学会学习。

2. 课程基本理念

(1)全面提高学生的语文素养;

(2)正确把握语文教育的特点;

(3)积极倡导自主合作探究的学习方式;

（4）努力建设开放而有活力的课堂。

3. 设计思路

（1）坚持以人为本，为学生的终身发展奠定基础；

（2）注重引导学生多读书，多积累，重视语言文字运用的实践；

（3）课程目标九年一贯整体设计；

（4）学段目标与内容从"识字与写字""阅读""写作""口语交际"四个方面提出要求；

（5）"实施建议"部分，对教学、评价、教材编写以及课程资源的开发与利用等提出了实施细则、方法和策略。

（二）课程目标及内容

总体目标与内容：课程目标从知识与能力、过程与方法、情感态度与价值观三个方面设计。三者相互渗透，融为一体。目标的设计着眼于语文素养的整体提高。

1. 知识与能力

（1）学会汉语拼音。能说普通话。认识3500个汉字，能正确工整地书写汉字，并有一定的速度。

（2）具有独立阅读的能力，学会运用多种阅读方法。有较为丰富的积累和良好的语感，注重情感体验，发展感受和理解的能力。能阅读日常的书报杂志，能初步鉴赏文学作品，丰富自己的精神世界。能借助工具书阅读浅易文言文。背诵优秀诗文240篇（段）。九年课外阅读总量应在400万字以上。

（3）能具体明确、文从字顺地表达自己的见闻、体验和想法。能根据需要，运用常见的表达方式写作，发展书面语言运用能力。

（4）在发展语言能力的同时，发展思维能力，学习科学的思想方法，逐步养成实事求是、崇尚真知的科学态度。

（5）能主动进行探究性学习，激发想象力和创造潜能，在实践中学习和运用语文。

（6）具有日常口语交际的基本能力，学会倾听、表达与交流，初步学会运用口头语言文明地进行人际沟通和社会交往。

（7）学会使用语文工具书。初步具备搜集和处理信息的能力，积极尝试运用新技术和多种媒体学习语文。

2. 过程与方法

培育热爱祖国语言文字的情感，增强学习语文的自信心，养成良好的语文学习习惯，初步掌握学习语文的基本方法。

3. 情感态度与价值观

（1）在语文学习过程中，培养爱国主义、集体主义、社会主义思想道德和健康的审美情趣，发展个性，培养创新精神和合作精神，逐步形成积极的人生态度和正确的世界观、价值观。

（2）认识中华文化的丰厚博大，汲取民族文化智慧。关心当代文化生活，尊重多样文化，吸收人类优秀文化的营养，提高文化品位。

学段目标：学段目标从识字与写字、阅读、写作、口语交际、综合性学习五个方面来说明。

（1）识字与写字：能熟练地使用字典、词典独立识字，会用多种检字法。累计认识常用汉字3500个，其中3000个左右会写。在正楷字的基础上，学些规范、通行的行楷字，提高书写速度。临摹颜体书法，体会书法的审美价值。

（2）阅读：阅读方法——朗读、默读、略读浏览。默读速度每分钟不少于500字。背诵优秀诗文80篇，累计240篇。课外阅读总量不少于260万字，累计在400万字以上。

（3）写作：能够具体明确、文从字顺地表达，能根据需要，运用常用的表达方式写作，发展书面表达能力；作文每学年一般不少于14次，其他练笔不少于1万字。45分钟能完成不少于500字的习作。

（4）口语交际：语言文明得体地交流，耐心专注地倾听，自信负责地表达。

（5）综合性学习：自主组织文学活动；制订简单的研究计划；独立或合作写出简单的研究报告；掌握查找资料、引用资料的基本方法。

八年级下学期（本册教材）目标：

（1）能准确认读本册教材"读读写写"中表现的字词并正确、规范地书写；能结合语境体味和推敲重要词语在文中的含义。

(2) 能根据不同的阅读目的和文本类型选用朗读、默读、浏览、略读、精读等阅读方式；朗读做到流畅自然，并能通过恰当的语气语调传达语言背后的情味。课外阅读量不少于 80 万字。

(3) 在通读文本、梳理文章内容结构的基础上，能针对课文内容和表达方面不易理解之处发表自己的看法，并通过有效的合作解决疑难问题，发展独立阅读能力与合作学习能力。

(4) 通过研读文本，能辨析和鉴赏叙述、描写、议论、抒情等表达方式和常用修辞手法，能对作品中感人的情境和形象有所体验，对自然、社会、人生、传统文化等有正确的认识。

(5) 能在读懂古诗文大意的基础上，积累本册教材中出现的常见文言语言，客观评价作品的思想内容，初步欣赏古人写景、叙事、议论的艺术。至少背诵优秀古诗文 27 篇（首）。

(6) 能在 45 分钟内完成 600 字左右的记叙文；能根据需要恰当选用多种表达方式，做到内容具体充实；口语交际中，能有中心、有根据、有条理地表达看法；能运用知识积累和生活经验完成综合性学习活动。

二、研教材

（一）教材编写体例

教材编写的指导思想是紧密结合语文学科特点体现核心价值观，做到"整体规划，有机渗透"，最终服务于立德树人的目标。从整本书来看，采用灵活的单元结构体例，力图构建语文的综合实践体系，贯彻人文性与工具性的统一精神，全面提升学生的语文素养。教材共分为 6 个单元，包括 5 个以阅读和写作两大板块为主的阅读单元（与七年级教科书各单元一致）和 1 个活动探究单元，不同单元穿插口语交际、综合性学习、名著导读、课外古诗词诵读等栏目。其中现代文单元四个、文言诗文单元两个，各单元采用"双线组织单元结构"，一个是围绕单元主题组织课文，一个是语文要素分布在各单元，由浅入深，由易到难。

（二）教材编写特点

(1) 双线组织单元结构，强化语文学习的综合性和实践性。采用"人文主题"与"语文要素"双向组织单元的结构。双线组织单元结构，既强调语文与生活的联系，重视主流文化与传统文化的渗透，促进学生形成正确的价值观、人生观；又保证了语文综合素养的基本训练，每课一得，使教学有一条大致可以把握的线索，也有层级序列较为清晰的梯度结构，使得知识与能力、过程与方法的培养与训练更为清晰。

（2）重视阅读能力与阅读兴趣的培养，建立"三位一体"的阅读教学体系。各单元课文学习（分"教读课文"和"自读课文"）为主，辅之以"名著导读"和"课外古诗词诵读"，共同构建一个从"教读课文"到"自读课文"再到"课外阅读"的"三位一体"的阅读体系，以更好地贯彻课程标准提出的"多读书、好读书，读好书，读整本的书"的倡议，并达到课标提出的，课内外阅读总量400万字的要求。

（3）选文注重经典化、多样化，文质兼美，尤其重视中华优秀传统文化的理解和传承。选文强调多样性，尤其重视古代传统文化，作品的选取和学习。

（4）多层次构建自主学习的助学系统，便于学生使用。注重建构助学系统，包括单元提示、预习（阅读提示）、注释、练习、写作技巧的点拨、探究性学习、阅读链接等，力求使教材不只是教师的教本，更是学生自学的学本。

（5）专设"活动探究"单元，以培养学生的语文实践能力。

（6）合理安排各种语文知识，随文学习，学以致用。依据课标中附录的《语法修辞知识要点》，有计划地安排到相关联的教学内容中与课文结合，选择一些精要的知识做成小补白，且多与阅读、写作配合，有利于教师掌握与实施，也有利于学生自学。

（三）教材内容框架

总框架：八年级下册教材共6个单元，包括5个以阅读和写作两大板块为主的阅读单元（与七年级教科书各单元一致）和1个活动探究单元，同时在各单元穿插安排"综合性学习""名著导读""课外古诗词诵读"等内容，并新增"口语交际"专题。

1. 阅读与活动探究单元

阅读单元的组织仍然兼顾人文主题和语文要素两条线索，力求做到二者的协调统一。各单元的人文主题涵盖"人与自然""人与社会""人与自我"三大板块。所选主题均是与生活密切相关的，具体安排情况见表1：

表1

	主题	民风民俗	科技之光	怡情养性	思想光芒	江山多娇	情趣理趣
八下	文体	小说、散文	说明文	古诗文	演讲（活动探究）	游记	古诗文
	能力培养	了解民俗的价值和意义，尊重深厚的民间文化，学会多种表达方式的综合运用	厘清说明顺序，筛选主要信息，读懂文章说明的事理；质疑问难，学习科学探究的方法，领悟科学精神	借助注释和工具书读懂课文，领会诗的丰富内涵，品味精美的语言，积累常用文言词语	把握演讲的特点，领悟作者的思想，获取有益的启示；学写演讲词，尝试当众演讲	了解游记的特点，把握作者的游踪、写景的角度，学习触景生情、借景抒情、情景交融等写法，揣摩和品味语言	在反复诵读的基础上，培养文言语感；注意积累常用文言词语和句式，欣赏课文中精彩语句

在构建"教读—自读—课外阅读"三位一体的阅读学习体系、选文的经典性与时代性结合、作业系统的结构与基本特点等方面，八年级教材与七年级教材保持一致。每册教材安排一个活动探究单元，以任务形式呈现，各单元任务安排情况见表2（具体编排思路详见后文）：

表2

	专题	任务一	任务二	任务三
八上	新闻	新闻阅读	新闻采访	新闻写作
八下	演讲	学习演讲词	撰写演讲稿	举办演讲比赛

2. 写作专题

八年级教材中的写作专题主要有三方面内容：一是继续培养一般写作能力，如"语言要连贯""表达要得体"；二是各类文体写作，如传记、游记、读后感等；三是改编式写作，主要是学习仿写。八年级教科书写作专题见表3：

表3

	第一单元	第二单元	第三单元	第四单元	第五单元	第六单元
八上	/	学写传记	学习描写景物	语言要连贯	说明事物要抓住特征	表达要得体
八下	学习仿写	说明的顺序	学写读后感	/	学写游记	学写故事

3. 综合性学习

本册安排3次综合性学习，每次综合性学习围绕一个专题展开，培养学生多方面的语文能力。这些活动分为三类：一类是"传统文化"专题——"以和为贵"；一类是"语文生活"专题——"古诗苑漫步"；还有一类是"综合实践"专题——"倡导低碳生活"。

4. 名著导读

与八上教材一样，八下教材安排2次名著导读，每次1部主推荐名著，2部自主阅读名著，旨在培养学生阅读整本书的能力和兴趣。名著推荐篇目见表4：

表4

册次	名著推荐	自主阅读推荐
八上	《红星照耀中国》：纪实作品的阅读	王树增《长征》 李鸣生《飞向太空港》
八上	《昆虫记》：科普作品的阅读	卞毓麟《星星离我们有多远》 蕾切尔·卡森《寂静的春天》
八下	《傅雷家书》：选择性阅读	乔斯坦·贾德《苏菲的世界》 朱光潜《给青年的十二封信》
八下	《钢铁是怎样炼成的》：摘抄和做笔记	路遥《平凡的世界》 罗曼·罗兰《名人传》

5. 课外古诗词诵读

八下教材安排2次课外古诗词诵读，每次4首。具体安排情况见表5：

表5

八下	式微/《诗经·邶风》 子衿/《诗经·郑风》 送杜少府之任蜀州/王勃 望洞庭湖赠张丞相/孟浩然	题破山寺后禅院/常建 送友人/李白 卜算子·黄州定慧院寓居作/苏轼 卜算子·咏梅/陆游

6. 补白

为了方便学生学习，八年级教材延续七年级教材的做法，利用教材空白处设置了七处知识短文，介绍一些语法修辞知识、阅读写作知识和背景资料。这些补白文字不要求占用课堂时间，仅供学生课外阅读参考。八年级教材补白情况见表6：

表6

八下	第一单元	语序合理
	第二单元	句子结构要完整 句式不要杂糅
	第三单元	《诗经》简介
	第五单元	句子成分的搭配

单元框架：

第一单元，是以民俗为主题的单元。《社戏》记录了鲁迅在童年时归省平桥村的一段回忆；《回延安》给我们展示了陕北的浓郁风情；《安塞腰鼓》是刘成章先生给我们描绘了安塞腰鼓的粗犷豪放、刚健雄浑；《灯笼》则为我们抒写了作者关于灯笼的童年记忆，从不同方面表达了灯笼对于他乃至民族的重要意义。

第二单元，主要由事理说明文构成。学习本单元，主要是要厘清文章的说明顺序，筛选主要信息，读懂文章阐述的事理。本单元所选的课文涉及物候学、地质学、生态学等领域，体现了求真、严谨的科学精神。

第三单元，是以自然美景、幸福生活、人所向往、奇绝艺人等为内容的古诗文。学习这个单元，要先借助注释和工具书读懂大意，然后通过反复诵读，领会诗文的丰富内涵，口味精美的语文，并积累一些常用的文言词语。

第四单元是活动探究。本单元，我们将跟随演讲者，走入演讲的现场，感受他们不同的风格，汲取自己需要的营养。并在此基础上，学习撰写演讲稿。

第五单元，以旅游为主题。本单元所选课文都是游记，通过记述浏览见闻，描摹山水风光，吟咏人文胜迹，抒发作者的情思。

第六单元，文言文单元。本单元所选课文，都是传统的名家名篇。这些诗文有情趣有理趣，表现了古人的哲思和情怀。

（四）教材的立体式整合

1. 八年级下册语文要素的横向整合

阅读单元的组织仍然兼顾人文主题和语文要素两条线索，力求做到二者的协调统一。各单元的人文主题涵盖"人与自然""人与社会""人与自我"三大板块。从语文人文性的角度出发，关照到语文是一门学习运用语言文字的学科。

表7

八下	第一单元	第二单元	第三单元	第四单元	第五单元	第六单元
单元主题	民风民情	科学道理	古人思想	演讲文稿	游记文章	圣贤哲思
语文要素	体会多种表达方式综合运用，感受情思，品味富有表现力的语言	厘清说明顺序，筛选主要信息，读懂事理，学习分析推理的基本方法	借助注释等读懂大意，反复诵读领会内涵，品味语言，积累词语	理解演讲的内容，把握演讲特点，在此基础上学写演讲词并尝试演讲	了解游记特点，把握游踪、写景的角度方法，揣摩积累语言	反复诵读培养语感，积累词语句式。欣赏语言，学习说理技巧，受到思想启迪和情感熏陶

2. 教材纵向整合

（1）注重文体学习。七年级教材不强调文体，试图让学生广泛接触各类诗文，八年级教材阅读单元的语文要素以各类文体阅读为核心，包含阅读方法和阅读策略两方面，注重培养学生阅读说明性文章以及实用类文本的能力；活动探究单元更是要深入研究与文体有关的各种过程性、实践性问题。

（2）注重活动探究。活动探究单元改变了传统意义上以课文为中心的单元组织方式，它以活动任务为轴心，以阅读为基础，以探究为内核，以写作为落脚点，整合阅读、写作、口语交际，以及资料搜集、活动策划、实地考察等项目，形成一个综合实践系统，读写互动，听说融合，由课内到课外，培养学生的语文综合能力。

（3）注重文言诗文。从八年级教材开始，文言诗文开始成单元出现，其组合依据是内容与文体。如八上第三单元均为写景短文，八下第三单元均为"记"。集中编排的文言诗文更需要教师把它们当成诗文而不是文言语料来教，想方设法调动学生学习文言诗文的积极性，要改变那种将文言文教学窄化为文言教学，又将文言教学固化为文言字词语法背记教学的做法。

（4）注重自主阅读。经过了七年级的学习，学生理应熟悉了教材"三位一体"的阅读教学设计，自主阅读的能力也有所提高，因此，八年级教材对学生自读的要求有所提高。具体表现在三个方面：第一，自读课文的比例有所提高，每个阅读单元都安排两篇自读课文（七年级多为一篇），活动探究单元的课文则都设计为自读课文。第二，两篇自读课文中有一篇不设旁批，只有阅读提示，更需要学生在阅读中依靠自己的力量。第三，课后练习、阅读提示中推荐的阅读篇目数量有所增加（文言文课文也有推荐阅读篇目），类型也更丰富。

（五）不同版本教材对比

与人教版对比：

表8

	选文编排结构	选文篇目和数量	选文系统的编写理念	选文系统的教学建议
统编版	双线单元结构体制	1. 共24篇课文，增加了课外阅读、名著导读和写作的分量； 2. 教读、自读分开； 3. 古诗文篇目增加； 4. 加大传统文化作品的选入	"整体规划，有机渗透。" 1. 古诗文的比重在教材中加大； 2. 重视课外阅读，形成了教读、自读、课外阅读"三位一体"的阅读教学体系	1. "自读课"放手让学生自己读，自己感悟； 2. 努力做到"一课一得"； 3. 教学生一类文本阅读的方法，让学生学会阅读

续表

选文编排结构	选文篇目和数量	选文系统的编写理念	选文系统的教学建议
人教版 单元主题	1. 共30篇课文； 2. 精读、略读课文没有明显区别	仅体现在课后的名著阅读上	阅读教学系统性差

（六）考题分析（文言文阅读）

《课程标准（2011年版）》对文言文教学学段目标要求如下：

第四学段（7～9年级）（二）阅读 9：诵读古代诗词，阅读浅易文言文，能借助注释和工具书理解基本内容。注重积累、感悟和运用，提高自己的欣赏品位。

熟知河北省近5年考情，备战2020中考。

（一）选材分析

表9

年份	题材	篇目名/故事	主题	作者	文章出处	字数	注释
2019	读书学习	张氏论读书	什么年龄读什么书，怎么读书。	[清]张英	《聪训斋语》	407	18个
2018	传统文化	竞渡、如月之初、书淫、商羊舞	节日风俗等文化知识	[明末清初]张岱	《夜航船》	238	16个
2017		《复儿子书》	劝俭劝学	[清末]张之洞	语文出版社	344	19个
2016	传统美德	"东坡还宅"	"义" "善"	[宋]费衮	《梁溪漫志》	280	22个
2015		"归钺至孝"	"孝"	[明]归有光	《归氏二孝子》节选	220	9个

1. 规律总结

阅读量相对较大，注释较多，阅读障碍小；内容教育意义明显，关注传统文化/美德；贴近学生生活，读书学习；读书、文化、劝俭、劝学、义、善、孝……

2. 备考建议

与课内同出处文章的阅读。

八下：

P57《桃花源记》——《桃花源诗》（可以诗文对比）；

P59《小石潭记》——"永州八记"中的《始得西山宴游记》《钴鉧潭西小丘记》等，袁宏道《满井游记》，袁枚《峡江寺飞泉亭记》，姚鼐《登泰山记》；

P121《礼记二则》——《礼记·檀弓》故事二则：苛政猛于虎、不食嗟来之食；

P123《马说》——《资治通鉴·唐纪八》：上令封德彝举贤，久无所举。

（二）近5年实词考情分析

表10

年份	真题原句	实词解释	人教对应句子		字词范围（统编/人教）
2019 4词	固：时文固不可不读	本来	求之下流，固颠	《河中石兽》	非课下
	若：若朝华夕落	像	皆若空游无所依	《小石潭记》	课下注释
	尽：古人之书，安可尽读	全、都	不知何处吹芦管，一夜征人尽望乡		非课下
	通：然后思通其义蕴	通晓、理解	鸣之而不能通其意	《马说》	课下注释
2018 4词	谓：谓之竞渡	称	谓之大同 是可谓善学者矣	《大道之行也》《送东阳马生序》	非课下
	何：何不言日食之余，如月之初	为什么	安陵君不听寡人，何也 又何间焉	《唐雎不辱使命》《曹刿论战》	非课下
	旦：从夕达旦	早晨	每至晴初霜旦	《三峡》	课下注释
	是：是为大雨之兆	这	是非木杮	《河中石兽》	课下注释
2017 4词	去：儿自去国至今	离开	则有去国怀乡	《岳阳楼记》	课下句子
	宜：求学宜先刻苦	应当/应该	宜乎众矣	《爱莲说》	课下注释
	是：特汝不应若是耳	这样（这）	当时是	《口技》	课下注释
	作：困心衡虑之后，而始能作	奋起，指有所作为（奋起/有所作为）	因于心衡虑而后作	《生于忧患死于安乐》	课下注释
2016 4词	闻：闻妇人哭声极哀	听到（听见）	但闻屏障中抚持一下	《口技》	课下注释
	怆然：东坡亦为怆然	悲伤（忧伤）的样子	独怆然而涕下	《登幽州台歌》	课下注释
	即：即命取屋券，对妪焚之	立即（马上）	太守即遣人随其往	《桃花源记》	非课下
	竟：竟不索其直	竟然	离现代汉语意近		非课下
2015 4词	由是：由是失爱	因为这样，因此	由是则生而有不用也	《鱼我所欲也》	非课下
	怡然：奉母终身怡然	高兴的样子	并怡然自乐	《桃花源记》	非课下
	色：而己有饥色	脸色	未尝稍降辞色	《送东阳马生序》	非课下
	市：鬻贩盐市中	集市，市场	百里奚举于市	《生于忧患死于安乐》	课下注释

1. 规律总结——都是课内出现过的字词

（1）课下注释的词居多（注词+注句）。

（2）文言诗词当中出现的字词。

（3）与现代汉语意义相近、可以迁移成语的词。

（4）二字词少，生僻词少。

2. 备考方法

（1）一词串多义。

（2）打卡过课内。

（3）每日积一词。

（三）近5年翻译考情分析

表11

年份	翻译真题原句	重点实词	涉及虚词	句式特点
2019 2小题	1分句17字：安可以珠玉难换之岁月而读此无益之文？ 答：怎么能用珠宝玉石都难以交换的岁月(时间)来读这些没有益处的文章。	安、以	安、以、之、而	反问句
	2分句8字：汝辈于此，极宜猛省。 答：你们这些人对于这件事(这种行为)，应该马上深深地自我反省(自省)。	宜、省	于	——
2018 2小题	2分句8字：琼大惊，即以其言对。 答：黄琼大吃一惊，就按照他说的回答皇太后。	惊、对	以、其	省略句（省宾语）
	2分句10字：及觉复读，常恐所见不博。 答：等到惊醒了接着读，经常担心自己的见识不够广博。	觉		——
2017 2小题	2分句11字：虽每日百金，力亦足以供汝。 答：即使每天用掉一百金，按财力我也完全可以供你。	足	虽、以	省略句（省谓语）
	1分句10字：余今以后恐无望于汝矣！ 答：我从今以后恐怕对你没有指望了！	恐	于	介宾短语后置（于汝无望矣）
2016 2小题	1分句10字：东坡问妪何为哀伤至是。 答：东坡询问老妇为什么悲痛到这种地步。	至、是	何、为	宾语前置（为何哀伤至是）
	1分句11字：则东坡以五百缗所得者也。 答：就是东坡用五百贯钱所买到的住宅。		则、以、所、者	判断句
2015	——			

1. 规律总结

（1）一般由1或2个分句，短则6或7字长则15字左右，长句少。

（2）句中多含有课下注释的词，评分标准或阅卷前都圈定有踩分的重点字词。

（3）涉及1~4个虚词不等，常见的如：虽、于、为、何、所、者、之、而、其、以、则、且。

（4）涉及特殊句式较多，如宾语前置、省略句、判断句、介词宾语后置、被动句、对偶句、设问句。

2. 文言文翻译原则

了解大意抓停顿，动词就是句灵魂。

增留删补巧排序，词语句式要通顺。

直译为主，字字落实，不改变原意！

（四）近7年文意理解考情分析

表 12

考查角度	年份	篇目	文意理解题·题干及答案分析
句子含义	2019	《聪训斋语》	10. 从选文加线句子中，你获得了怎样的启示？(3分) 但读得一篇，必求可以背诵，然后思其义蕴，而运用之于手腕之下。如此，则才气自然发越。 答：(1)读书务求成诵。(2)以成诵为基础理解文章或书本的含义。(3)将所读内容消化吸收，化为己用，能够做到运用自如。
拟写标题	2018	《夜航船》四则	11. 请给第三篇短文拟一个恰当的题目。（2分） 答：刘峻好学。
内容概括	2018	《夜航船》四则	10. 第一篇短文汇总，包含哪两项传承至今的民间习俗？（2分） 答：赛龙舟、包粽子。
内容概括	2016	《东坡还宅》	10. 请用一句话概念选文所叙写的故事。（一句话内容概括） 答：苏东坡无偿退换老妇宅第。
内容概括	2015	《归钺孝母》	12. 归钺的那些孝行让人感动？请根据选文第二段用自己的话简要概括。（人物形象反向概括） 答：①关心后母送食物；②灾荒年接后母；③忍饿让食给后母；④侍奉后母始终很高兴；⑤从不说后母不好。

考查角度	年份	篇目	文意理解题·题干及答案分析
主旨概括	2017	张之洞《复儿子书》	11. 作者给儿子写这封书信的目的是什么？（主旨概括） 答：劝诫儿子要生活节俭，刻苦求学。
课内链接	2016	《东坡还宅》	11. 从"夜与邵步月"这句话，你会联想到《记承天寺夜游》一文中的哪个情境？（课内链接） 答：①苏轼与张怀民月下在庭院中一起散步。②相与步于中庭。③夜与怀民步月。
情境补写	2015	《归钺孝母》	11. 对选文中加横线句子开展合理想象，写一段对话，表现人物情感。画线句子为：钺往涕泣奉迎，母自惭，从之。（情境补写） 答：归钺流着泪说："母亲，我接您来了，现在闹饥荒，请您住到我家里去吧！我会好好照顾您的！"后母说："孩子，过去都是我糊涂啊，让你受委屈了。那我就跟你走吧。"
人物形象	2014	《鲁宗道不欺君》	13. 乙文表现了鲁宗道怎样的品质？（人物品质概括） 答：忠实。
词语指代	2013	《作文法》	14. "此皆后学所当取法也"一句中"法"具体指什么？（主旨概括） 答：作文，必几经删润，而后文成。

1. 规律总结：题型灵活、多样

2. 备考方法

（1）细读标题。

（2）结合注释大致读懂短文。

（3）浏览试题，再读短文。

（4）紧扣试题，仔细答题。

三、研实施

（一）课标建议

1. 教学建议

（1）区分课型，强调一课一得。教读课文，由教师带着学生，运用一定的阅读策略或阅读方案，完成相应的阅读任务，达成相应的阅读目标，目的是学"法"。自读课文，学生运用在教读中获得的阅读经验，自主阅读，进一步强化阅读方法，沉淀为自主阅读的阅读能力。

（2）抓好生字、词语、文学常识、默写等基础知识。要求学生必须掌握基础知识，可以让学生对每个单元的生字、词语、文学常识、默写等基础知识进行归纳、分类，然后加以记忆，并通过有效的检测来促进掌握。

（3）培养自己的阅读习惯和阅读能力。要求学生自己每天用相对固定的时间来进行阅读，可以是课内的，也可以是课外的。通过阅读来提高自己的分析答题能力、理解能力、写作能力。

（4）游刃有余，采用群文阅读。把课外阅读纳入教材体制，把语文教学从课堂延伸到课外，形成"教读—自读—课外阅读"三位一体的阅读教学体制。

2. 评价建议

（1）突出语文课程评价的整体性和综合性，要从三维目标方面进行评价，以全面考察学生的语文素养，注重情感体验和感悟。

（2）定性评价和定量评价相结合，更应重视定性评价，学校和教师要客观描述学生语文学习的进步和不足，并提出建议，对学生日常的表现应以鼓励、表扬等积极的评价为主，采用激励性评语，从正面引导。

（3）实施评价，应注意教师的评价、学生的自我评价与学生间互相评价相结合。加强学生的自我评价和互相评价，还应让学生家长积极参加评价活动。评价要尊重学生的个体差异，要能促进每个学生的健康发展。

3. 课程资源开发与利用建议

（1）课堂教学——要充分利用各种教学资源，教科书、教学挂图、工具书、其他书刊、电影、电视、广播、网络、报告会、演讲会、辩论会、研讨会、戏剧表演、图书馆、博物馆等。

（2）地方人文——各地区都蕴藏着自然、社会、人文等多种语文课程资源，要有强烈的资源意识，努力开发，积极利用。

（3）学校应积极创造条件，创设语文实践的环境，开展各种形式的语文学习活动。语文教师增强学生在各种场合学语文、用语文的意识。

（二）整体教学思路及课时安排

本学期将继续按照新课标的理念和要求，正确把握语文教育的特点，深入推进自主、合作、探究的学习方式，全面培养学生的语文素养。根据本册教材的内容及编写特点，以及本册教材所处位置，确定教学思路如下：

以《课程标准》为指南，以一定程度上提高学生的语文素养、使学生养成良好的语文学习习惯为目标，以巩固学生积极的学习兴趣为切入点，以课堂教学为重点，以加强自身学习、思考、反思、写作和落实语文学科学习资助管理为主要措施，实现老师与学生同进步、老师与学生同成长。

八年级下学期的学生已具备一定的书写习惯和识字意识，因此，"识字与写字"随堂进行，并设单独的习字课；学生们经过三个学期的系统训练，阅读方面整体感知、理解文意能力已经具备，本册教材将进一步加强引领点拨，进而进行欣赏评价、个性阅读训练，教读一般 2~3 课时，自读课一般 1 课时；对于"文言文、古诗词"，学生已具备一定的语感和词汇的积累，新学期我们将进一步加强阅读体会，培养良好语感，进行鉴赏品味训练。教读课每课 2~3 课时；自读课一般 1 课时，古诗词每首 1 课时；"写作"：学生们已经能够做到具体完整通顺地表达，我们将进一步培养学生观察习惯，激发他们的写作兴趣和思考的良好习惯，每次写作 2 课时，讲评 1~2 课时；平时练笔：随堂进行或课下，讲评随堂进行；"语文实践"：学生们已经了解了交际原则，具备了一定的探究意识，更要能够做到贴近学生生活实际，由学生自行设计组织，要使活动开放多元化；口语交际：每个 2 课时；综合性学习：每个 2 课时；活动实践：随单元进行。

（三）教学方法及流程

把"教读""自读"和课外阅读三者结合起来，融为一体，千方百计激发学生读书的兴趣。分清教读课和自读课两种课型，教读课老师讲为主，不要老是一套固定程式，应当根据课文内容、文体以及单元要求的教学目标，来设计不同的教案程序，突出每一课的特点和重点。

"名著导读"要"一课一得"，以示范读书方法为主，每次重点学习一种读书方法。"名著导读"2部是必读的，另外还有往课外阅读延伸的4部，属于自主选择阅读的。根据学生的普遍阅读能力，这个量可以灵活安排，处理成"2加2"，或者"2加4"。为了推进"名著导读"的落实，必须要和课堂教学有所关联，特别是某些综合性学习，完全可以利用"名著导读"资源，彼此结合进行。

阅读教学要提倡"1＋X"，即讲一篇课文，附加若干篇泛读或者课外阅读的文章。目的就是要拓展阅读面，增大阅读量，改变语文课读书少甚至不怎么读书的状况。

教读课的四步教学法：

1. 明确目标，自主研讨——初读

明确目标，对阅读教学非常重要，因为只有目标明确，学生才能有攀登高峰的激情，初读才能定向思维，这样，才能收到事半功倍的成果。因此，我要根据课文的特色和学生的实际设计不同的层次目标。

2. 激趣导疑，合作探讨——促思

在明确目标、自主研读的基础上，要进一步创设与目标指向相关的良好氛围，激发兴趣，设置悬念，唤起情感，集中反馈。阅读方式将采用小组合作研读、师生交流研读，或互助竞争研读。

3. 巧设促想，自能解题——深化

自能解题目的过程，就是发展思维、学会创新的过程。因此，这一环节的要求是：要善于梳理学生提出的疑问，捕捉"焦点"巧问促思，激发矛盾引起冲突，迸出思维的火花，调动感情参与，达到自能解题的目的。

4. 点评深化，模拟拓展——创新

点评要以学生完成学习目标的深度和创新思维的广度入手，指导学生运用学到的知识，联系生活实际，借助联想、想象进行多向思维，拓展延伸，模拟仿用，迁移创新，从而开发潜能，学会创新。

　　研课标、研教材、研实施，是从宏观角度对教学活动进行深度研究，可以让授课教师准确把握教学目标、教学内容、教学方法，实现高质量备课，进而提高课堂教学效率。准确把握课标，灵活运用教材，科学实施，会让我们的语文课堂充满更多的生机与活力。

道德与法治统编版八年级下册

北京市第八十中学雄安校区　　赵景泉

我阐述的"一册书"三研的教材对象是《道德与法治》统编版八年级下册。三研的主要内容是：研课标、研教材、研实施。接下来，我给大家一一阐述。

一、研课标

"课标"主要分为四部分：前言、课程目标、课程内容和实施建议。

（一）前言部分分为课程性质、课程基本理念、课程设计思路

1. 课程性质：思想性、人文性、实践性、综合性。

2. 课程基本理念：帮助学生过积极健康的生活，做负责任的公民，它是课程的核心；初中学生逐步扩展的生活，它是课程的基础；坚持正确价值观念的引导与学生独立思考、积极实践相统一，它是课程的基本原则。

3. 课程设计思路：以初中学生逐步拓展的生活为基础；以学生成长过程中需要处理的关系为线索；有机整合道德、心理健康、法律、国情等方面的内容，进行科学设计。

（二）课程目标包括情感态度价值观、能力、知识

1. 情感态度价值观：树立规则意识、法治观念，有公共精神，增强公民意识。

2. 能力：学习运用法律维护自己、他人、国家和社会的合法权益。

3. 知识：知道基本的法律知识，了解法律在个人、国家和社会生活中的基本作用和意义。

(三）课程内容由成长中的我、我与他人和集体、我与国家和社会三部分构成

本册教材的单元标题内容和相对应的课标。

第一单元标题为坚持宪法至上。对应的课标是：（1）知道中华人民共和国宪法是我国的根本法，是全国各族人民、一切国家机关和武装力量、各政党和各社会团体、各企业事业组织的根本的活动准则，增强宪法意识。（2）知道依法治国就是依照宪法和法律的规定管理国家，体会依法治国基本方略的实施有赖于每个公民的参与，是全体公民的共同责任。

第二单元标题为理解权利义务。对应的课标是：（1）了解宪法对公民基本权利和义务的规定，懂得正确行使权利、自觉履行义务。（2）知道公民的人身权利受法律保护，任何非法侵害他人人身权利的行为，都要承担相应的法律责任。(3) 知道公民有受教育的权利和义务，学会运用法律维护自己受教育的权利，自觉履行受教育的义务。(4) 知道法律保护公民的财产，未成年人的财产继承权和智力成果不受侵犯，学会运用法律保护自己的经济权利。

第三单元标题为人民当家做主。对应的课标是：（1）知道中国特色社会主义理论体系。(2) 了解我国现阶段基本经济制度和根本政治制度。(3) 知道我国各民族人民的共同理想。

第四单元标题为崇尚法治精神。对应的课标是：（1）理解遵守社会规则和维护社会公正对于社会稳定的重要性，正确认识和理解社会矛盾，理解发展与稳定的辩证关系。(2) 了解建立、健全监督和制约机制是法律有效实施和司法公正的保障，增强公民意识，学会行使自己享有的知情权、参与权、表达权、监督权。

（四）实施建议由教学建议、评价建议、教材编写建议、课程资源开发与利用建议四部分组成

二、研教材

研教材主要研究它的编写特点、编排体例、内容结构、教材内容的立体式整合、新旧教材的对比、近年的考题分析。

（一）编写特点

主要有六点：以宪法精神为主线；以权利义务教育为本位；重视宪法文本的价值；精心设计问题，增强思辨性；体验性、实践性强；版面设计新颖、生动活泼。

1. 以宪法精神为主线。第一课维护宪法权威，让学生懂得宪法是国家的根本法，增强宪法意识。第二课保障宪法实施，让学生理解宪法的最高法律效力，了解我国宪法的核心地位。后边的单元编写依然有宪法的影子，就不再多举例。

2. 以权利义务教育为本位。三、四课讲到了公民权利、公民义务，并且让学生理解权利义务，依法行使权利，自觉履行法定义务。

3. 尊重宪法的文本价值。宪法规范、宪法原则和宪法精神，都以宪法文本为载体，宪法教育不能只有宪法理念、没有宪法文本，或者重理论、轻文本，把宪法教育变成空乏的政治原则的说教。宪法教育应回归文本，重视宪法文本的价值，以凸显法治教育的固有属性。初中学生已初步具备了对宪法文本的理解能力，这是本册教材重视宪法文本、以讲法律规范为主进行宪法教育的重要前提。

4. 精心设计问题，增强思辨性。课本的问题设计基于情境，具体明确，基于学生认识水平和生活经验，使学生有能力展开探究，并能在更复杂的水平上深化理解所学知识。

5. 体验性、实践性强。基于设置的问题，选择合适的探究方法，如活动演示法，并让学生进行有序、有效地探究。

6. 版面设计新颖，生动活泼。有文字，有图片，选取典型材料，结合现代学生喜爱、易于接受的形式，展现出来。

（二）编排体例

分为单元、课、框、目，层次清楚，知识点突出，有利于学生学习。教材呈现的逻辑是运用你的经验到探究与分享，相关链接等到拓展空间。由引到探再到拓，布局合理，呈现科学。思维的逻辑是创设情境到直面矛盾到道德判断、价值选择到体验道德成长，最后是相关行为能力的方法指导。由浅入深，由表及里，符合对事物的认知规律。

（三）内容结构

四个单元，每单元两课，每课两框，共八课。

（四）教材立体整合

思路是以宪法精神为主线，重点进行公民意识和国家意识教育。实质是公民和国家的关系。

（五）新旧教材对比

新教材主要突出宪法至上的教育理念，增强学生的宪法意识。

（六）近年考题分析

这些考题对每单元的重点知识都有考察。中考之我见：不离新教材，这是基础；研究中考说明，这是保障；从研究中再得到提升。

三、研实施

"课标"的"实施建议"中包括教学建议、评价建议、教材编写建议、课程资源开发与利用建议。

（一）教学建议

主要包括：准确把握课标性质，全面落实课程目标；强调与生活实际以及其他课程的联系；创造性地使用教材，优化教学过程；注重学生的情感体验和道德实践；引导学生学会学习。分设这些栏目，有功能定位，呈现形式，使用建议。

（二）评价建议

主要包括：评价目标、评价方式、评价实施要求。其中评价方式由观察、描述性评语、项目评价、谈话、成长记录、考试组成。

（三）教材编写建议

主要包括：准确理解和把握课程标准，坚持正确的导向；遵循思想品德形成和发展规律，体现思想道德学习的独特性；选取现实生活中的素材，突出教材与生活的联系；倡导以主题方式呈现课程内容，激发学生思考、探索的兴趣；应充分考虑和体现不同地区的特点。

（四）课程资源开发与利用建议

课程资源既包括学校内的教育资源，也包括学校外的各类社会机构和各种教育渠道所蕴含的多种教育资源。教师应树立融合、开放、发展的课程资源观，整合并优化课程资源，充分发挥各种课程资源的人文教育功能，使之为课程实施和教学服务。

1. 根据教学目标的需要，开发、选择一切可以利用的课程资源，为实现教育目标服务。

2. 尽量组合不同类型的资源，将文本资源、音像资源、实物资源等结合起来，使学生深入理解课程内容。

3. 鼓励和指导学生参与课程资源的开发，重视对学生自身资源的开发，使学生的参与过程和生活体验成为课程资源的重要组成部分。

4. 结合当地和学校实际情况，重视对本土资源尤其是农村乡土资源的开发和利用，发挥本土资源的优势和独特价值。

5. 课程资源的开发和利用要服务于教学内容，充分发挥课程资源的效能，避免盲目性和形式主义。

（五）课时安排

欲达到的教学目标：

第一单元，通过阐释"国家权力属于人民"，要求学生行使监督权利"监督权力运行"，增强学生的主体意识；通过讲宪法的地位与功能，初步渗透依法治国方略，教育学生树立宪法至上观念，维护宪法权威，重点进行国家意识教育。

第二单元，主要内容是讲公民与权利及其关系，教育目标是增强权利意识与义务意识，树立权利义务相一致观念，重点进行公民意识教育。

第三单元，主要内容是讲国家制度与国家机构，教育目标是增强国家认同，树立制度自信，重点进行国家意识教育。

第四单元，主要内容是讲法治的价值追求，教育目标是引领学生崇尚法治精神，形成尊重自由平等、维护公平正义的意识，也是落脚于公民意识教育。

教学进度表见表1：

表1

周次	教学内容	周课时数
1	公民权利的保障书；治国安邦的总章程	2
2	坚持依宪治国；加强宪法监督	2
3	复习第一单元	2
4	公民基本权利；依法行使权利	2
5	公民基本义务；依法履行义务	2
6	复习第二单元	2
7	期中复习	2
8	基本经济制度；根本政治制度	2
9	基本政治制度	2
10	国家权力机关；中华人民共和国主席	2
11	国家行政机关；国家监察机关	2
12	国家司法机关	2
13	复习第三单元	2
14	自由平等的真谛；自由平等的追求	2
15	公平正义的价值；公平正义的守护	2
16	复习第四单元	2
17	期末复习	2

（以实际教学为准，随时调整教学进度。）

（六）教学流程和方法

1. 教学流程

情景导入，明确任务；收集资料，制定方案；自主协作，具体实施；点拨引导，过程检查；展示成果，修正完善；评估检测，拓展升华。

2. 教学方法

（1）结合案例分析，以讲法律规范为主。运用案例，创设问题情境，引导学生思考和探究，实现由感性到理性，从而达成对法律知识的领悟。选择的案例尽量贴近学生生活，或直接从未成年人的案件中撷取素材，通过这一方式，使学生对于宪法文本做到入脑、入心。

（2）以法律知识教育为载体，促进学生法治思维养成与实践能力提升。在阐释法律规范的同时，更注重学生法治思维的养成与实践能力的提升。例如，在讲国家权力时，强调权力有边界，"法无授权不可为"，在讲公民权利时，同时强调权利义务的一致性，有利于促进学生法治思维的形成，从而引导学生在社会生活中依法维护自身权利，参与社会公共事务，培养公共精神。

（3）适当渗透道德教育。强调法治教育与道德教育相结合，注重以良法善治传导正确的价值导向，把法律的约束力量、底线意识与道德教育的感化力量紧密结合，使学生理解法治的道德底蕴，牢固树立诚信观念、契约精神，尊崇公序良俗，从而实现法治的育人功能。

（4）追求内容科学、逻辑严谨与表述生动的统一。在坚持内容科学、逻辑严谨的前提下，力求表述生动。例如，选取的案例，尽量保留一定的故事情节，讲究叙述方式，使其生动可读；单元、课的导言以散文风格呈现，增强可读性，保持一定情感张力。

（5）设计开放的问题情境，培养辩证思维能力。一方面强调逻辑严谨、观点科学，另一方面也十分关注观点得出的思维过程，力求设计开放的情境，引发思想碰撞，培养学生辩证思维能力。例如，归还失物要求物主"请客"的活动，引导学生围绕"拾物归还，索取报酬该不该"展开讨论。

地理湘教版必修 I

北京市第八十中学雄安校区 刘永辉

雄安新区的教育发展，中坚力量在于教师，研究型教师的培养是师资队伍建设的一个重要内容，所谓"研究型"教师是指在教育教学一线中成长起来的，富有创新精神，极具钻研能力，且逐步形成自身体系（独立系统的教学、思想、理论、著作等）的优秀教师。

教师专业发展路径有多条，聚焦学科课程建设与课堂教学来说，教师对课标教材的研究可谓直指核心。华师教育研究院依托优质的课程和专家资源，为八十中雄安校区教师的专业发展注入了力量，与学校共同启动了"走向课程未来时代——把握课标，用好教材，精准备课"研究项目，三研培训是八十中雄安校区教师专业发展的重要举措。

参加三研培训，使我收获颇丰，以下我将从研课标、研教材、研实施三方面来对地理湘教版《必修 I》进行阐述，也是对参加三研培训收获的一种总结。

一、研课标

（一）课程性质

地理学是研究地理环境以及人类活动与地理环境关系的科学，具有综合性和区域性等特点。地理学兼有自然科学和社会科学的性质，在现代科学体系中占有重要地位，对于解决当代人口、资源、环境和发展问题，建设美丽中国，维护全球生态安全具有重要作用。

高中地理课程是与义务教育地理课程相衔接的一门基础学科课程，其内容反映地理学的本质，体现地理学的基本思想和方法。地理课程旨在使学生具备人地协调观、综合思维、区域认知、地理实践力等地理学科核心素养，学会从地理视角认识和欣赏自然与人文环境，懂得人与自然和谐共生的道理，提高生活品位和精神境界，为培养德智体美全面发展的社会主义建设者和接班人奠定基础。

地理《必修I》旨在帮助学生了解基本的地球科学知识；理解一些自然地理现象的过程与原理；增强对生活中的自然地理现象进行观察、识别、描述、解释、欣赏的意识与能力。

（二）基本理念

1. 培养学生必备的地理学科核心素养

通过高中地理学习，使学生强化人类与环境协调发展的观念，提升地理学科方面的品格和关键能力，具备家国情怀和世界眼光，形成关注地方、国家和全球地理问题及可持续发展问题的意识。

2. 构建以地理学科核心素养为主导的地理课程

围绕地理学科核心素养培养的要求，构建科学合理、功能互补的课程体系，坚持基础性、多样性、选择性并重，满足不同学生自身发展的需要；精选利于地理学科核心素养形成的课程内容，力求科学性、实践性、时代性的统一，满足学生现在和未来学习、工作、生活的需求。

3. 创新培育地理学科核心素养的学习方式

根据学生地理学科核心素养形成过程的特点，科学设计地理教学过程，引导学生通过自主、合作、探究等学习方式，在自然、社会等真实情境中开展丰富多样的地理实践活动；充分利用地理信息技术，营造直观、实时、生动的地理教学环境。

4. 建立基于地理学科核心素养发展的学习评价体系

准确把握地理学科核心素养的水平划分，以学业质量标准为依据，形成过程性评价与终结性评价相结合的学习评价体系，科学测评学生的认知水平以及价值判断能力、思维能力、实践能力等的水平。全面反映学生地理学科核心素养的发展状况。

（三）地理学科核心素养

学科核心素养是学科育人价值的集中体现，是学生通过学科学习而逐步形成的正确价值观念、必备品格和关键能力。地理学科核心素养主要包括人地协调观、综合思维、区域认知和地理实践力，它们是相互联系的有机整体。

1. 人地协调观

指人们对人类与地理环境之间关系秉持的正确的价值观。人地关系是地理学研究的核心主题。面对不断出现的人口、资源、环境和发展问题，人们越来越深刻地认识到，人类社会要更好地发展，必须尊重自然规律，协调好人类活动与地理环境的关系。"人地协调观"素养有助于人们更好地分析、认识和解决人地关系问题，成为和谐世界的建设者。

2. 综合思维

指人们运用综合的观点认识地理环境的思维方式和能力。人类生存的地理环境是一个综合体，在不同时空组合条件下，地理要素相互作用，综合决定着地理环境的形成和发展。"综合思维"素养有助于人们从整体的角度，全面、系统、动态地分析和认识地理环境，以及它与人类活动的关系。

3. 区域认知

指人们运用空间—区域的观点认识地理环境的思维方式能力。人类生存的地理环境多种多样。将其划分成不同尺度、不同类型的区域加以认识，是人们认识地理环境复杂性的基本方法。"区域认知"素养有助于人们从区域的角度，分析和认识地理环境，以及它与人类活动的关系。

4. 地理实践力

指人们在考察、实验和调查等地理实践活动中所具备的意志品质和行动能力。考察、实验、调查等是地理学重要的研究方法，也是地理课程重要的学习方式。"地理实践力"素养有助于提升人们的行动意识和行动能力，更好地在真实情境中观察和感悟地理环境及其与人类活动的关系，增强社会责任感。

（四）课程目标

高中地理课程的总目标是通过地理学科核心素养的培养，从地理教育的角度落实立德树人根本任务。具体目标如下：

（1）学生能够正确看待地理环境与人类活动的相互影响，深入认识两者相互影响的不同方式、强度和后果，理解人们对人地关系认识的阶段性表现及其原因，认同人地协调对可持续发展具有重要意义，形成尊重自然、和谐发展的态度。

(2) 学生能够形成从综合的视角认识地理事物和现象的意识,对地理各要要素之间的相互作用关系有较强的分析能力,并在一定程度上解释地理事物和现象发生、发展的过程,从而较全面地观察、分析和认识不同地方的地理环境特点,辩证地看待地理问题。

(3) 学生能够形成从空间—区域视角认识地理事物和现象的意识,对地理事物和现象的空间格局有较强的观察力,并运用区域综合分析、区域比较、区域关联等方法认识区域,简要评价区域现状和发展。

(4) 学生能够运用所学知识和地理工具,在室内、野外和社会的真实环境下,通过考察、实验、调查等方式获取地理信息,探索和尝试解决实际问题,具备活动策划、实施等行动能力。

(五) 课程内容标准

地理《必修I》内容标准如图1所示。

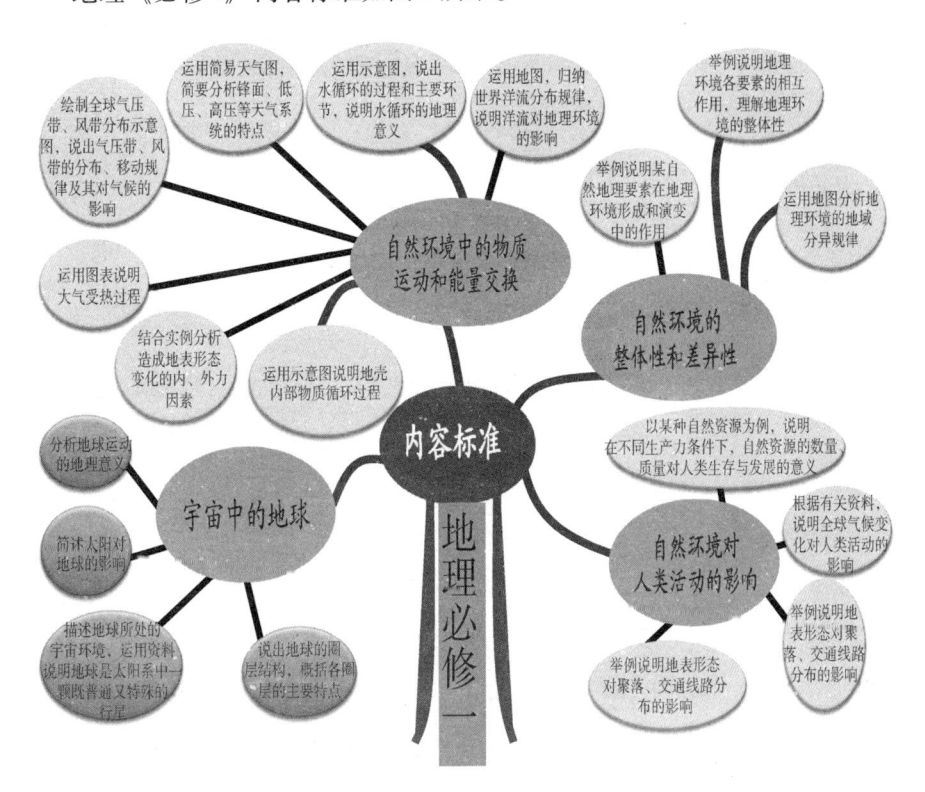

图1 地理《必修I》内容标准

二、研教材

（一）地理《必修Ⅰ》在高中地理课程中的地位

高中地理课程内容的设计以可持续发展为指导思想，以人地关系为主线，以当前人类面临的人口、资源、环境、发展等问题为重点。

高中地理必修课程的三个模块，虽相互独立，但都是按照人地关系和可持续发展的思想统一设计的。

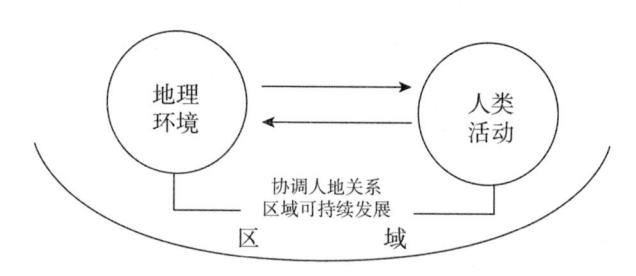

图 2　高中地理必修课程内容联系暨人地关系思想的关联图

《必修Ⅰ》——自然环境是人类活动的基础，自然环境有其自身的发生、发展和变化规律；自然环境影响人类活动（即"地"对"人"的影响）。

《必修Ⅱ》——人类从事各种活动，都应该协调和环境的关系，尊重自然规律，讲求环境伦理道德。人类活动影响地理环境（即"人"对"地"的影响）。

《必修Ⅲ》——地理环境有明显的区域差异，人类的生产活动应因地制宜。区域之间是有联系的，一个区域内地理要素发生变化，会对其他区域产生影响。在一定区域内如何协调人地关系、实现区域的可持续发展（即人地关系的综合表现）。

（二）地理《必修Ⅰ》教材内容结构分析

地理《必修Ⅰ》主要是自然地理，重点阐明人类赖以生存和发展的自然环境，及其对人类活动的影响。地理《必修Ⅰ》是高中地理课程知识和理论的基础。

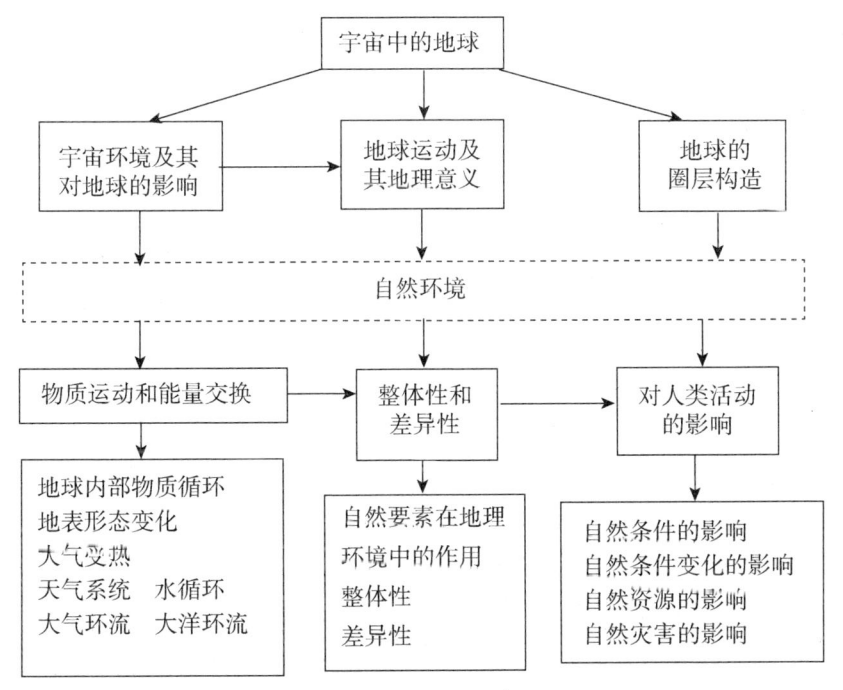

```
                        宇宙中的地球
              ┌────────────┼────────────┐
              ▼            ▼            ▼
        ┌─────────┐  ┌─────────┐  ┌─────────┐
        │宇宙环境及其│  │地球运动及│  │ 地球的  │
        │对地球的影响│  │其地理意义│  │ 圈层构造 │
        └─────────┘  └─────────┘  └─────────┘
              │            │            │
              └────────────┼────────────┘
                           ▼
        ┌─ ─ ─ ─ ─ ─ ─ ─ ─ ─ ─ ─ ─ ─ ─ ─ ─ ─┐
        │              自然环境              │
        └─ ─ ─ ─ ─ ─ ─ ─ ─ ─ ─ ─ ─ ─ ─ ─ ─ ─┘

   ┌─────────────┐   ┌─────────┐   ┌─────────┐
   │物质运动和能量交换│──▶│整体性和 │──▶│对人类活动│
   │             │   │ 差异性  │   │ 的影响  │
   └─────────────┘   └─────────┘   └─────────┘
          │                │             │
          ▼                ▼             ▼
   ┌─────────────┐  ┌─────────────┐  ┌─────────────┐
   │地球内部物质循环│  │自然要素在地理│  │自然条件的影响│
   │地表形态变化  │  │环境中的作用 │  │自然条件变化的影响│
   │大气受热     │  │整体性       │  │自然资源的影响│
   │天气系统 水循环│  │差异性       │  │自然灾害的影响│
   │大气环流 大洋环流│  │             │  │             │
   └─────────────┘  └─────────────┘  └─────────────┘
```

必修《地理Ⅰ》结构示意图

图3　示意图对全册书知识结构进行了整合

地理《必修Ⅰ》由前言以及第一、二、三、四章组成，本册是高中地理课程的理论基础，以介绍自然地理的基本原理、基本规律、基本过程为主。这些内容对整个高中地理课程的学习是有理论价值的。基本原理包括太阳辐射对地球的影响、地球运动的地理意义、地球的圈层结构、地表形态变化的原因、大气受热过程、天气系统的特点、全球气候变化、自然灾害发生的原因等。基本规律包括气压带、风带的分布和移动规律，洋流的分布规律，地理环境地域分异规律等。基本过程包括地壳内部物质循环、大气环流、水循环、大洋环流等。

（三）地理《必修Ⅰ》各章节内容构成分析

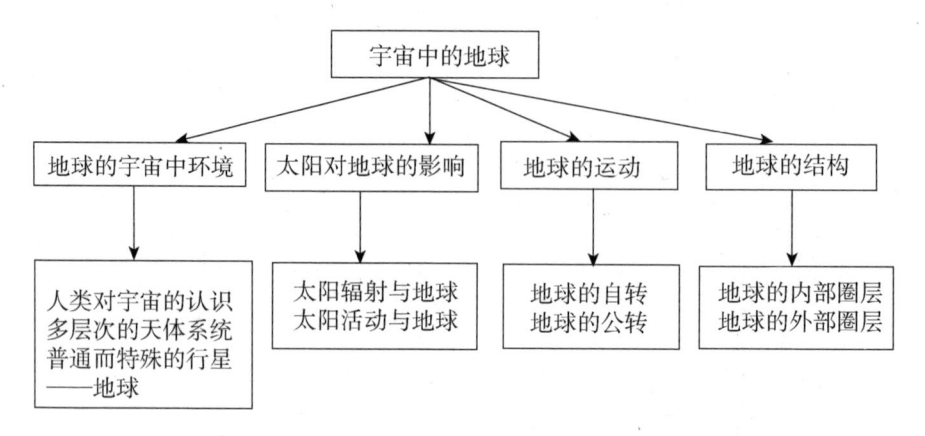

图4　第一章《宇宙中的地球》知识结构框架图

第一节　地球的宇宙环境

1. 教材架构

由远及近，从银河系——太阳系——地月系，介绍地球所处的宇宙环境；从地球的运动特征、物理特征以及地球生命存在的条件分析，说明地球是太阳系中一颗既普通又特殊的行星。

2. 学点点击

（1）谈"天"是为了说"地"，本节教材涉及了许多天文现象和天文知识，都是围绕"地"来展开的，因此教学时不要讲太多的天文知识，以致把地理课上成天文课。如"天体"的概念及类型淡化。

（2）本节的重点内容之一是认识天体系统的层次。对于天体系统的层次，需要在了解宇宙物质性的基础上，进行理性的分析。关于地球在宇宙中的位置，要围绕"找"字设计教学活动。在"找位置"的过程中，理解天体是有系统和层次的，同时增加探究的味道。

（3）本节的重点内容之二是运用资料说明地球是太阳系中一颗既普通又特殊的行星。

资料一：教材第8页图1~3。分析图示，归纳八大行星公转运动的共同特征（同向性、共面性、近圆性）。

资料二：教材第11页活动1。把八大行星的有关数据归纳成一个表格，引导学生运用数据，从和类地行星的结构特征（质量、体积、密度等），把地球与其他行星进行对比，说明地球是太阳系中一颗普通的行星；从地球与太阳的距离适中、地球的体积和质量适中和八大行星绕日公转的特征，分析地球上具备了生命存在的温度、大气和安全的宇宙环境等条件，说明地球是太阳系中一颗特殊的行星。

课后活动的目的是以地球上出现生命的条件作为一个参照，培养学生迁移和应用知识的能力，鼓励学生大胆想象，但要有理论根据。

3. 授课思路

从人类对宇宙的认识过程以及天体的层次性，说明地球所处宇宙环境；从行星的基本数据说明地球是一个普通的天体；从地球所处的位置以及由此而具备生命生存的基本条件——水、大气等，说明地球是太阳系中一颗特殊的行星。

第二节　太阳对地球的影响

1. 教材架构

从太阳辐射（太阳辐射组成、太阳常数、太阳辐射的能量转化以及太阳辐射与地球大气运动、水循环的关系等）和太阳活动（太阳黑子、耀斑和太阳风等）两个层面，阐述太阳对地球的影响。

2. 学点点击

（1）本节的重点是太阳辐射对地球的影响和太阳活动对地球的影响，应通过分析生产、生活中的事例进行教学，要关注现象本身，不必涉及艰深的科学知识。

（2）太阳辐射能的波长范围及能量分布通过教材第12页图1~7做一简单了解，为第二单元"大气环境"中"大气的受热过程"的学习提供帮助。

（3）对于太阳辐射对地球的影响，可让学生举例（从正、反两方面），感性认识太阳辐射对地球的影响主要是提供了光热和能量（包括物质运动所需的能量、人类生产和生活用到的能量）。对于太阳辐射对大气运动、洋流、生物循环的影响，教师简单提示，为以后的学习埋下伏笔。

（4）本节最主要的内容是"太阳活动对地球的影响"。太阳大气的结构和特点让学生通过阅读了解即可，不必展开，重点是了解太阳活动的类型和出现的太阳大气层次，知道黑子和耀斑是太阳活动的重要标志。太阳活动对地球的影响是多方面的，可以用实例说明，重点放在说明现象上。

3. 授课思路

从太阳辐射的基本原理出发，说明太阳辐射的波谱特征、辐射过程以及其对地球的影响，明确太阳是地球的主要能量来源；从案例分析入手，说明太阳黑子、耀斑、太阳风等太阳活动对地球的影响。

第三节　地球运动的地理意义

1. 教材架构

从地球自转（周期、时间和地球自转的意义）与公转（轨道、周期和地球公转的意义）两个层面，揭示地球运动的规律，说明地球运动的意义。

2. 学点点击

第三节是本章的重点内容，本节编写的立意可以概括为六个字：理解、应用、实践。

对地球运动的基本规律要理解；要能够应用地球运动及相关的知识进行时间、地球转动的角速度和线速度的计算、换算和估算；会进行简单的经度、太阳高度等的测量。在教学过程中要善于引导学生把地理知识能力与基础的数学、物理方面的知识能力结合起来，解决实际问题。

（1）"恒星日与太阳日"是教学中的难点，建议简单处理，让学生知道"恒星日与太阳日"的差异，但不需要解释差异的成因。

（2）本节的重点内容之一是"地球自转的地理意义"，包括地球自转导致昼夜交替现象、地球上水平运动的物体受到地球自转偏向力的作用运动方向偏转、地球上不同经度的地方有不同的地方时等三个方面。

①对"地球自转导致昼夜交替现象"的教学建议：晨昏线的相关知识先不用急于介绍，可重点通过"昼夜现象"的演示与"昼夜更替现象"的演示比较，让学生了解二者的区别，同时理解昼夜现象产生的原因。

②对"地球上水平运动的物体受到地球自转偏向力的作用，运动方向偏转"的教学建议：学生演示、观察，了解现象，不做解释。

③对"地球上不同经度的地方有不同的地方时"的教学建议：第一，让学生在初中基础知识之上，从原理上分析东早西晚的原因、经度相差15°地

方时相差 1 小时的原因等；第二，结合时事进行案例分析，教师提供时政热点材料、时间信息等，学生进行地方时的计算；第三，使用好教材第 18 页活动 1。可提出两个问题，第一个问题：如何测量学校所在地的经度？第二个问题，缩小第一个问题的范围：如何用立杆测影的方式测量学校所在地的经度？

（3）对于地球公转的概念、方向、周期、速度等内容，可采用比较法，与地球自转的相关内容列表比较。强调地球绕日公转速度的不均，地球绕日公转过程中位于近日点、远日点的时间及近日点、远日点位置的判断方法。

（4）本节的重点内容之二是"地球公转的地理意义"，包括太阳直射点的南北移动、各地正午太阳高度角的变化、昼夜长短的变化以及四季的更替、五带的划分等内容。

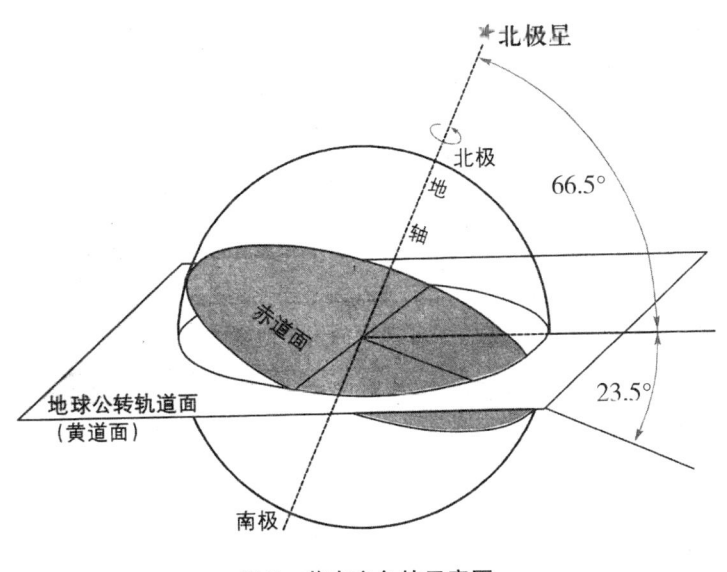

图 5　黄赤交角的示意图

①"黄赤交角"是教学中的一个难点，可以从"一轴两面三角度"和"三个基本不变两个变"掌握它的概念："一轴"指地轴；"两面"指黄道平面和赤道平面；"三角度"指黄道平面和赤道平面的交角为 23.5°，地轴与黄道平面的夹角为 66.5°，地轴与赤道平面的夹角为 90°。"三个基本不变"是指地球在运动过程中，地轴的空间指向基本不变，北极始终指向北极星附

近；黄赤交角的大小基本不变，保持 23.5°；地球运动的方向不变，总是自西向东。"两个变"是指地球在公转轨道的不同位置，黄道平面与赤道平面的交线、地轴与太阳光线的相对位置是变化的。在此基础上，引导学生分析黄赤交角在确定太阳直射范围、极昼极夜范围等方面的意义。

②对于地球公转的地理意义，应充分利用实验、图像、动画等教学手段帮助学生理解随太阳直射点的移动，这些地理现象的变化过程，归纳其变化规律，重点是掌握二分二至日的情况，但切忌忽略过程而只死记结论。最后明确天文四季划分的依据是昼夜长短和正午太阳高度的变化，理解其实质是昼夜长短和正午太阳高度与太阳辐射长短、强弱的关系。

本节在理论学习的基础上，应通过设计一些日常生活中的情景（如日出与升旗时间、物体影子的长度、楼房间距等）或虚拟的逆向思维的情景（如地球运动方向改变、黄赤交角改变等），让学生去运用所学知识分析问题，核实他们对知识的理解程度。

充分利用学生中的优质教学资源，对提高探究活动效果很有帮助。如第 24 页活动的第 2 题有关正午太阳高度公式及应用的探究活动，可预先给班上的数学课代表布置，做好准备，在课堂上给同学们讲解、推导太阳高度公式。学生通过公式进一步理解正午太阳高度的分布规律；开展课外实践活动，利用立杆测影的方式求出学校所在地的正午太阳高度。

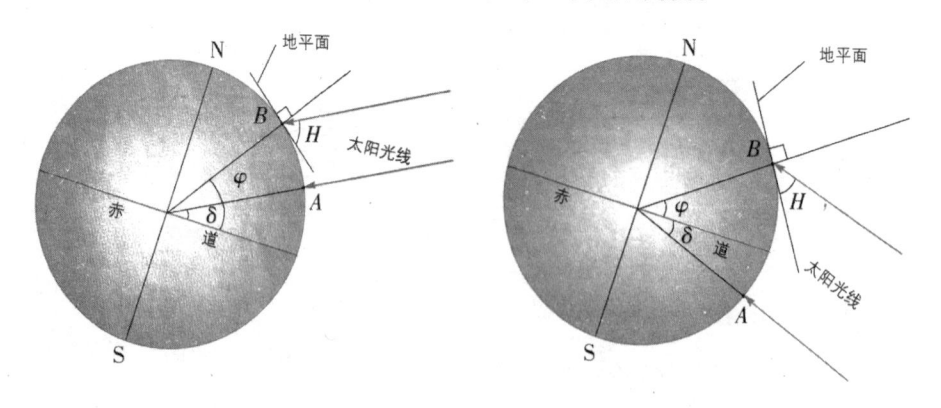

图6 正午太阳高度角的推导示意图

3. 授课思路

从地球自转的客观存在，分析地球自转的特征——方向、大小、周期，说明地球自转的地理意义——昼夜更替、水平运动物体的偏向、时间界定等；地球自转、公转——→黄赤交角——→正午太阳高度角的变化、昼夜长短的变化——→地表热量等特征的区域差异——→四季、五带形成。

第四节 地球的圈层

1. 教材架构

按照地震波在地球内部的传播特性，将地球划分为内三圈——地壳、地幔与地核；按照地球物质的属性差异，将地球划分为外三圈——大气圈、水圈和生物圈。

2. 学点点击

本节的重点是了解地球的圈层结构，最好通过简图和形象的比喻（如把地球看作一只"半熟的鸡蛋"）来加深学生对知识的记忆。地球内部圈层划分要讲清划分依据。绘制示意图，说出地球的内部圈层结构，并概括各圈层的主要特点。了解岩石圈的组成。

介绍各圈层的目的是认识地球的自然环境。对四大圈层的教学，重点应放在空间分布上，对它们的相互联系只需要了解即可。

3. 授课思路

按照地震波（横波和纵波）传播速度与距离地表深度的关系，将地球的内三圈划分为地壳、地幔和地核；按照物质组成的差异，将地表以外的空间划分为大气圈、水圈和生物圈。

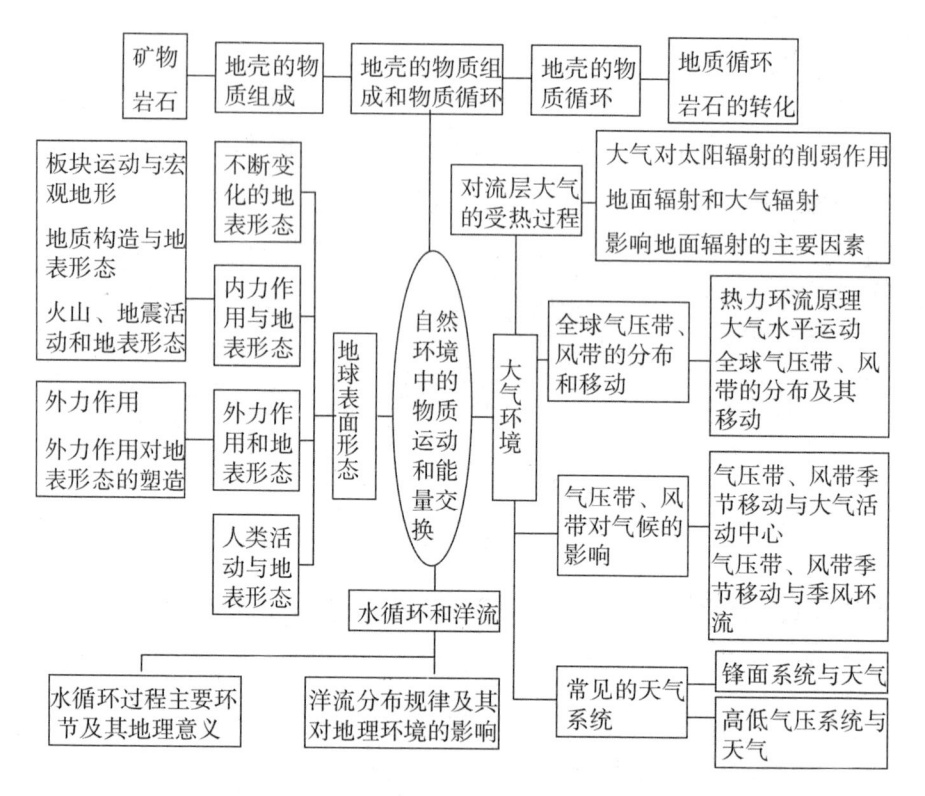

图7 第二章《自然环境中的物质运动和能量交换》知识结构框架图

第一节 地壳的物质组成和物质循环

1. 教材架构

从矿物、岩石出发，简要介绍地壳的物质组成；从三大类岩石——岩浆岩、沉积岩、变质岩之间及其与岩浆间的相互转化，说明地壳内部的物质循环过程。

2. 学点点击

（1）地壳的物质组成的处理建议：

①从常见的矿物与岩石观察入手，说明矿物、岩石的基本性质以及地壳的物质组成。

②对教材中涉及的矿物及岩石名称要求学生只作一般性了解。知道岩石圈的三大类岩石。

（2）地壳的物质循环的处理建议：

①让学生了解岩石的分类、三大类岩石的形成等基础知识。

②阅读并分析教材中的"地壳内部物质循环示意图",引导学生根据图中所示箭头,说出各类岩石之间及其与岩浆之间的相互转化过程,并分析其中涉及的主要内、外力作用。

③把教材中的"地壳内部物质循环示意图"简化为简单的框图,让学生标注各类岩石和岩浆,并绘画其相互间的箭头,解释岩石循环的基本过程。

3. 授课思路

按照地壳的物质存在方式,先让学生了解矿物,从矿物出发,了解岩石,掌握岩石的分类,对三大类岩石的代表岩石能描述特性;从三大类岩石——岩浆岩、沉积岩、变质岩之间及其与岩浆间的相互转化,说明地壳内部的物质循环过程。

第二节 地球表面形态

1. 教材架构

从内力作用(板块运动、地质构造、火山、地震)和外力作用(风化、侵蚀、搬运、沉积和固结成岩)以及人类活动的角度,分析其对地表形态的影响。

2. 学点点击

(1) 不断变化的地表形态的处理建议:

①了解内、外力作用的能量来源及其表现形式。

②从案例分析入手,说明地形变化的客观存在,阐明地形变化的力学机制。

(2) 内力作用与地表形态的处理建议:

①关于板块构造学说的内容,应重点掌握各大板块的范围、不同板块边界类型的分布;具体区域宏观地貌类型的成因分析。

②在"内力作用影响地表形态"这一内容的教学中,教师在结合实例讲解的基础上,可以借助一定的教具(如模型、图片、多媒体动画等)辅助教学,加强学生的感性认识。

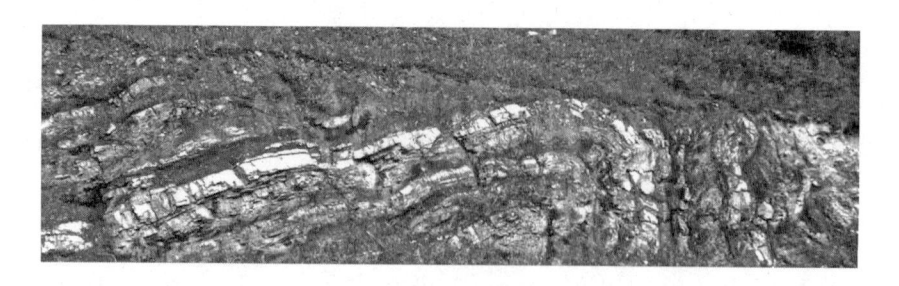

图 8　褶皱图片

另外，教师也可以进行相关的模拟实验，如挤压塑料泡沫模拟岩层受到内力作用时产生的变化，以帮助学生理解褶皱、断层的形成等。

③教学中不必要将各种地质作用形成的地貌或各种类型的地貌做全面系统介绍，也不需对不同地表形态的特征及成因做太深入的剖析。教师应从"结合实例"来展开分析说明。

④淡化根据岩层的新老关系来判断背斜、向斜。

⑤补充"地质构造的实践意义"（见表1）。

表 1　地质构造的实践意义

构造类型	实践意义	原因或依据
背斜	石油、天然气埋藏区	岩层封闭，有良好的"储油构造"
	隧道的良好选择	天然拱形，结构稳定，不易储水
	顶部可建采石场	张裂作用，裂隙发育，岩石破碎
向斜	地下水储藏区	岩层向下凹，易集水
断层	铁路、公路、桥梁、隧道、水库等工程选址应避开断层带	岩层不稳定，容易诱发断层活动，破坏工程；水库的水易渗漏
	泉水、湖泊分布地；河谷发育	地下水易沿着断层线出露；岩石破碎，易被侵蚀成洼地，利于地表水汇集

⑥"火山、地震活动和地表形态"的相关内容知道即可。

(3) 外力作用与地表形态的处理建议：

①教师选取实例，并结合典型地貌景观图或景观素描图来进行讲解，使学生能够获得充分的感性认识，并能据图说出其受到的主要外力作用形式——应具体到是由于哪种因素造成的外力作用，如"流水侵蚀作用""风力沉积（堆积）作用"。

②进一步让学生得出各外力作用方式间的相互关系，理解外力作用在塑造地表形态过程中的作用。

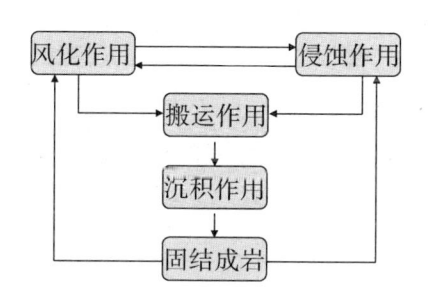

图9 外力作用的相互关系

③注意风化作用与侵蚀作用、喀斯特地貌区流水的侵蚀作用与堆积作用的区别。

图10 岩石风化作用

④结合内力作用塑造地表形态的知识，帮助学生正确理解内、外力作用在地表形态塑造过程中所起的不同作用（注意表2的填写）。

表2

地质作用	能量来源	表现形式	对地表形态的影响
内力作用			
外力作用			

人类活动与地表形态的处理建议：从案例入手，说明人类活动对地表形态的影响，评价人类活动对地形影响的利与弊。

3. 授课思路

地表形态的变化可以从以下三方面进行理解：第一是板块运动引起全球海陆分布及地形分布——属于宏观层面；第二是区域大地构造，侧重内力作用形成的地质构造与地表形态——属于中观层面；第三是在大地构造基础上，外力作用形成的地表形态——属于微观层面。

第三节　大气环境

1. 教材架构

从电磁波的波段、传播方向、能量大小及影响因素等方面认识能量传递的过程，说明对流层大气的受热过程。

从热力学的原理，认识气压与风的关系；从热力环流，认识三圈环流；从三圈环流，认识全球气压带与风带的分布；从下垫面性质的差异，认识气压带与风带的分布规律的复杂性。

说明天气系统对天气现象的关系；阐明主要天气系统的特征及其影响下的天气。

2. 学点点击

大气的垂直分层可通过教材第43页活动，简单处理得出如下结论：随高度增加，温度呈有规律的变化；对流层内随高度增加气温逐渐降低，每升高100米气温下降0.6℃，大气对流运动旺盛；平流层内由于臭氧层大量吸收紫外线，随高度增加气温升高，大气以平流运动为主。

（1）对流层大气的受热过程的处理建议：

①借助物理学的电磁理论，从电磁波的性质认识能量传递的过程，用图表说对流层大气的受热过程。

②组织学生利用身边可以找到的材料（如透明塑料袋、塑料薄膜、玻璃瓶等）和温度计，做一次模拟大气温室效应的小实验。借以说明大气的保温作用。

③影响地面辐射的因素中，纬度因素和气象因素都属于影响太阳辐射的因素。下垫面因素可以投放图表让学生了解。

（2）全球气压带、风带的分布和移动的处理建议：

①绘制简单示意图，帮助学生理解大气热力环流的形成过程。

②运用大气热力环流的基本原理解释城市热岛效应、海陆风等现象（大气环流微弱时才能体现）。

③理解大气水平运动的成因。

讲解"大气的水平运动"时应按照由简单到复杂，从高空风到近地面风的顺序进行。注意阐明以下几方面内容：A. 水平气压梯度力是形成风的直接原因。B. 高空大气中的风向，是气压梯度力和地转偏向力共同作用的结果，风向与等压线平行。C. 近地面大气中的风向，是气压梯度力、地转偏向力与摩擦力共同作用的结果，风向与等压线之间成一夹角。

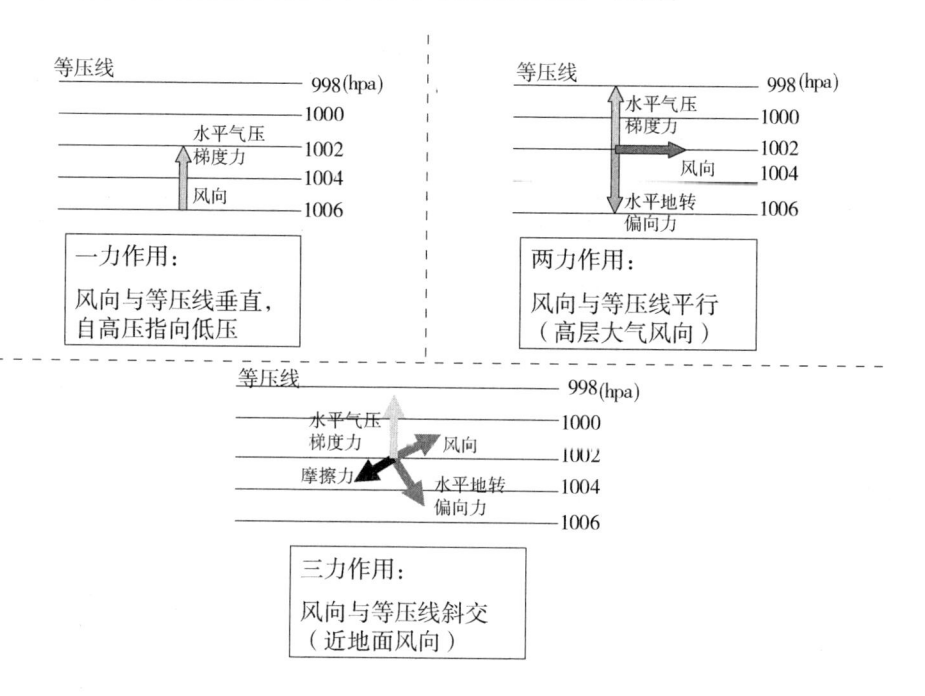

图 11

④阅读并绘制全球气压带、风带分布及其季节移动示意图，掌握全球气压带及风带的分布及移动规律。

A. "气压带和风带的形成"内容宜采用讲练结合的方式组织这部分教学内容。按照"不断加入影响因素"的分析问题的思路分几个层次引导学生学习。

B. 气压带、风带形成和分布是本节的核心，也是理解气候形成的基础，因此要求学生可以熟练绘制。对气压带、风带分布图的理解，应把握以下几点：一是如何画出空气上升箭头和下沉箭头；二是为什么空气会上升或下沉（成因分析）；三是空气上升或下沉又如何形成高气压带或低气压带；四是三圈环流图中近地面的风带（风向）如何转画到平面图上，形成近地面的气压带和风带分布图。

呈现气压带和风带移动示意图，总结全球气压带和风带的移动规律；利用教材第 52 页活动，进行拓展。

（3）气压带和风带对气候的影响的处理建议：

①宜采用"案例"分析方法。以热带雨林气候、地中海气候、温带海洋性气候的形成为例证分析气压带和风带对气候的影响。

不同气候类型所受气压带和风带的影响（见表3）：

表3

纬度位置	气候类型	冬夏控制该地气压带或风带	气候特点
赤道附近	热带雨林气候	冬： 夏：	
纬度30°~40°大陆西岸	地中海气候	冬： 夏：	
纬度40°~60°大陆西岸	温带海洋性气候	冬： 夏：	

②海陆分布对气压带分布的影响及季风环流的形成。为学生呈现"亚洲冬、夏季风示意"图，完成教材第 54 页活动，总结东亚和南亚季风风向、成因的异同。

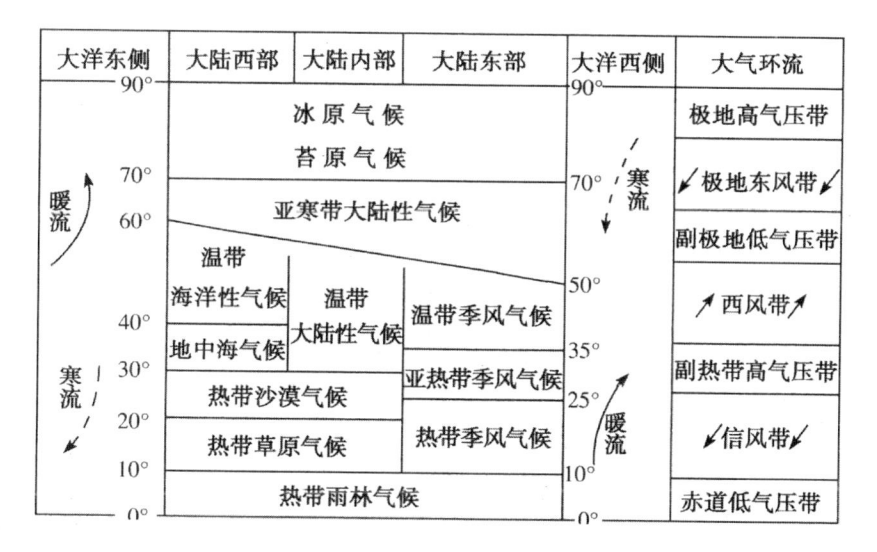

图12　不同气候类型的分布及主要影响因素

（4）常见的天气系统的处理建议：

①用冷暖水代替冷暖气团做实验或出示一个表示大范围的立体的冷暖空气相遇的图片，让学生对锋面的概念有一直观的认识。

②教师讲冷锋与暖锋时，建议对比着讲。对比的项目可以有如下几个：主动移动的气团；暖气团是主动上升还是被动上升；锋区的天气；降水的区域及部位；锋面倾斜的方向；降水的强度；还有锋过境前、锋过境时、锋过境后三个时段的天气等。

冷、暖锋影响下的天气状况（见表4）：

表4

	时段	冷锋	暖锋
天气特征	过境前		
	过境时		
	过境后		
我国天气实例			

③对于"低压(气旋)与高压(反气旋)系统及天气"的教学,可采用以下教学程序:

A. 出示气旋或反气旋在水平方向和垂直方向上气流运动的简图,让学生先把水平气压梯度力方向标在图中,然后根据地转偏向力、摩擦力推导出实际方向,最后根据空气的辐散或辐合推出垂直方向上的方向。

B. 列表比较气旋反气旋在气压状况、气流状况和天气状况三方面的特征(见表5)。

表5

气流状况		气旋	反气旋
气压状况			
气流	水平方向		
	垂直方向		
天气状况			

C. 结合台风、寒潮等天气现象加深学生对气旋、反气旋的认识。

3. 授课思路

从说明对流层大气的受热过程开始,以热力环流(等压线或面)—大气水平运动—三圈环流—气压带、风带的分布(地球运动—黄赤交角)—太阳直射点南北移动—气压带、风带的规律性移动。由气压带、风带的分布及移动规律奠定了全球气候的基本格局——海陆热力性质等差异导致气压带、风带的破坏,使全球气候复杂化(高低气压中心、季风)。对比记忆常见的天气系统的特点及对天气形成的影响。

第四节 水循环和洋流

1. 教材架构

了解水循环的过程,认识水运动的意义,从保护水资源的角度,规范人类的行为。从洋流形成机理上,归纳世界洋流分布规律;从洋流性质上,说明洋流对地理环境、人类的影响。

2. 学点点击

(1)水循环的处理建议:教师在教学过程中可围绕不同的"示意图"来

引导学生学习和展开教学。行为动词分别是"说出"和"说明",行为的结果是需要学生了解水循环的过程和主要环节,以及理解水循环的地理意义。建议教学可分为以下的方式与步骤:

①采用教材中的"水循环的示意图(主要是海陆间循环示意图)",教师可结合水的三态的物理变化(物理知识),通过对图13的箭头的分解让学生了解以下内容:环节、主要类型、概念。

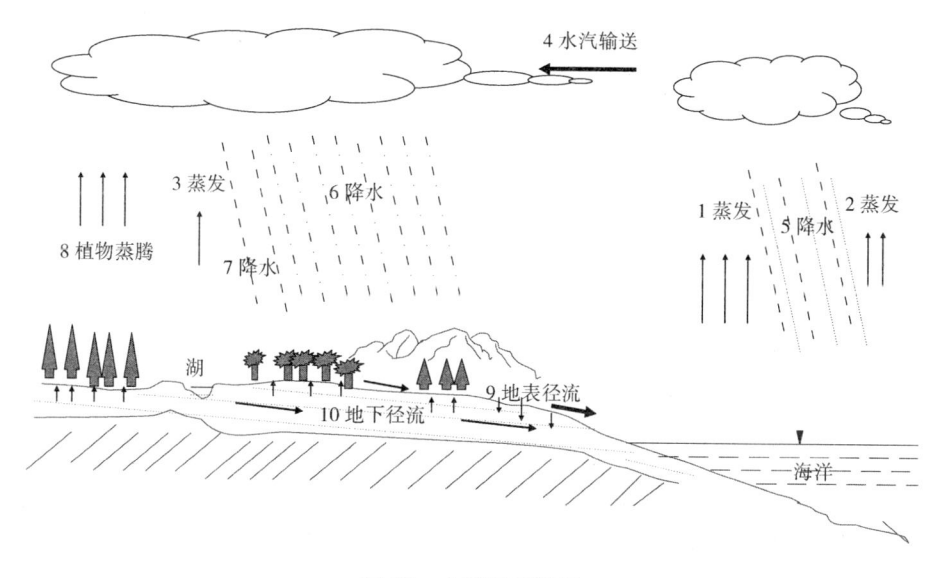

图13 水循环示意图

②对海陆间水循环过程中对地理环境的影响,可以让学生结合图与具体事例从水资源的更新、能量转换、物质迁移、对地表形态的影响等方面来理解,从而让学生能够说明水循环的地理意义。

③结合人类行为成功与失败的案例(修建水库、破坏植被等),说明人类活动对水循环的影响。

(2)洋流的处理建议:从知识的内在联系看,"洋流对地理环境的影响"是学习目的,而"世界洋流分布规律"是知识基础。

①学习应落实在地图上,其中最主要的是"世界洋流分布图",此外还有"世界渔场分布图""世界气候分布图"等。

②通过阅读"世界洋流分布图",归纳世界洋流分布的一般规律,即分

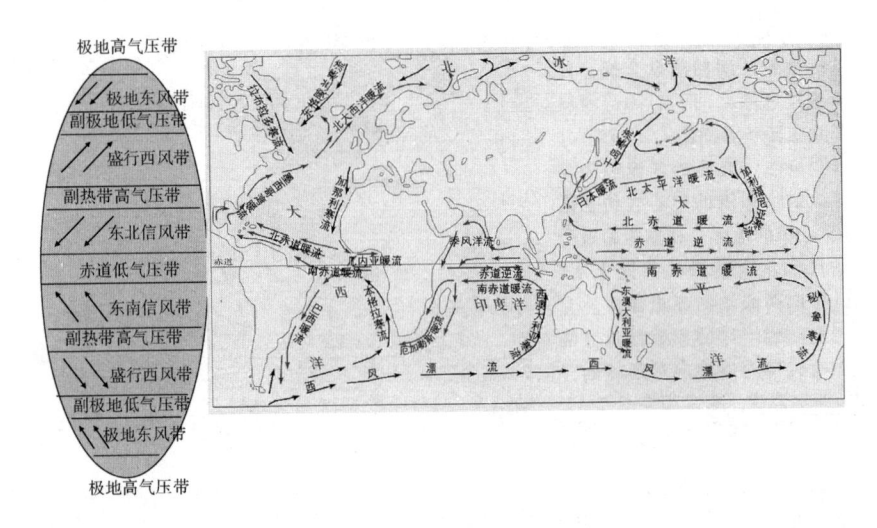

图14　世界洋流示意图

别以副热带为中心和副极地为中心的大洋环流。其中，南半球高纬度地区没有形成大洋环流，而是形成连续的西风漂流和南极绕极流。

③通过阅读"世界洋流分布图"及有关地图，分析洋流对全球热量的输送、沿岸气候、渔场、海洋污染及交通的影响。

④一般不必对洋流知识进行加深和扩展。例如，洋流的成因不需要系统讲述，风海流、密度流、补偿流的名称都可以不出现，只要能解释世界洋流的分布规律即可。

对各洋流的名称不要求记住，但是为了分析洋流对地理环境影响的需要，应了解不同纬度大陆两岸洋流的性质（暖流或寒流）。

3. 授课思路

从认识水循环的过程入手，掌握地球水体运动，进而学习大规模的海水运动——洋流，要掌握洋流分布的一般规律，同时能够分析洋流带来的影响。

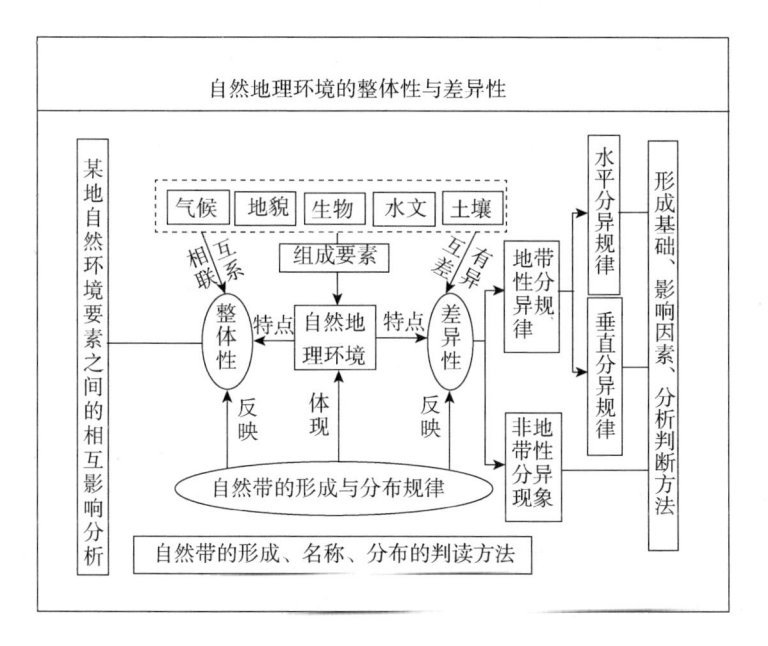

图15　第三章《自然地理环境的整体性与差异性》知识结构框架图

第一节　自然地理要素变化与环境变迁

1. 教材架构

"举例说明某自然地理要素在地理环境形成和演变中的作用",要"将视角扩展到地质历史时期,要求从地理环境形成和演化的角度认识各自然地理要素对于地理环境的作用,并由此类推到现在人们所赖以生存的地理环境"。

2. 学点点击

高中阶段的学习不可能系统了解每一自然地理要素对地理环境的作用,要使学生认识任一自然地理要素对于地理环境的重要性,需要找到合适的切入点。本节的切入点有二,一是通过地质历史上的生物演化和多次生物灭绝,二是人类活动对环境的作用,都旨在说明某自然地埋要素变化对整体环境变迁的影响,也说明整体环境变迁对某一自然地理要素变化的影响。

3. 授课思路

理解人类赖以生存的自然地理环境的主要特征,以及自然地理环境各要素之间的相互关系。而各要素处在不断地演化过程当中。要了解生物进化与灭绝，综合考量人类活动对环境的作用。

第二节　自然地理环境的整体性

1. 教材架构

按照总—分—总的原则，从自然地理环境整体性的表现入手，进而分析自然地理要素（土壤、生物、气候、地形和人类）的相互作用，形成自然地理环境的整体观，阐明资源综合利用的意义。

2. 学点点击

通过分析不同尺度地理区域各自然地理要素的相互作用，认识自然地理环境的区域特征，明确地理环境各要素之间存在相互联系、相互渗透、相互制约的辩证关系；在此基础上，以土壤为例，分析土壤与成土母质、气候、生物、地形、人类活动的相互作用，理解正是自然地理要素间的相互作用形成了自然地理环境的整体特征。认识自然地理环境整体性将有助于自然资源的综合利用。

3. 授课思路

说明自然地理环境（即地球表层）是岩石圈、大气圈、水圈、土壤圈、生物圈、人类圈等自然地理要素组成的有机整体，具有不同层次的有序结构，其中每一要素都作为整体的一部分与其他要素相互联系、相互制约、相互作用，某一要素的变化会导致其他要素甚至整体的改变。理解人类赖以生存的自然地理环境的主要特征，以及自然地理环境各要素之间的相互关系。

第三节　自然地理环境的差异性

1. 教材架构

从不同的尺度描述地球表层的差异性；从现象入手，归纳地域分异的基本规律——纬度地带性、经度地带性、垂直地带性和地方性分异规律；简要介绍主要陆地自然带的特征。

2. 学点点击

从现象入手（录像、景观照片），说明地表差异的存在。从现象分析入手，说明地域分异是有规律的。从读图入手，说明什么是纬度地带性、经度地带性、垂直地带性和地方性分异规律；比较说明各自然带的典型特征，明确因地制宜的意义。

3. 授课思路

认识区域差异。地球表层好似缤纷的马赛克，具有复杂的差异性，按照一定的规律发生分化，表现为不同空间尺度的地域分异，形成不同的自然地理单元。各地的自然地理条件不一样，因地制宜至关紧要；环境在不断变化，还需要因时制宜。

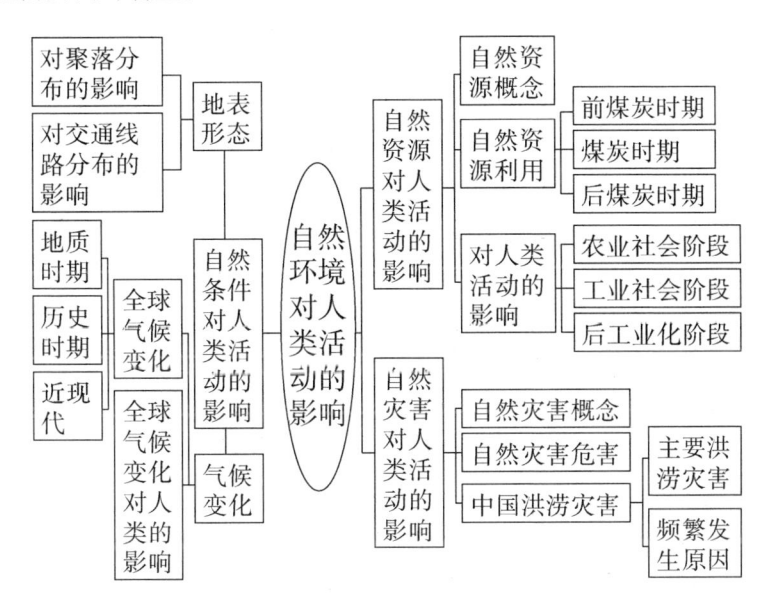

图16 第四章《自然环境对人类活动的影响》知识结构框架图

第一节 地形对聚落及交通线路分布的影响

1. 教材架构

不同的地形条件对聚落的类型、分布、规模和发展的影响；不同的地形条件对交通线路布局和形态特征的影响。

2. 学点点击

从案例入手，分析不同的地形类型（平原、山地）、地势高低等地形条件对聚落的类型、分布、规模和发展的影响。从案例入手，分析不同的地形类型（平原、山地）、地势高低等地形条件对交通线路类型、布局和形态特征的影响。

3. 授课思路

通过典型案例让学生探究，最好是当地的聚落或交通布局的案例。掌握丽江古城、现代城市受地形影响的表现，能准确分析"蜀道难""之"字形道路的成因，学会对比分析问题的方法。

第二节　全球气候变化对人类活动的影响

1. 教材架构

按照时间序列，说明地质时期、历史时期和近现代全球气候变化特征；从气候资源、气象灾害、农业生产和人体健康等方面，说明全球气候变化对人类生产生活的影响。

2. 学点点击

从资料（统计图）入手，分析不同时期全球气候（冷、热，干、湿）的变化规律；从资料入手，分析气候变化对水热资源、自然灾害、生态系统、生产领域（农业）、人体健康等方面的影响。

3. 授课思路

本节内容的难度在于大跨度的时间分析，要利用好地理图表和数据。了解不同时期全球气候的变化，全球气候变化对人类的影响。

第三节　自然资源与人类活动

1. 教材架构

以煤炭资源为例，按照时间序列，煤炭资源的开发利用程度对工业发展的影响。在不同生产力条件（农业社会、工业社会、后工业社会）下，重要自然资源的开发利用对人类生存与发展的意义。

2. 学点点击

从资料收集与分析（煤炭资源的开发利用史）入手，了解自然资源概述，同时分析不同时期煤炭资源的开发利用特征及其对人类社会发展（特别是对工业发展）的推动；从资料收集与分析（煤炭资源的开发利用史）入手，分析农业社会（工业社会、后工业社会）的资源开发利用特征。

3. 授课思路

本节知识是围绕自然资源与人类活动的关系展开的，要树立正确的资源观和可持续发展理念，做到人地协调。

第四节　自然灾害对人类的危害

1. 教材架构

自然灾害的概念与危害；说明我国主要洪涝灾害的时空特征以及我国洪

涝灾害频繁发生的原因；以中国长江流域 1998 年洪涝灾害为例，简述其发生的主要原因及危害。

2. 学点点击

以长江流域 1998 年洪涝灾害案例，从灾情、水情和雨情的角度，分析洪涝灾害的发生、发展过程及其对人们生产生活的影响，"从一斑窥全豹"，归纳我国主要洪涝灾害的时空特征以及我国洪涝灾害频繁发生的原因。

3. 授课思路

自然灾害威胁着人类的生产和生活，我们应正视它，但不能回避它。在学习本节内容时，要重视应用图像、影像资料，注意对图表数据的分析，学会用数据来说明地理问题。

（四）地理《必修Ⅰ》的学业要求

学习本模块之后，学生能够运用地理信息技术或其他地理工具，观察、识别、描述与地貌、大气、水、土壤、植被等有关的自然现象；具备一定的运用考察、实验、调查等方式进行科学探究的意识和能力（地理实践力）。能够运用地球科学的基础知识，说明一些自然现象之间的关系和变化过程（综合思维）。能够在一定程度上合理描述和解释特定区域的自然现象，并说明其对人类的影响（区域认知、人地协调观）。

（五）地理《必修Ⅰ》的编排体例

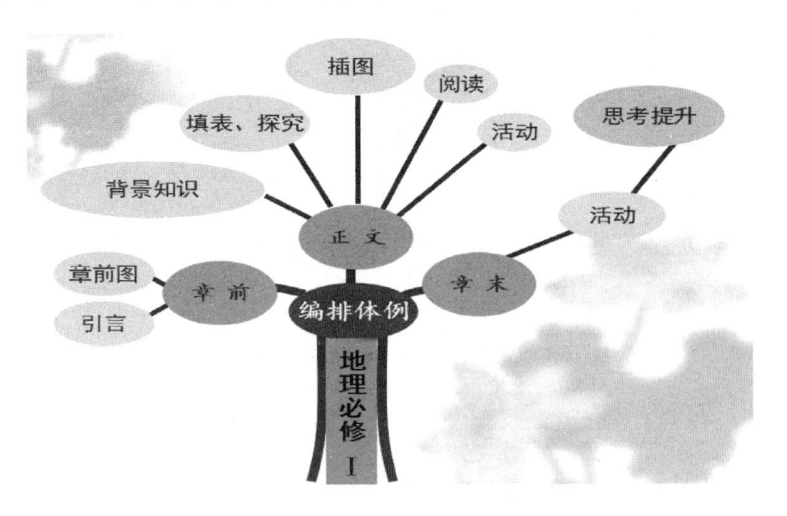

图 17　地理《必修Ⅰ》的编排体例

（六）不同版本教材

图 18　现行四套不同版本教材

不同版本教材在模块结构、单元结构、课文结构、栏目数量等方面的差别。

1. 不同版本教材模块结构对比

图 19　不同版本教材模块结构对比

2. 不同版本教材单元结构对比

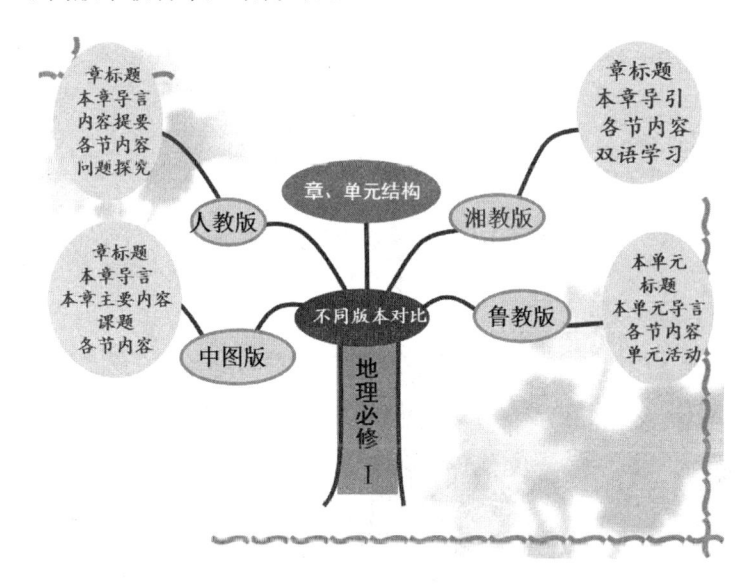

图20　不同版本教材单元结构对比

人教版：章标题、本章导言、内容提要、各节内容、问题探究
湘教版：章标题、本章导引、各节内容、双语学习
鲁教版：本单元标题、本单元导言、各节内容、单元活动
中图版：章标题、本章导言、本章主要内容、课题、各节内容

3. 不同版本教材课文结构对比

图21　不同版本教材课文结构对比

人教版：节标题、节内一级标题、正文、图表、非正文（包括活动、阅读、案例、读图思考）
湘教版：节标题、节内标题、正文、图表、非正文（包括阅读）、活动（思考）、活动（实践）、活动（探究）
鲁教版：节标题、"导入式"问题、节内标题、正文、图表、非正文（包括知识窗、活动）
中图版：节标题、节内标题、正文、图表、非正文（包括探索、学习指南、知识链接、名词链接、案例研究、复习题、检查进度、读表、实验、讨论、阅读、思考、读图练习、活动）

4. 不同版本教材栏目数据统计

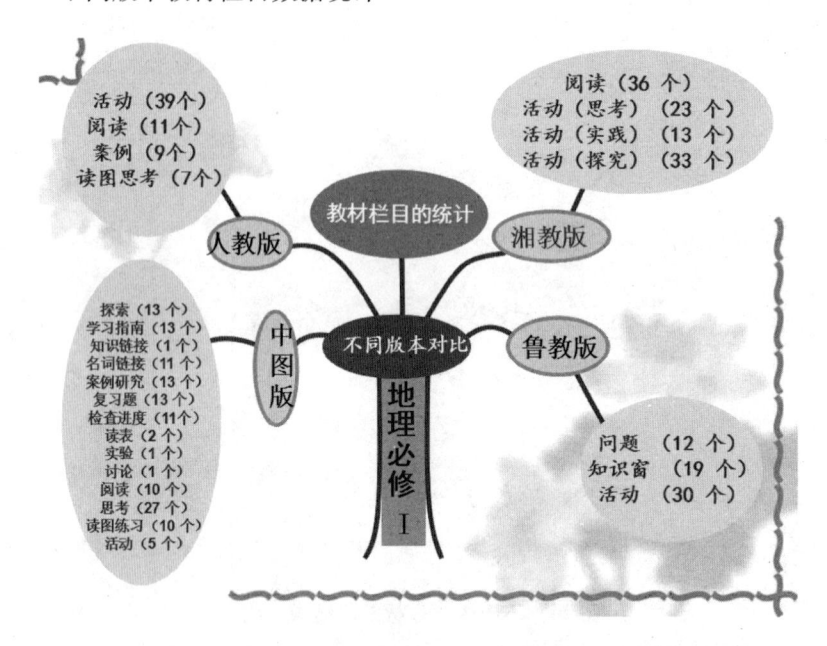

图 22 不同版本教材栏目数据对比

（七）以 2019 年全国高考卷为例，整理涉及地理《必修 I》的知识

全国卷 I

6. 该区域铁路线主要沿_____。

A. 等高线分布　　　　　　　　B. 河谷分布

C. 山脊线分布　　　　　　　　D. 山麓分布

（此题考查自然环境对交通线路建设的影响。）

9. 黄河小北干流为堆积性游荡河道，是因为该河段河流_____。

A. 流量大、含沙量季节变化小　　B. 流量大、含沙量季节变化大

C. 含沙量大、流量季节变化小　　D. 含沙量大、流量季节变化大

10. 黄河小北干流河道中段摆动范围较小的主要影响因素有_____。

①河水流量　②支流汇入　③沿岸地貌　④两岸岩性

A. ①②　　　　B. ②③　　　　C. ③④　　　　D. ①④

11. 渭河是黄河最大的支流，流量和含沙量均较大。在主汛期，渭河的洪峰导致黄河小北干流_____。

A. 含沙量剧增，摆幅增大　　　　B. 水量增大，流速加快

C. 水位上升，淤积增强　　　　　D. 侵蚀加强，河床加深

（该组题考查河流地貌，河流水文特征与其他自然环境要素的关系。）

37.（1）板块运动导致的山脉隆起改变了区域的地貌、水文和气候特征，分析这些特征的变化对里海的影响。(6分)

（2）末次冰期晚期里海一度为淡水湖，对此作出合理解释。(6分)

（3）分析补给类型发生变化后里海演化为咸水湖的原因。(6分)

（4）指出黑海、地中海未来演化为湖泊的必要条件。(4分)

（此道综合题涉及板块运动、地形地貌、冰期、水循环中湖泊补给、湖泊成因、内外力作用等相关知识点。）

全国卷Ⅱ

6. 大气对流过程中上升气流与下沉气流相间分布，因此积云常常呈_____。

　　A. 连续层片状　　　　　　　B. 鱼鳞状

　　C. 间隔团块状　　　　　　　D. 条带状

7. 积云出现频率最高的地带是_____。

　　A. 寒温带针叶林地带　　　　B. 温带落叶阔叶林地带

　　C. 亚热带常绿阔叶林地带　　D. 热带雨林地带

8. 在下垫面温度决定水汽凝结高度的区域，积云的云底高度低值多出现在_____。

　　A. 日出前后　　B. 正午　　　C. 日落前后　　D. 午夜

（此组题考查对流层大气的特征，同时运用知识迁移，考查积云的分布位置及积云的影响因素。）

9. 修建水库前，营造该地区山前平原地表形态的力主要来自_____。

　　A. 构造运动　　B. 流水　　　C. 冰川　　　　D. 风

10. 断流期间，山前平原上的洼地增多增大是由于_____。

　　A. 地面沉降　　B. 流水侵蚀　C. 风力侵蚀　　D. 冻融塌陷

11. 伴随着洼地增多增大，周边地区可能出现_____。

　　A. 水土流失　　B. 沼泽化　　C. 土地沙化　　D. 盐碱化

（该组题考查了地表形态与内外力之间的关系，涝洼地的变化及产生的

影响。)

36. (1) 指出宾川县地形的主要特点,并推测耕地分布及数量的特点。(6分)

(2) 说明地形对宾川县河谷地区干热气候特征形成的影响。(8分)

(3) 用水得到保障后,当地热带、亚热带水果种植业蓬勃发展,从气候角度分析其原因。(6分)

(本综合题旨在考查自然环境要素中地形、气候的特征和成因,同时站在自然资源的角度去衡量一个地区的可持续发展战略。)

全国卷Ⅲ

6. 导致西伯利亚地区土地覆被变化的首要原因是_____。

A. 气温升高　　B. 气温降低　　C. 降水增多　　D. 降水减少

(本题考查自然地理环境各要素的关系,以植被的影响因素为考查点。)

11. 该公路北端海拔约750米,其所处的自然带是_____。

A. 针叶林带　　　　　　　B. 山地草原带

C. 高寒草甸带　　　　　　D. 灌丛荒漠带

(本题考查学生对自然带的掌握情况。)

37. (1) 对该河段河面宽度变化不明显的现象作出合理解释。(6分)

(2) 指出4~6月该断面河水深度的变化特征,并说明原因。(8分)

(3) 分析8月该河段河底淤积的原因。(8分)

(本组综合题考查河流水文特征,外力作用中流水沉积作用的过程和影响等。)

三、研实施

把握住课标,利用好教材,我们在征途上取得了巨大的进步,但这远远不够,我们要把地理学科的核心素养和地理《必修Ⅰ》的知识体系,带给一个个的鲜活个体,他们千差万别,我们任重道远。

(一) 地理学科核心素养的提出

需要我们反思日常教学和评价的方式和方法,要在继承传统教学优点的基础上,尝试更多地运用问题式教学、实践教学、信息技术支持下的教学等；地理《必修I》应以认识自然地理要素及其与人类活动的关系为线索组织教学。要充分利用地图、景观图像、地理视频、虚拟技术、地理信息技术和周边自然与社会资源支持教学。尝试更多地运用学生思维结构评价、表现性评价等。

1. 重视问题式教学

问题式教学是用"问题"整合相关学习内容的教学方式。问题式教学以"问题发现"和"问题解决"为要旨，在解决问题的教学过程中，教师应引导学生运用地理的思维方式，建立与"问题相关的知识结构，并能够由表及里、层次清晰地分析问题，合理表达自己的观点"。教师要特别关注开放性的问题。

2. 加强地理实践

地理实践是支持学生地理学科核心素养发展的重要手段。地理教学应将实践活动作为教学的重要方式之一。地理实践活动的设计和实施，要以地理学科核心素养的培养为宗旨，与地理理论知识的学习和应用相结合，引导学生用地理视角去观察、行动和思考，并在对真实世界的感受和体验中进一步提升理性认识，逐步建立起地理知识之间的关联。例如，在野外考察时，发给学生该地区的地图及相关资料，引导学生经常注意观察对象所在区域位置，提升学生区域认知素养；在考察某个特定的地质或地貌现象时，也注意引导学生关注它与周围其他事物的关系，特别是该事物与人类活动的关系，提升学生综合思维和人地协调观素养。

3. 深化信息技术应用

信息技术的发展和应用是地理教学改革的助推器，对改变学生学习方式和教师教学方式，帮助学生享有公平而有质量的地理教育具有重要作用。借助大数据、人工智能、"互联网+"等信息技术的学习，是面向未来的学习方式之一，为学生提供自主学习、探究学习和合作学习的开放空间，促进地理学习的拓展和深入。具体方式可以有基于网络的项目学习，基于全媒体资源的探究学习，基于大数据的模拟学习，基于即时反馈的互动学习，基于虚拟现实技术（VR）、增强现实技术（AR）的学习等。借助信息技术，我们还可以改变评价方式，使评价更有针对性、即时性、互动性，更好地发挥评价对学生个体指导的作用。

4. 开展思维结构评价

地理学科核心素养的培养需要重视学生地理学习过程中的思维发展。学生的思维表现可以从不同角度评价，其中之一是对思维结构的评价。对思维结构的评价可以参考基于"可观察的学习成果结构"分类理论。思维结构评价关注学生在地理学习中表现出来的思维结构的个体差异，有助于我们把握不同学生的学习状态，使后续的教学设计能够更有针对性地促进学生地理学科核心素养的形成。

5. 关注表现性评价

表现性评价是指对学生在真实情境中完成某项任务或任务群时所表现出的语言、文字、创造和实践能力的评定，也指对学生在具体的学习过程中，所表现出的学习态度、努力程度以及问题解决能力等的评定。表现性评价比较适合于评定学生应用知识、整合学科内容，以及决策、交流、合作等能力，是一种适合评价学生核心素养发展的方法。

"分组活动"在"表现性课题"实施过程中是一个不可或缺的学习环节，它不仅可以反映学生的学习态度、协作的意识、交流的成效，还可以反映出学生在探究路径中的学习困难和问题。因此将学生在活动中的表现真实地记录下来，是评价学生表现的重要依据。

(二) 地理《必修I》中核心素养的生成路径

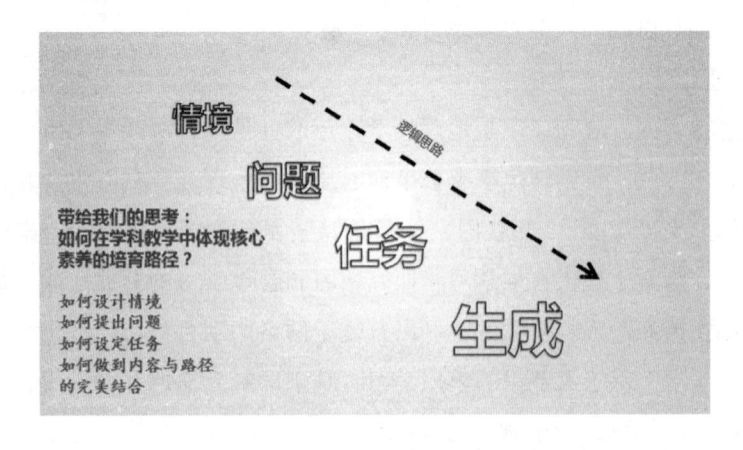

图 23 地理《必修I》中核心素养的生成路径

(三) 地理《必修Ⅰ》的课堂资源开发

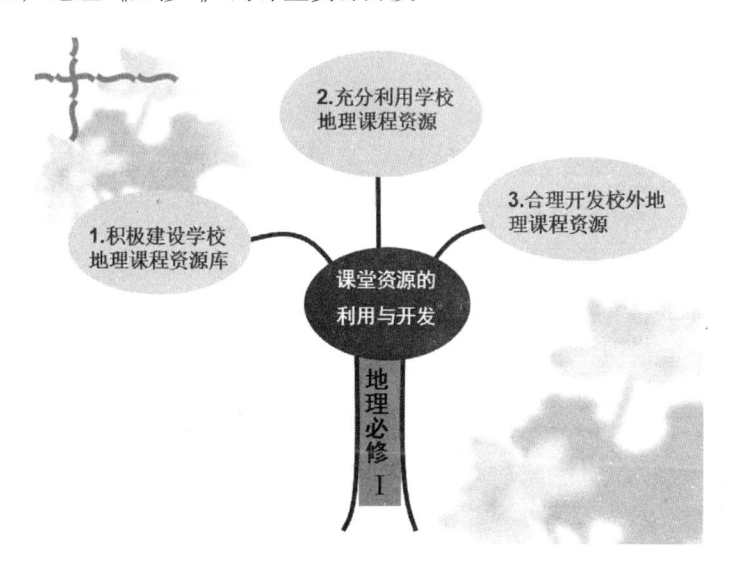

图24 地理《必修Ⅰ》课堂资源的利用与开发

(四) 地理《必修Ⅰ》的三研思考

三研研修下的课堂

结果导入，使学生兴趣激发；
深入思考，能促学生揭示规律；
变打猎为打靶，以精讲精练为策略；
思维训练，使学生思考由具体到抽象；
从乐教到乐学，以学生主动参与为途径。

图25 三研课堂下对地理《必修Ⅰ》的深度思考

为什么要进行"三研"？我们可以从苏霍姆林斯基的话中找到答案："如果你想让教师的劳动能够给教师带来乐趣，使天天上课不至于变成一种单调乏味的义务，那你就应当引导每一位教师走上研究这条幸福的道路上来。"

北京八十中雄安校区正在努力为教师创设环境，实现教师专业发展提升。我们一定要用好"三研"，成为研究型教师，努力完善自己，不辜负肩上的重担，不愧对伟大的时代。雄安新区教育的发展，我们共同努力！

第二部分 02

单元（章节或专题）三研

化学苏教版选修4
"专题一 化学反应与能量变化"

北京市第八十中学雄安校区　张落兴

对比人教版和苏教版对高中化学选修4《化学反应原理》的编排，人教版的编排结构是"单元—章"；苏教版是"专题—单元"，结合对"单元三研"培训的认识，可以理解为"单元三研"在苏教版教材上的体现就是"专题三研"。因此本次化学的单元三研，选取了高中化学选修4《化学反应原理》中的"专题一 化学反应与能量变化"展开。

一、研教材

（一）教材的编排体例及目的

在"专题一 化学反应与能量变化"中教材的编排体例由专题背景图、专题目录、单元知识、整理与归纳、回顾与总结、专题作业构成。

专题背景图——直观展示专题的核心内容，加深学生认知。

整理与归纳——将每个专题的核心知识、思想方法整合，形成结构体系，既展现本专题教材建构的思路，又提炼出基本的知识点，帮助学生理解教材、把握重点。

回顾与总结——提示同学们参照所给的问题或线索整理知识，以问题的形式联系本专题重点的知识、技能和方法，增加自我反思和评价的力度。

该专题下设三个单元，在单元内容的基础上又分别设置了"你知道吗？""活动与探究""交流与讨论""观察与思考""问题解决""信息提示""资料卡""练习与实践"等栏目。

表1

	你知道吗	活动与探究	交流与讨论	观察与思考	问题解决	整理与归纳	资料卡	练习与实践	拓展视野
第一单元	0	1	3	0	3	0	1	1	1
第二单元	1	3	2	1	1	1	0	1	0
第三单元	1	1	2	0	0	0	0	1	1

这些栏目的设置恰恰体现了苏教版教材的编写理念,有助于学习方式的多样化。

"你知道吗?"——引导同学们回顾已有知识,在新旧知识之间架起"桥",联系自己原有的经验,激发探究的欲望。

"活动与探究"——引领同学们积极投身实践活动,在"做中学"的自主探究中享受发现的快乐。

"交流与讨论"——设置了一系列的问题情境,引导同学们展开讨论,为充分表现大家的聪明才智和丰富的想象力提供机会。

"观察与思考"——展示的实验、模型、图表中蕴含深刻的化学道理,帮助同学们开启化学思维。

"问题解决"——在教材阐述的化学原理、规律之后插入相关的问题,考查同学们知识迁移和问题解决的能力。

"拓展视野""资料卡"——提供更多、更生动的素材,使同学们在完成必要的学习任务之余开拓视野,进一步领略化学的奇妙和魅力。

"练习与实践"——帮助同学们巩固知识,应用知识解决某些实际问题。

(二)内容结构与分析

1. 本专题的内容结构分析

```
                                    ┌── 化学反应的焓变
          ┌── 第一单元 化学反应中 ──┼── 能源的充分利用
          │   的热效应              └── 反应热的测量与计算
          │
          │                          ┌── 原电池的工作原理
专题1 化学反│── 第二单元 化学能与电 ──┼── 化学电源
应与能量变化│   能的转化              └── 电解池的工作原理及应用
          │
          │   第三单元 金属的腐蚀    ┌── 金属的电化学腐蚀
          └── 与防护              ──┴── 金属的电化学防护
```

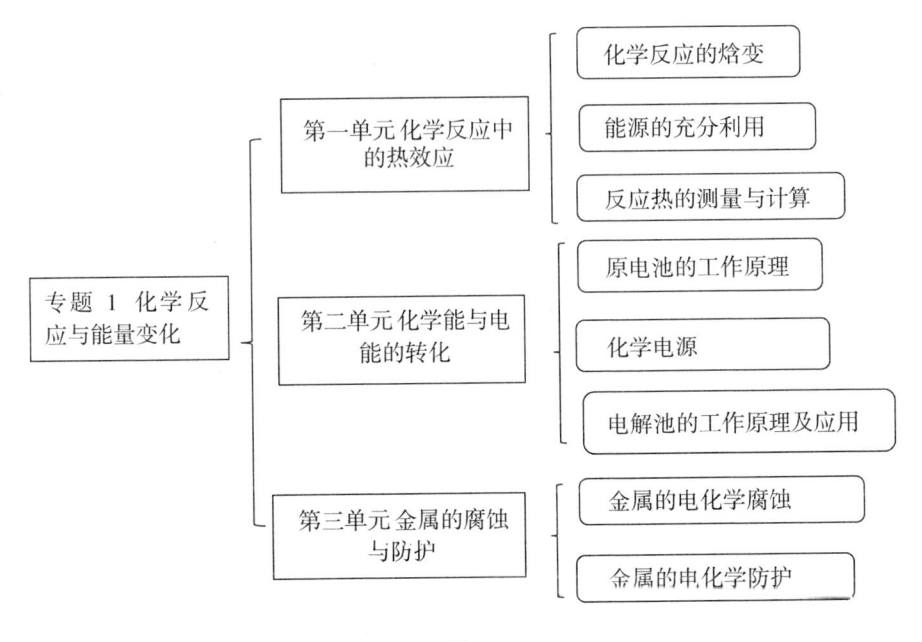

图1

2. 专题1 第一单元知识的逻辑关系

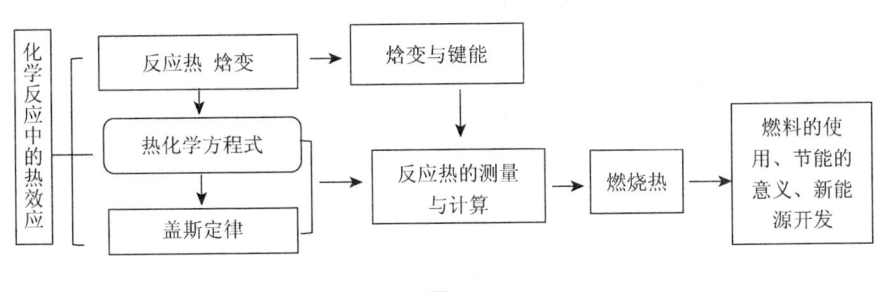

```
          ┌── 反应热 焓变 ──→ 焓变与键能 ──┐
化学反应中 │       ↓↑                        ↓
的热效应  ─┤── 热化学方程式 ──→ 反应热的测量 ──→ 燃烧热 ──→ 燃料的使用、
          │       ↓↑              与计算                    节能的意义、
          └── 盖斯定律 ─────┘                              新能源开发
```

图2

3. 专题1 第二、三单元的逻辑关系图

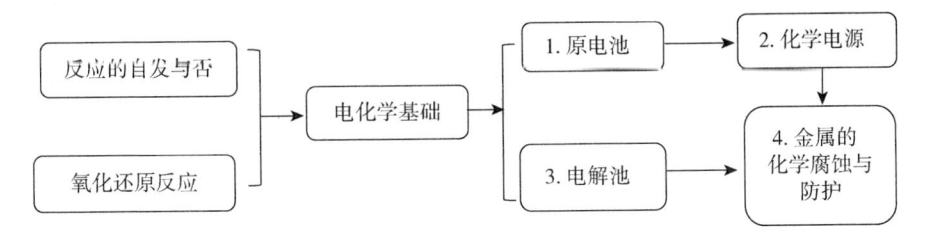

```
反应的自发与否 ┐                    ┌── 1. 原电池 ──→ 2. 化学电源 ──┐
              ├──→ 电化学基础 ──────┤                              ├──→ 4. 金属的
氧化还原反应   ┘                    └── 3. 电解池 ─────────────────┘     化学腐蚀与
                                                                        防护
```

图3

（三）跨单元立体知识整合

苏教版教材的编排特点之一就是注重知识的螺旋式上升，层次递进。因此，本专题的内容已经在高一化学必修 2 中有所呈现和学习。本专题主要是在必修 2 的基础上进一步加深对化学反应与能量的认识和学习。

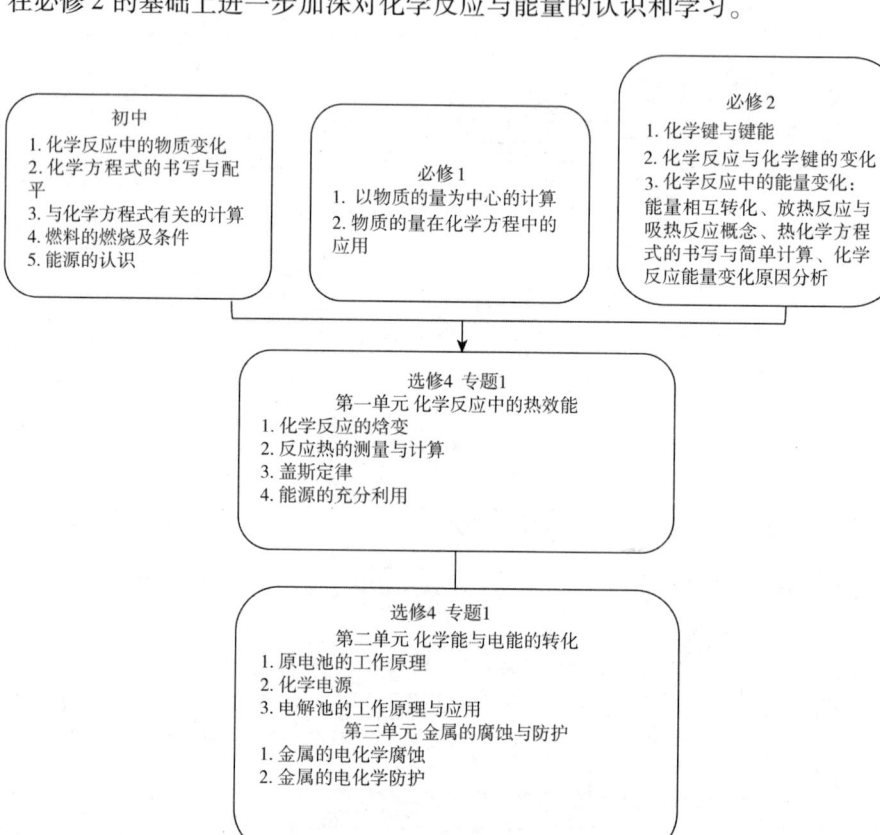

```
┌─────────────────────┐   ┌─────────────────────┐   ┌─────────────────────┐
│        初中          │   │       必修 1         │   │       必修 2         │
│ 1. 化学反应中的物质变化 │   │ 1. 以物质的量为中心的计算│   │ 1. 化学键与键能       │
│ 2. 化学方程式的书写与配 │   │ 2. 物质的量在化学方程中的│   │ 2. 化学反应与化学键的变化│
│    平                │   │    应用              │   │ 3. 化学反应中的能量变化：│
│ 3. 与化学方程式有关的计算│   │                    │   │    能量相互转化、放热反应与│
│ 4. 燃料的燃烧及条件    │   │                    │   │    吸热反应概念、热化学方│
│ 5. 能源的认识         │   │                    │   │    程式的书写与简单计算、化学│
│                     │   │                    │   │    反应能量变化原因分析 │
└─────────────────────┘   └─────────────────────┘   └─────────────────────┘

              ┌─────────────────────────────────┐
              │         选修4 专题1              │
              │    第一单元 化学反应中的热效能    │
              │ 1. 化学反应的焓变               │
              │ 2. 反应热的测量与计算           │
              │ 3. 盖斯定律                    │
              │ 4. 能源的充分利用               │
              └─────────────────────────────────┘

              ┌─────────────────────────────────┐
              │         选修4 专题1              │
              │    第二单元 化学能与电能的转化    │
              │ 1. 原电池的工作原理             │
              │ 2. 化学电源                    │
              │ 3. 电解池的工作原理与应用        │
              │    第三单元 金属的腐蚀与防护     │
              │ 1. 金属的电化学腐蚀             │
              │ 2. 金属的电化学防护             │
              └─────────────────────────────────┘

┌───────────────┐   ┌─────────────────────────┐   ┌───────────┐
│    必修 1      │   │        必修 2           │   │   选修4    │
│ 1. 电解饱和食盐水│   │ 1. 原电池、原电池反应的原理并能│   │   专题2    │
│ 2. 电解法制钠、镁、│   │    书写电极反应式        │   │化学反应方向│
│    铝          │   │ 2. 常见化学电源在生产生活中的应│   │           │
│ 3. 金属的性质   │   │    用                   │   │           │
│ 4. 氧化还原反应 │   │ 3. 电解池及反应原理，并能够书写│   │           │
│               │   │    电极反应式            │   │           │
└───────────────┘   └─────────────────────────┘   └───────────┘
```

图 4

二、研专题目标

（一）本专题核心素养目标

1. 能辨识化学反应中的能量转化形式，能解释化学反应中能量变化的本质。

2. 能进行反应焓变的简单计算，能用热化学方程式表示反应中的能量变化，能运用反应焓变合理选择和利用化学反应。

3. 能分析、解释原电池和电解池的工作原理，能设计简单的原电池和电解池。

4. 能列举常见的化学电源，并能利用相关信息分析化学电源的工作原理。能利用电化学原理解释金属腐蚀现象，选择并设计防腐措施。

5. 能举例说明化学在解决能源危机中的重要作用，能分析能源的利用对自然环境和社会发展的影响。能综合考虑化学变化中的物质变化和能量变化来分析、解决实际问题，如煤炭的综合利用、新型电池的开发等。

（二）单元教学目标

第一单元 化学反应中的热效应教学目标：

1. 了解化学反应能量变化的实质，知道化学能与热量的转化是化学反应中能量转化的主要形式，能举例说明化学反应的热效应在生产生活中的广泛应用。

2. 了解反应热和焓变的含义，明确焓变与键能的关系。

3. 认识热化学方程式的意义并能正确书写热化学方程式。

4. 通过测定中和热的实验，理解测定反应热的基本原理，初步学会测定反应热的实验方法。

5. 了解标准燃烧热的概念，认识节约能源、充分利用新能源的实际意义，了解化学在解决能源危机中的重要作用及常用的节能方法。

6. 了解常见的节能措施，通过调查认识节能的重要意义。

7. 了解热值的概念。

本单元教学目标解读：

1.《化学2》燃料燃烧放出的热量反应热的本质。本专题在《化学2》

基础上理解化学反应过程中能量变化的本质是化学键断裂和形成。

2. 只要求从"焓变"这个物理量和符号（$\triangle H$）来表示反应热，不宜拓展"焓"及"焓变"的严格的定义。

3. 只要求中和热的实验测定，反应热测定的其他方法不做要求。

4. 按课标要求：知道盖斯定律，用盖斯定律进行有关焓变的简单计算。

5. 标准燃烧热为基本要求，而热值为发展要求。

6. 本专题要体现能源与人类生存和发展的关系。

第二单元 化学能与电能的转化教学目标：

1. 通过实验探究体验化学反应及其能量转化。

2. 了解原电池的构造特点和工作原理，会判断、设计简单的原电池，能够正确书写电极反应式和电池反应方程式。

3. 知道常见化学电源的种类。能根据已知的电池总反应式，判断电池的正负极，书写电极反应式。

4. 了解电解池的构造特点和工作原理，能正确书写电解池的电极反应式和电解反应式。

5. 了解电解原理在金属冶炼、氯碱工业和电镀等生产、生活中的应用。

6. 了解盐桥的作用。

7. 知道银锌纽扣电池、铅蓄电池、燃料电池的工作原理及其应用价值。

本单元教学目标解读：

1. 根据常见的氧化还原反应设计原电池，书写电极反应式和电池反应方程式。

2. 锌锰干电池的工作原理只作简单介绍，不要求学生独立书写电极反应式。

3. 惰性电极阳极产物只限于氯气和氧气，阴离子放电序可以不拓展。

4. 电解冶炼铝、电解精炼铜、电镀、氯碱工业等方面的细节问题不做过多展开，只要求能写电极反应式或电解的总方程式，以及阴阳极材料的特点、电子转移和氧化还原反应的关系。

第三单元 金属的腐蚀与保护教学目标：

1. 认识金属腐蚀的危害以及防止金属腐蚀的意义。

2. 知道化学腐蚀和电化学腐蚀的区别，了解金属发生电化学腐蚀的原理，理解钢铁电化学腐蚀发生的条件。

3. 了解防止金属腐蚀的措施和原理。

本单元教学目标解读：

《化学2》钢铁的电化学腐蚀是因为发生了原电池反应而被腐蚀，不要求书写电极反应式等。本单元还要求知道钢铁的两种电化学腐蚀的原理和环境要求，能书写有关的电极反应式和总反应式。

（三）考题分析

第一单元 化学反应中的热效应考题分析：

1. 考察内容：热化学方程式的书写、盖斯定律的应用、反应热的计算。

2. 考查题型：选择题和解答题。

3. 分值：选择题4-6分，非选择题3分左右。

4. 考题链接：

（2018年高考）采用N_2O_5为硝化剂是一种新型的绿色硝化技术，在含能材料、医药等工业中得到广泛应用。回答下列问题：

（1）1840年Devil用干燥的氯气通过干燥的硝酸银，得到N_2O_5。该反应的氧化产物是一种气体，其分子式为：_____。

（2）F. Daniels等曾利用测压法在刚性反应器中研究了25^0C时N_2O_5（g）分解反应：

$$2N_2O_5(g) \rightarrow 4NO_2(g) + O_2(g)$$
$$\updownarrow$$
$$2N_2O_4(g)$$

其中NO_2的二聚为N_2O_4的反应可以迅速达到平衡。体系的总压强P随时间t的变化如图所示[t = ∞时，N_2O_5（g）完全分解]：

t/min	0	40	80	160	260	1300	1700	∞
P/kpa	35.8	40.3	42.5	45.9	49.2	61.2	62.3	63.1

①已知：$2N_2O_5(g) \rightleftharpoons 2N_2O_4(g) + O_2(g)$

$\Delta H_1 = -4.4 \text{KJ/mol}$

$2NO_2 (g) \rightleftharpoons N_2O_4 (g)$

$\Delta H_2 = -55.3 \text{KJ/mol}$

则反应 $N_2O_5 (g) \rightleftharpoons 2NO_2 (g) + 1/2\ O_2 (g)$ 的 $\Delta H_1 =$ _____ KJ/mol

第二单元 化学能与电能的转化和第三单元 金属的腐蚀与保护考题分析：

1. 考察内容：原电池的构成条件、工作原理及应用、电极的判断及电极反应式的书写。电化学腐蚀原理、电化学腐蚀的防护。

2. 考查题型：近几年高考对本部分内容的考查多以选择题和实验题的形式出现，取材于生活实际与教材，难度不大。

3. 考查趋势：新考纲讲电化学腐蚀提升为理解层次，且金属的腐蚀问题常涉及工农业生产和日常生活，今后仍是考查的热点，考查力度会加大。

4. 分值情况：选择题6~12分，解答答题6分。

5. 考题链接

2018年高考：

硫酸亚铁锂（$LiFePO_4$）电池是新能源汽车的动力电池之一。采用湿法冶金工艺回收废旧硫酸亚铁锂电池正极片中的金属，其流程如图5：

图5

下列叙述错误的是_____。

A. 合理处理废旧电池有利于保护环境和资源再利用

B. 从"正极片"中可回收的金属元素有 Al、Fe、Li

C. "沉淀"反应的金属离子为 Fe^{3+}

D. 上述流程中可用硫酸钠代替碳酸钠

三、研专题实施

（一）本专题教学的课时分配

第一单元 化学反应中的热效应

1. 化学反应的焓变	2 课时
2. 反应热的测量与计算	3 课时
3. 能源的充分利用	1 课时
单元复习	1 课时
单元测试与反馈	2 课时

第二单元 化学能与电能的转化

1. 原电池的工作原理	2 课时
2. 化学电源	2 课时
3. 电解池的工作原理与应用	2 课时
单元复习	2 课时
单元测试与反馈	2 课时

第三单元 金属的腐蚀与保护

1. 金属的电化学腐蚀	1 课时
2. 金属的电化学防护	1 课时
单元复习	1 课时
单元测试与反馈	1 课时

（二）整体教学设计思路

结合具体实例（如氢气与氧气反应生成气态水和液态水释放能量不同）激发学生认知冲突，发展学生基于内能及内能的变化认识物质所具有的能量和化学反应中能量变化的本质，体会引入焓变概念的价值，理解热化学方程式书写规则。结合实际生产生活的需要，认识反应热测量与计算的必要性，进而了解反应热测定的一般方法和学习盖斯定律的必要性，掌握反应热的计算方法。

充分利用铜—锌双液原电池、铅蓄电池、氢氧燃料电池、电解熔融氯化钠和电解饱和食盐水等案例素材，组织学生开展分析解释、推论预测、设计评价等学习活动，发展学生对原电池和电解池工作原理的认识，转变偏差认识，促使学生认识到电极反应、电极材料、离子导体、电子导体是电化学体系的基本要素，建立对电化学过程的系统分析思路，提高学生对电化学本质的认识。

教学中应创设真实情境（如不同应用情境中燃料的选择，化工生产路线的选择等），组织学生开展基于能量利用需求选择反应、设计能量转化路径和装置等活动，形成合理利用化学反应中的能量变化的意识和思路，提升"科学探究与创新意识"和"科学态度与社会责任"的化学学科核心素养。

（三）教学评价与教学资源开发

1. 教学评价

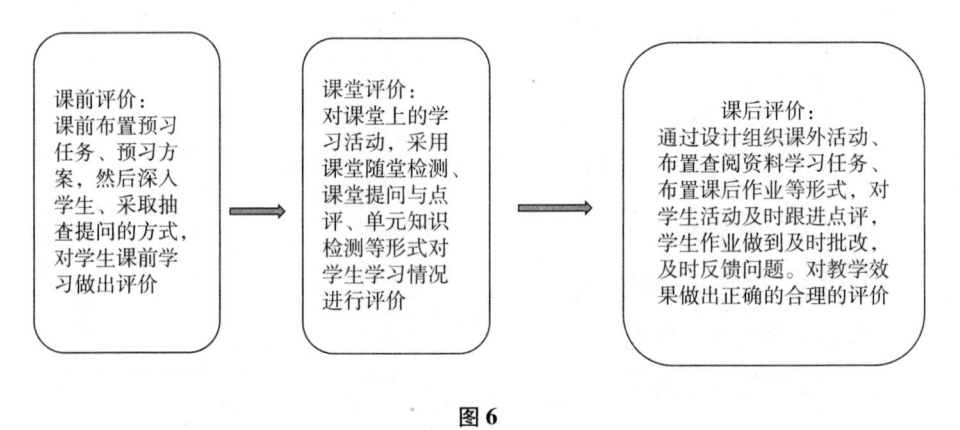

```
┌─────────────┐      ┌─────────────┐      ┌─────────────┐
│ 课前评价：   │      │ 课堂评价：   │      │ 课后评价：   │
│ 课前布置预习 │  →   │ 对课堂上的学 │  →   │ 通过设计组织课外活动、│
│ 任务、预习方 │      │ 习活动，采用 │      │ 布置查阅资料学习任务、│
│ 案，然后深入 │      │ 课堂随堂检测、│     │ 布置课后作业等形式，对│
│ 学生、采取抽 │      │ 课堂提问与点 │      │ 学生活动及时跟进点评，│
│ 查提问的方式，│     │ 评、单元知识 │      │ 学生作业做到及时批改，│
│ 对学生课前学 │      │ 检测等形式对 │      │ 及时反馈问题。对教学效│
│ 习做出评价   │      │ 学生学习情况 │      │ 果做出正确的合理的评价│
│             │      │ 进行评价     │      │             │
└─────────────┘      └─────────────┘      └─────────────┘
```

图6

2. 教学资源开发

（1）文本资源开发。

①深入学校图书馆，发现和查找到适合本学科本专题的学习内容，做好学生的推荐。

②指导学生选购适合学生的学科工具书籍和课外读物。

③推荐学生多关注能源利用和开发方面的书籍以及与本专题的课外读物。

（2）信息技术资源开发。教学中多利用多媒体技术辅助教学，强化信息技术与化学学科的深度融合。鼓励学生多从网络上查找和阅读与化学学科相关的知识、实验设计、能源开发与利用的前沿知识。

(3) 生成性资源开发。充分利用学校教研组活动，年级备课组活动，对本专题的教学素材、案例和课件进行共享，通过彼此的交流借鉴，提升本专题的教学水平。

(4) 自然与生活资源开发。本专题的学习与学生的生活联系比较紧密。可以充分激发学生兴趣，利用身边的自然资源和社会资源开发和本专题学习相关的资源。比如，可以指导学生利用身边的资源设计原电池装置。利用生活中的废旧电池认识电池的内部构造，引导学生认识到废旧电池回收的意义，培养学生环保意识。

(5) 社会资源教育开发。为更好地让学生充分了解能源的相互转化，可以深入企业、机关单位开发有特色的化学校本课程。充分利用新区煤改气、煤改电能源战略，带领学生参观学习，了解能源改革的意义和对环境的保护意识。

(四) 教学目标的达成策略

1. 把握教材编写理念，着眼于学科知识的全面认识（处理好循序渐进和持续学习的关系）

(1) 注意从学生已有的经验出发。只有宏观上把握了教材的编写意图，尤其是螺旋式上升和提高，我们在处理这部分内容的教学过程中，才能恰当把握教材内容的梯度，控制好教学难度注意从学生已有的经验出发，尤其是与必修教材的联系，让他们在熟悉的情景中逐步学会分析和解决与化学有关的一些实际问题。

宏观上"广一点"，使学习的广度、知识面得到进一步扩展，并进一步降低学习的难度，给学生呈现一个"粗线条"的"整体框架"。

微观上（知识点）"减一点"，大胆地减、压缩脱离社会生活实际的学习内容，大力更新课程内容，大量增加面向生活、面向社会的内容，精选高质量有典型性、代表性和趣味性的案例。

(2) 关注学生对原理的认识过程。对化学反应相关内容的教学一定要使学生树立起相对比较完整的认识。要把握好核心知识的呈现方式，有利于我们的教学。

2. 明确教材作用地位，恰当把握知识的深度与广度（处理好教学任务与

课程目标的关系）

（1）把握选修模块的教学要求。包含正确处理必修模块与初中化学课程、选修课程模块三者之间的关系。课程标准对本模块有明确的教学要求，如认识化学变化所遵循的基本原理、初步形成关于物质变化的正确观念；了解化学反应中能量转化所遵循的规律；知道化学反应原理在生产、生活和科技研究中的应用等。

高中化学选修课程模块教学内容的深度和广度的把握，必须要符合学生已有的认知水平，不要盲目地拓展加深知识内容。

一方面进一步提高学生未来发展所需的科学素养；另一方面，为学生学习相关课程和其他化学选修模块提供必要的化学知识基础。

（2）关注学生的认知水平发展。要让学生形成化学的基本观点并能用于解决简单的化学问题，使学生知道相关理论的研究对解决实际问题的价值。科学探究活动的形式和内容应有助于学生领悟知识和发展能力，离开以知识作为基础的活动、为追求形式而展开的活动都不是真正意义上的科学探究，重视学生的探究活动不是不要教师的讲解，关键是教师要研究"讲什么""怎么讲""何时讲"，真正在启迪学生的思维上下工夫。突出化学知识之间的本质联系，增进学生对物质性质及化学反应的理解力。因此，需要避免孤立地进行知识教学。

（3）关注知识形成和发展过程。要通过合理的、富有逻辑性的问题线索及各种直观证据帮助学生构建概念。

选修模块教材的创新之处是对知识呈现方式的改革。将化学知识放到真实的物质及其变化的情境中学习，把听课、发问、质疑和多样的学习活动（实验、探究、交流讨论、调查参观、资料收集加工、自学等）结合起来，变知识学习的一步到位、一竿子到底，统一要求为逐步推进、螺旋上升，既有统一的基础要求，又允许有个体的差异。

（4）重视实验情景与导向功能。选修课程不但要教给学生基础知识，还要教给学生科学的思想和方法。科学方法是学生获取知识的手段和工具，可以培养学生分析问题和解决问题的能力。科学方法也是培养学生创造能力的有效途径。教师要明确高中化学必修课程领域内的科学方法要素，使科学方法的教学贯穿于整个教学过程之中。

一方面指导学生注意理论依据对新知识的指导作用，另一方面注意各专题知识之间的联系与学习指导，教材多处设置了探究活动，引导学生在探究的过程中掌握知识、发展能力。

（五）教学案例

"原电池的工作原理"教学设计

1. 核心素养目标

知道原电池的工作原理。能够根据原电池的形成条件设计原电池。能书写简单的电极反应和电池反应方程式。

通过对原电池模型的建立，让学生体会原电池的工作原理并加以简单应用。通过对原电池的了解，进一步深化对原电池构成条件和工作原理的理解。通过实验探究，使学生学会科学的研究方法，善于在体验过程中发现问题。

通过对能量之间的转换的学习和了解，使学生了解化学对我们的生产、生活带来的便利，激发学生学习化学的兴趣。通过能量的守恒和电子的守恒等守恒思想的建立，使学生进一步体验守恒的思想。

2. 教学重点

（1）认识原电池概念、原理、组成及应用。

（2）能够写出电极反应方程式。

3. 教学难点

（1）原电池的工作原理。

（2）电极反应式的书写。

四、教学方法

实验探究法、分析归纳法、多媒体辅助法、理论联系实际。

五、教学过程

【新课导入】展示生活中电池的图片。

【师】同学们，大家认识这些物质吗？电在我们生活中无处不在，小到手机、心脏起搏器，大到交通工具、人造卫星、宇宙飞船都离不开原电池。可以说离开了电我们就无法正常生活。那么，请同学们回忆我们学过哪些知识与电有关呢？

【生】原电池。

【师】判断下列哪些装置能构成原电池？

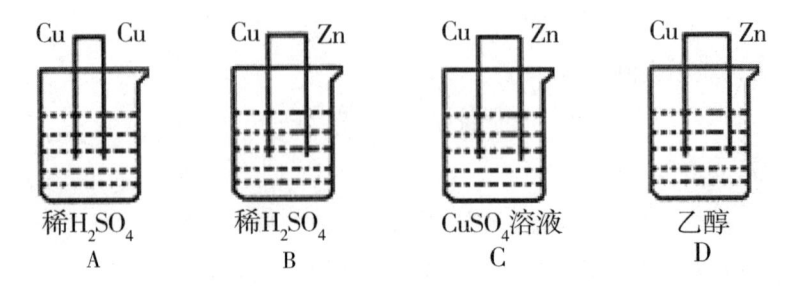

稀H_2SO_4　　稀H_2SO_4　　$CuSO_4$溶液　　乙醇
　A　　　　　　B　　　　　　C　　　　　　D

图7

【板书】一、原电池的构成条件

1. 两极

2. 一液

3. 回路

4. 氧化还原反应

【师】这节课我们在必修2学习原电池的基础上继续来学习原电池。

【板书】选修4 专题1 第二单元 化学能与电能的转化　原电池的工作原理

【师】首先，请大家根据实验台的实验仪器。设计一套原电池装置并实验操作仔细观察实验现象。

【生】我们组用Zn片做负极材料、用Cu片做正极材料，硫酸做电解质溶液。实验现象：Zn片、Cu片上都有气泡产生。这和高一讲过的实验现象不一样。Zn片上不应该产生气泡。还有一个现象，电流表指针的偏转角度开始大随后慢慢减小。

【师】这一组的同学设计的原电池完全正确，现象观察得也十分细致，并且还发现了不同点。不错！有没有其他组的设计方案或者实验现象和这一组不同呢？为什么Zn片上会有气泡产生呢？让我们来分析解决吧。

【生1】Zn片不纯，Zn与杂质形成原电池。

【师】分析合理。

【生2】Zn与稀H_2SO_4直接接触发生氧化还原反应。

【师】合理。

【师】思考：电流表指针偏转角度由大到小说明了什么？电流强度减弱的原因又是什么？

【生】指针偏转角度减小说明电流强度减弱，电流强度减弱的原因是因为Zn片经外电路向Cu片转移的电子数减少了。

【师】非常正确，那么这套原电池装置是否将化学能全部转化为了电能？

【生】没有。

【师】浪费能源相当于浪费生命。高效节能的电池是我们的最终目标，如何提高这套装置的能量转化率？迫在眉睫，刻不容缓，让我们马上行动起来吧。请每组同学思考、交流，并展示你们组的改进方案。

【生1】我们组将Zn片放在NaCl溶液中，两电解质溶液用导线连接；实验现象：Zn片没有气泡产生，有电流产生，但电流有减小趋势。

【生2】我们组将Zn片放在氯化锌溶液中，两电解质溶液用石墨连接；Zn片上没有气泡产生，有电流产生但电流也有减小趋势。

【生3】我们组将Zn片放在硫酸锌溶液中。由于前面我们学过原电池内电路是通过阴阳离子的定向移动来形成闭合回路。所以我们组选用浸泡过饱和KCl溶液的滤纸来连通两溶液；Zn片上没有气泡产生，而且电流持续稳定。

【师】为了减少能量损失，同学们都将Zn片放在与它不反应的电解质溶液中。这个思路非常正确，通常选用含负极阳离子的电解质溶液做负极电解液。

【师】为了形成闭合回路，大家选用不同导体做连通装置。通过实验我们发现金属及非金属导体不可取。（为什么电流会逐渐减小。这问题留给大家，课后通过查阅资料，寻找答案。）应选用与两电解液不会发生反应的电解质溶液来联通。因为K^+和Cl^-在溶液中的扩散速率相近，所以通常选用饱和KCl溶液，为了使用方便，就引入了一个新的实验仪器——盐桥。

【师】盐桥介绍：盐桥中通常装有含琼胶的KCl饱和溶液，琼胶半凝固状既保证了KCl溶液不会流出又不影响K^+、Cl^-的自由移动。分析盐桥电解质构成条件。

【板书】一、盐桥原电池的构成条件

1. 两极

2. 两液：（双液原电池）负极半电池

　　　　正极半电池

3. 回路—盐桥

4. 氧化还原反应

优点：减少能量损失，产生持续稳定的电流。

【板书】二、盐桥原电池的工作原理

【练习】利用 $Zn + Cu^{2+} = Zn^{2+} + Cu$ 设计一个原电池，画出示意图，写出电极反应。

【解析】（略）

负极：$Zn - 2e^- = Zn^{2+}$　　　正极：$Cu^{2+} + 2e^- = Cu$

【师】从具体情况到一般规律，是学习化学的方法之一。通过对盐桥原电池的学习，我们来整理盐桥原电池的设计思路。

【板书】三、盐桥原电池的设计思路

氧化剂 + 还原剂 = 还原产物 + 氧化产物

负极半电池：还原剂做电极材料；氧化产物做电解质溶液。

正极半电池：活泼性较弱的金属（或非金属导体）做电极材料；氧化剂做电解质溶液。

外电路：用导线连通，可以接用电器。

内电路：是将电极浸入电解质溶液中，并通过盐桥沟通内电路。

【课后作业】依据氧化还原反应：$2Ag^+(aq) + Cu(s) = Cu^{2+}(aq) + 2Ag(s)$ 设计的原电池并回答下列问题：

（1）负极材料是 _____ ；电解质溶液是 _____ ；

（2）银电极为电池的 _____ 极，发生的电极反应为 _____ 。负极上发生的电极反应为 _____ 。

（3）外电路中的电子是从 _____ 电极流向 _____ 电极。

【课堂总结】本节课我们学习了盐桥原电池的构成条件、工作原理及设计思路。电池的发展是日新月异的，但科学的发展并不是一帆风顺，需要我们不断地探索和不懈地努力与坚持。

【板书设计】

  第二单元 化学能与电能的转化 原电池的工作原理

一、盐桥原电池的构成条件

1. 两极

2. 两液：负极半电池

     正极半电池

3. 回路—盐桥

4. 氧化还原反应

优点：减少能量损失，产生持续稳定的电流。

二、盐桥原电池的工作原理

三、盐桥原电池的设计思路

【教学反思】

  本课教学，能充分调动学生在学习过程中的自主意识，以实验为载体，创设问题情境，将对原有知识的回顾与新知识的引入融为一体，将实验探究与思考交流交替进行，凸现学生的主体作用。

  通过本次"单元三研"，对教材有了更加全面的认识和把握，为今后的教学和教研工作指明了方向。作为教师，我们不能仅仅局限于用教材将知识交给学生，我们更应该学会把握教材、研究教材，研究教学方法，认真落实学科素养目标。在"教"中体验"研"的乐趣，在"研"中促进"教"的幸福！

数学人教版选修 2-1
"第二章 圆锥曲线与方程"

北京市第八十中学雄安校区　王立彬

我研究的教材内容是人教 A 版选修 2-1 的第二章"圆锥曲线与方程",这次分别从研章节教材、研章节目标、研章节建议等方面进行分析。

一、研章节教材

这部分主要研究章节编排体制、章节编写特点两部分内容。

(一) 章节编排体制

本章包括曲线与方程、椭圆、双曲线、抛物线等四节内容,每一节分两部分,共 8 小节内容。第一节内容是曲线与方程,包括曲线与方程的概念及求曲线的方程的基本步骤两部分内容,后三节内容是关于椭圆、双曲线、抛物线三种特殊的曲线与方程,每一节分对应的曲线及其标准方程、曲线的简单几何性质两部分。显然,第一节内容是本章的基础,后三节的内容是研究三种特殊的曲线方程。后三节不仅求得了椭圆、双曲线、抛物线等三种曲线的方程,而且从方程的角度研究了三种曲线的性质。

(二) 章节编写特点

1. 第一节包括曲线与方程的概念和求曲线的方程两部分内容。第一部分通过复习直线与方程的概念,引出一般曲线与方程的概念。分析了曲线上的点与方程的解之间的一一对应关系。第二部分内容介绍了求一般曲线方程的基本步骤。核心问题是用坐标法解决平面几何问题的"三步曲",并且本章的教学过程,始终要贯彻这一重要思想。

第一步：建立适当的平面直角坐标系，用坐标和方程表示问题中涉及的几何元素，将平面几何问题转化为代数问题；

第二步：通过代数运算，解决代数问题；

第三步：把代数运算结果"翻译"成几何结论。

2. 后三节内容相互独立，且编写特点类似，因此仅以椭圆这一节为例介绍后三节的编写特点。

第一小节是椭圆及其标准方程，本节主要内容包括引出椭圆的定义，及求出椭圆的标准方程。本节以问题探究入手引出椭圆定义，并通过问题思考引导读者应用求曲线方程的步骤，求出椭圆的标准方程，然后通过问题思考提示求出焦点在 y 轴的椭圆的标准方程。求得椭圆的标准方程后，课本给出三道例题，分别涉及用待定系数或定义的方法求椭圆的标准方程、用相关点法求椭圆的标准方程及用直接法求椭圆的标准方程。椭圆及其标准方程这一节课后有四个习题，第 1 题和第 2 题是求椭圆的标准方程，第 3 题是关于椭圆的定义的问题，第 4 题是用直接法求轨迹方程。本节的最后一部分内容是探索与发现，这一部分证明了平面截圆锥所得曲线为椭圆。

第二小节是椭圆的简单几何性质，本节主要内容涵盖椭圆的四种基本性质。课本通过图形观察及方程推导两种方式推出椭圆的范围、对称性、顶点、离心率等四种几何性质。本节的例题并没有涉及椭圆性质，第 4 题是关于椭圆的第二定义的问题，第 5 题是直线与椭圆的位置关系的问题。课后的 7 道练习题，前 6 道题是关于椭圆的四种简单几何性质，第 7 题是关于直线与椭圆的位置关系的问题。由于双曲线和抛物线两节的内容安排与椭圆这一节类似，就不再重复。

3. 本章的章末是复习参考题。参考题分 A、B 两部分，A 部分问题是基础题，比较简单；B 部分问题的综合性强，难度较大。本章的信息技术内容是用几何画板画椭圆。

从上面的叙述我们可以探究出圆锥曲线这一章的一些编写特点。本章每一节的内容安排都是从问题观察或问题探究开始，并通过一系列连续性的问题，层层递进，找到答案。教材的内容安排合理，符合学生认识问题的思维规律。课本的例题和课后题，针对性强，由易到难，且层次分明。这样的内容安排和题型特点，有利于学生对基本知识的掌握及思维能力的提高。

二、研章节目标

这部分包括课程标准、章节学习目标、近年高考分析三方面内容。

（一）课程标准

这部分内容帮助学生在平面直角坐标系中，认识直线、圆、椭圆、双曲线、抛物线的几何特征，建立它们的标准方程；运用代数的方法进一步认识它们的性质和它们的位置关系；运用平面解析几何知识解决简单数学问题和实际问题，感悟平面解析几何中蕴含的数学思想。

1. 了解圆锥曲线的实际背景，感受圆锥曲线在刻画现实世界和解决实际问题中的作用。

2. 经历从具体情境中抽象出椭圆的过程，掌握椭圆的定义、标准方程及简单几何性质。

3. 了解抛物线与双曲线的定义、几何图形和标准方程，及他们的简单几何性质。

4. 通过圆锥曲线学习，进一步体会数形结合的思想。

5. 了解椭圆、抛物线的简单应用。

从章节课标我们可以看到，课标对椭圆的要求最高，其次是抛物线，对双曲线的要求最低，例如课标要求掌握椭圆的定义，仅要求了解抛物线和双曲线的定义。

（二）章节学习目标

1. 根据具体问题情境，建立平面直角坐标系，会求曲线方程，掌握圆锥曲线的标准方程和几何性质。

2. 运用代数方法研究曲线间基本关系，运用平面解析几何的思想解决一些简单实际问题。

3. 提升直观想象、数学运算、数学建模、逻辑推理、数学抽象等核心素养。

（三）近年高考分析

1. 每年的理科圆锥曲线问题一般由两道小题和一道大题组成，总分值22

分，约占整张试卷分值的 14.7%。2016 年、2017 年、2018 年的大题都是关于椭圆的问题，2019 年的大题是关于抛物线的问题。

2. 每年的文科圆锥曲线问题一般也由两道小题和一道大题组成，不过，四年的文科大题都是关于抛物线的问题。重要的信息是 2019 年的圆锥曲线问题的文理题目相同，仅位置不同，文理一张试卷的趋势明显。

从各年的解析几何考题我们可以看到，圆锥曲线问题的计算难度较大，不仅要求学生掌握圆锥曲线的标准方程、简单几何性质，而且要具有较强的解析能力及对知识的综合运用能力。

三、研章节建议

这部分内容包括课时分配、教学思路、教学评价三部分内容。

（一）课时分配

本章共约 16 课时，曲线与方程约 2 课时，椭圆约 5 课时，双曲线约 3 课时，抛物线约 4 课时，小结约 2 课时。我们要根据学生的实际情况，增减课时数量。

（二）教学思路

我以椭圆为例介绍本章的教学思路。

1. 让学生搜集生活中有关椭圆图形的信息，让学生上讲台讲解，师生合作画出椭圆的图像。

2. 引导学生利用画图像的信息，总结椭圆的定义，并整理成符号语言，写出椭圆的集合表达形式。

3. 引导学生建立适当的平面直角坐标系，并让学生通过分组讨论的形式，将集合形式转化为代数式。师生共同探讨化简，整理出椭圆的标准方程。并给出几何解释，检验方程和曲线之间的关系。

4. 通过分析、讲解典型的例题和练习题，让学生熟练掌握椭圆的定义和标准方程。

5. 提示学生通过观察椭圆图形，发现椭圆的几何性质，并引导学生通过分析椭圆的标准方程，推导出椭圆的四种性质。

双曲线、抛物线的学习过程基本和椭圆相似，引导学生用类比的方法学习这两部分内容。我们已经学习了椭圆的定义、标准方程和几何性质，所以双曲线这部分内容的学习以教师引导、学生自学为主，例如画图由学生自己完成，学生自己总结双曲线的定义，并推导出双曲线的标准方程。我们要引导学生关注各曲线特有的性质，例如双曲线的渐近线、抛物线的准线等等。学生也要掌握一些解决解析几何问题的常用方法，例如求一般性曲线的方程的5个步骤，用定义法、直接法、相关点、消参数等方法求椭圆、双曲线、抛物线的标准方程，以及怎样解决直线与曲线位置关系的问题等等。

解析几何的学习要注重从现实生活或具体情境中抽象出数学问题，用数学符号建立曲线方程，同时求出结果并给出几何解释。师生共同学习椭圆，学生自学双曲线、抛物线。这样的学习安排，有利于启迪学生思考，培养学生自主学习、合作学习的能力。学习过程注重引导学生抓住数学的本质，激发学生的学习兴趣，让学生养成良好的学习习惯，进一步促进学生实践能力和创新意识的发展。

(三) 教学评价

1. 评价的目的

考查学生的学习成效和老师的教学成效。通过诊断，改进学生的学习行为，改进教师的教学行为，从而增强学生学习数学的自信心，提高学生的数学核心素养。

2. 评价遵循的原则

（1）重视学生数学学科素养的达成。例如这一章节的情景设计，学生主导开始，从生活中找到与本节课内容有关的材料，分析说明。学生可以从物理课本中找到与椭圆相关联的行星运动轨迹模型，从工厂找到与双曲线形状紧密相连的冷却塔的实物或图形，发现抛物线形状的探照灯等等，并通过上讲台或录视频的形式介绍自己的发现。这样有利于激发学生的数学学习兴趣，培养学生的直观想象、数学抽象等数学核心素养。

（2）重视评价的整体性和阶段性。评价学生不能仅仅依据期末考试成绩，而是要依据学生的日常表现、每次的周测试、月考及期末考试综合评价。

（3）重视过程评价。我们不仅要关注学生的数学学科素养的水平，更要关注学生成长和发展的过程。例如关注学生在分析几何图形、总结定义的能力，合作学习能力及学生收集、阅读解析几何发展史，撰写论文的水平。

（4）关注学生的学习态度。我们的日常评价要把学生的学习态度作为评价的重要目标，关注学生自主学习双曲线的能力，小组合作探索研究双曲线的几何性质的能力。

3. 评价方式

教学评价的主体多元化，评价形式应多样化。

（1）评价主体可以由老师、家长、同学及本人组成评价群体。这样可以从学生日常生活关键能力、思维品质及学习态度等不同角度获取学生的发展过程的信息，公平客观地评价学生。

（2）评价形式应包括书面测验、口头测验、课堂测验、开放式活动、课内外作业等多方面评价学生。多种形式的评价才能全面反映学生数学学科的核心素养的达成状况。

（3）注重学生在数学建模活动与数学探究活动的教学评价。积极促进学生个体活动和小组活动的有机结合。让学生经历数学关联、提出数学问题、构建数学模型、完善数学模型、得出数学结论、说明结论意义的全过程。培养学生的独立思考能力和合作能力，进而提升学生的数学建模的数学核心素养和综合数学能力。

4. 评价结果的呈现和利用

评价结果的呈现和利用要有利于增强学生学习数学的自信心和数学学习兴趣，使学生养成良好的数学学习习惯，进而促进学生的全面发展。我们也要以适当的方式将学生的一些积极变化及时地反馈给学生。我们也要根据学生的成绩及表现，反思自己的教育教学，并寻求改进教学的对策。

信息技术校本教材
"第一单元 客观世界的数字化"

北京市第八十中学雄安校区　化宇峰

一、单元教材

（一）单元内容结构及分析

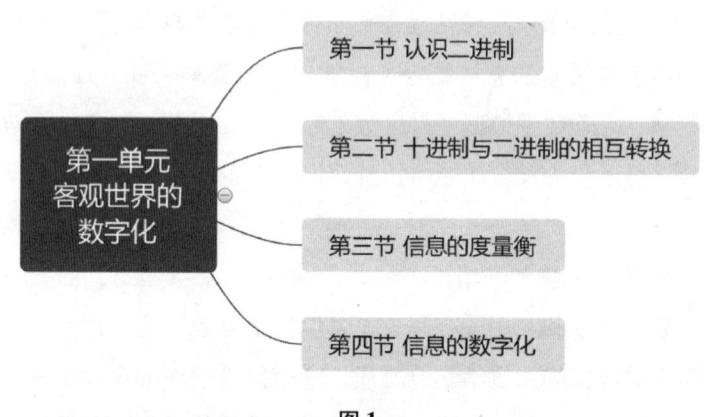

```
第一单元        ├── 第一节 认识二进制
客观世界的      ├── 第二节 十进制与二进制的相互转换
数字化          ├── 第三节 信息的度量衡
                └── 第四节 信息的数字化
```

图 1

本单元为北京市第八十中学雄安校区信息技术校本教材第一单元，单元名称为"客观世界的数字化"，分为4个课题：认识二进制、十进制与二进制的相互转换、信息的度量衡、信息的数字化。

单元结构编排以学生认知规律为主线，以理解并运用计算机原理为目的，循序渐进地展开知识结构，层层深入。第一、二节是二进制相关知识，它是整个单元的基础，有了这个基础，学生理解第三节"信息的度量衡"才能更加系统化,当学生把"信息的度量衡"和数据量的大小联系起来时,自然会想知道计算机是怎样处理现实世界中的信息的。因此,单元结构是循序渐进的,是符合学生认知规律的。

(二)单元编排体例及目的

本单元以理解并运用计算机原理为目的,注重培养学生的信息素养,难度由浅及深,顺序编排。本教材使用先学后讲的方法,教材的全部内容都是为学生自学准备的。

在每一节中,第一部分是【相关概念】,列出了本节的主要概念,帮助学生预习知识点,提醒学生关注学习目标。

第二部分是【任务列表】,依据信息技术教研组总结的小台阶教学法,建立一个任务列表,任务难度阶梯很小,难度递增,易于让学生循序渐进地掌握知识点,培养学生解决问题的能力,形成学科素养。

第三部分是【自学环节】,学生根据上面的任务列表,带着问题去自学环节中学习,发现自己能解决某一项任务了,就可以回到前面去完成。为了完成任务,学生可以通过自学教材、查阅资料、网上搜索等方式主动寻求帮助。如果学生在课前没有完成较难的任务,可以在进行了充分地自学后,通过和同学们讨论、请教老师的方法解决。

使用先学后教的教学方法,"先学"是关键,它体现了学生的自学精神。在未来的学习型社会中,自学能力是学生自我发展和持续性发展的必备素养。"后教"是集中解决问题的过程,是理论联系实践的过程,是发展学科素养的过程。有了前面的"先学",在一个有数十个甚至几百个问题的课堂上,"后教"的效率和效果都是不一样的。

(三)不同版本教材的单元比较

教育科学出版社高中信息技术必修的编排内容和顺序为:信息与信息技术的初步理论知识、信息获取、信息的编程加工和智能化加工、文本和表格信息加工、音频视频图像信息加工、信息集成与信息交流、信息资源管理。这样的编排没有涉及二进制和信息的单位,它以学生对信息技术的感性认识为主线,以信息理论为基础,到网络应用,再到文本和电子表格应用,最后学习多媒体知识和信息管理。第一单元用整章内容系统地介绍了信息、信息和社会，发展了学生的信息意识和在信息社会中的责任感。整册教材更偏重应用，重点培养运用信息技术基础知识解决实际问题的能力。

雄安校区校本教材把二进制的相关内容放到第一节，作为其他知识的基础。这样的编排更偏重理论，重点培养学生的计算思维和信息意识，让学生能从计算机最基础的原理入手，循序渐进地掌握各知识点。

二、单元目标

（一）学科核心素养与课程目标要求

本单元重点培养学生的信息素养，希望学生所学的知识不仅仅是计算机世界的，不仅仅是某些具体的知识，更多的是生活中的，是一种思维的体现。我们试图让学生在学习了二进制的思想后，能够把这种思想运用到学习和生活中。

学生理解二进制并没有困难。我们教研组曾经做过实验教学，对初中学生进行二进制教学，都取得了很好的效果。本册书适用于高中一年级，学生在掌握知识性内容上没有困难。

二进制的学习为下一步学习信息的度量衡和信息的数字化打下基础。如果不学习二进制，信息的单位的相关知识就不易切入，例如，不知道二进制位（bit）的前提下，理解字节（Byte）就会有很大困难，理解信息的数字化就更难。

对于本单元，按照培养计算思维的要求，应该怎样将计算机的理论知识变成普适的思维活动呢？在《不插电的计算机科学》一书中，将很多计算机知识拓展到非计算机的环境中。这种思想在本单元中也有所体现，例如，第一节虽然讲的是二进制，但尽可能地联系计算机以外的事物，如用手指表示数字、用灯光传递信息等。这些案例说明，学生所学的知识不仅仅是计算机世界的，更多的是生活中的，是一种思维的体现。

（二）学情分析

"二进制是什么？计算机为什么要采用二进制？客观世界的信息在计算机中是如何存储的？"是本节课的核心问题，然而鉴于这个问题背后所涉及的二进制对于计算机内部工作的特殊意义对学生来说并不容易理解，所以这自然也成了本课教学的难点。高中学生的逻辑思维正处于不断完善的阶段，如果我们设计的授课内容能紧密联系实际，让学生认识到计算机的科学原理可以应用到计算机以外的生活和学习中，就可以引导学生构建自己的知识体系。

（三）单元教学目标

本单元的内容是二进制、信息的单位、信息的数字化，让学生对计算机原理和文件有感性认识。通过本单元的学习，达成下列目标。

表1

知识目标	1. 理解数制的基本概念、二进制的特征、计算机采用二进制的原因； 2. 掌握二进制的有关概念； 3. 掌握二进制数和十进制数的相互转换； 4. 掌握信息的单位和换算； 5. 理解计算机中文本、图像文件数字化原理
能力目标	1. 培养学生的推断能力及归纳总结能力； 2. 锻炼学生对所学知识的理解能力和接受能力
学科核心素养	1. 联系生活实例，关注信息技术应用； 2. 设计信息技术活动，重视问题解决

（四）近年考题分析

高中信息技术的主要考试是学业水平测试，考试分必答题和附加题，必答题满分100分，附加题满分20分。题型主要有选择题和操作题，部分选择题要在完成操作后才能选出正确答案。

三、单元建议

（一）教学建议

第一节以"比较"作为探究活动的主线，比较十进制和二进制的关系，一方面是因为这种方法很适合研究本课核心问题，另一方面也期望学生在探究活动中掌握这种基本的研究方法。在本节教学中，我们先解释什么是二进制，用学生感兴趣的话题引入，再围绕"计算机为什么要采用二进制？"展开教学活动。问题的产生、认识的过程设计是本课教学设计中的关键，精心设计富有启发性的认识活动，期望学生在亲身实践的活动过程中去体验、认识二进制与计算机的特殊关系，并进一步体悟二进制所蕴含的技术思想、哲学思想。

（二）评价建议

1. 教材每一节第二部分是任务列表，学生可以通过对任务列表的完成度自评对知识的掌握程度。

2. 课堂上，使用电子教室向学生机下发电子试卷，形式主要是客观题，利用计算机自动评卷速度快的特点，学生提交结束就可以公布结果，教师可以针对共性问题当堂解决。

3. 有些考查能力的试题适合以小组为单位讨论并由组间互评，比如第一节任务列表最后一题。

（三）课程资源开发

1. 自制课件：如第一节中为说明 5 位二进制数可以表示的数，制作了 flash 课件。在课件中，用灯泡代表位，让学生理解不同位置的灯具有不同的权。再如为让学生们自主了解不同的进制，制作了网络课件，学生可以自由浏览感兴趣的内容。

2. 信息技术教学依靠计算机和网络，在工具和环境上有着天然的优势，我们鼓励学生利用网络解决实际问题，不断试错。在这个过程中，也发展了学生的探究能力和自学能力，这些能力是信息素养的重要组成部分，也是学生在未来的学习型社会中自我发展和持续性发展的基础。

四、单元教学设计

（一）第一单元第 1、2 节教学设计

教 学 基 本 信 息					
学　年	2018—2019	学　期	第二学期	年　级	高一
教研组	信息技术	备课组	信息技术	学　科	信息技术
教研组长	赵辉	备课组长	赵辉	集体备课时间	2019.2.16

续表

主备人	化宇峰	参与人	赵辉　杨华　马东云　张志		
课题	二　进　制				
教学目标					
知识目标	1. 理解数制的基本概念、二进制的特征、计算机采用二进制的原因； 2. 掌握二进制的有关概念； 掌握二进制数转换为十进制数的方法				
能力目标	1. 培养学生的推理能力和对知识的迁移能力； 2. 培养学生解决问题的能力				
学科核心素养	1. 联系生活实例，关注信息技术应用； 2. 设计信息技术活动，重视问题解决				
立德树人	本课重点培养学生的信息素养，通过本课案例，希望学生所学的知识不仅仅是计算机世界的，更多的是生活中的，是一种思维的体现				
教学重点	掌握二进制数按权展开的意义和转换为十进制数的方法				
教学难点	十进制思维向二进制思维的迁移				
教学方法	本节课主要采用任务驱动法、讨论法、实验法等教学方法，中间穿插用网络课件自主学习、计算机自动评卷等环节，这些方法充分体现了以教师为主导、以学生为主体的教学原则。 通过具体实例，帮助学生理解十进制与二进制之间的相互关系。以游戏为引导，让学生把学到的计算机知识应用于日常生活中				
教学用具	教具	多媒体。 自制 PPT 课件、Flash 课件。 网络教室系统、试卷模块。 介绍二进制的视频		学具	自编教材。 学案。 随堂网络自测题 2 份
学情分析	"计算机为什么要采用二进制？二进制是什么？"是本节课的核心问题，然而鉴于这个问题背后所涉及的二进制对于计算机内部工作的特殊意义，对学生来说并不容易理解，所以这自然也成了本课教学的难点。学生的逻辑思维正处于不断完善的阶段，如果我们设计的授课内容能紧密联系实际，让学生认识到计算机科学可以应用到计算机以外的生活和学习中，就可以引导学生建构自己的知识体系				

续表

教材价值分析	本课以"比较"作为探究活动的主线，比较十进制和二进制的关系，一方面是因为这种方法很适合对本课核心问题的研究，另一方面也期望学生在探究活动中掌握这种基本的研究方法。 在本课教学中，我们先不解释什么是二进制，而是用学生感兴趣的话题导入，再引入进制的概念，围绕"计算机为什么要采用二进制？"展开教学活动。 问题的产生、认识的过程设计是本课教学设计中的关键，精心设计富有启发性的认识活动，期望学生在亲身实践的活动过程中去体验、认识二进制与计算机的特殊关系，并进一步体悟二进制所蕴含的技术思想、哲学思想

教 学 活 动 过 程			
教学环节	学生活动	教师活动	反馈与评价
回顾导入	积极参与游戏活动，思考讨论问题，学生回答问题	教师： 课前问题：5个手指可以表示多少个不同的数字？ 我们先不解决这个问题，等咱们这节课上完，同学们就有自己的答案了	找到学生感兴趣的问题作为导入，能让学生很快进入相关课题的学习课堂氛围。 通过疑问，激发起学生探讨的兴趣，引出本课的课题：二进制
新授：各种进制简介	学生思考并讨论。 举出生活中常见的进制例子	投影： 什么是十进制？ 除了十进制，你还知道哪些进制？ 各种不同进制的运算法则是什么？	从学生熟悉的十进制入手，了解进制的基本概念，发现生活中的其他进制，让学生了解除了十进制，还有很多不同的进制
新授：进制表示方法	学生学习数制的表示方法，下面的练习中会用到	投影： 同一数字在不同的进制中表示的数值是不一样的，为了方便区分它们，一般用"（　）$_{下标}$"来表示不同的进制，例如$(1011)_2$和$(1011)_{10}$ 提示： 有两种不同的表示方法，字母表示方法只作了解，我们主要使用下标方法	

续表

教学环节	学生活动	教师活动	反馈与评价
新授：二进制与其他进制的对比	通过与十进制对比，总结出其他进制的数码、进位法则，填写表中的内容	投影： 对比 |	十进制	二进制 | |---|---|---| | 可用的数码 | 0, 1, 2, 3, 4, 5, 6, 7, 8, 9 | 可用的数码 0, 1 | | 进位法： | 逢十进一 | 逢二进一 | | 表示方法： | $(10)_{10}$ | $(10)_2$ |	通过对比的方式得出二进制的特点，以便从十进制思想向二进制思想迁移
师生互动：用二进制共同数数	学生运用所学知识计算 $(0)_2 + (1)_2 = (1)_2$ $(1)_2 + (1)_2 = (10)_2$ $(10)_2 + (1)_2 = (11)_2$ $(11)_2 + (1)_2 = (100)_2$ 等，填写表中的内容	教师： 利用我们刚学过的二进制计算法则，你能写出二进制表示出的 10 个十进制数字吗？ 让我们用二进制来数数，集中精神，能数到 10，就算你找到了规律！ 投影： | 十进制	二进制 | |---|---| | $(1)_{10}$ | $(1)_2$ | | $(2)_{10}$ | $(10)_2$ | | $(3)_{10}$ | $(11)_2$ | | $(4)_{10}$ | $(100)_2$ | | $(5)_{10}$ | $(101)_2$ | | $(6)_{10}$ | $(110)_2$ | | $(7)_{10}$ | $(111)_2$ | | $(8)_{10}$ | $(1000)_2$ | | $(9)_{10}$ | $(1001)_2$ | | $(10)_{10}$ | $(1010)_2$ | | … | … |	及时运用现学知识计算，既巩固了所学，又强化了规律

续表

教学环节	学生活动	教师活动	反馈与评价
比较思考总结提高	学生思考并回答：机器只能判断是否通电、高电压低电压。如果我们用灯泡来表示数，亮一个表示1，亮两个表示2，依此类推，表示5要用5个灯泡	展示Flash课件： 想一想，为什么计算机采用二进制？ 教师：换一种思路，灯泡按顺序排开，灯泡开是一种状态1，关是一种状态0，对应刚填的二进制数表，同样5个灯泡可以表示多少数字？ 投影： 二进制数运算简单，计算机容易实现，所以计算机内部都用二进制进行存储和计算	学生思考，通过比较，感悟为什么计算机采用二进制。利用简单易懂的逻辑比较，结合学生自己得出的结论，让学生理解二进制对计算机内部运行的巨大优势：容易表示、节约资源
课堂检测1计算机评卷自主学习	学生观看关于二进制的视频。学生参考学案，在计算机上做下发的随堂练习	教师展示二进制视频。 教师利用电子教室下发电子试卷。 学生交卷后，教师点评。 做题正确的同学浏览网络课件。 教师对个别做错题目的同学进行单独辅导	反馈环节，电子试卷，自动评分，汇总学生对本课的掌握情况后，对个别同学作针对性地辅导。 一部分学生学习网络课件的内容，拓展关于进制的相关知识
新授：二进制转换为十进制	启发学生： 二进制也可以写成"按权展开"式吗？如果可以，二进制的各位的"权"是多少？ 引导学生利用"科学计算器"验证计算结果	引入原理： 十进制写成"按权展开"式。 示例： $(256)_{10}$ $= 2 * 10^2 + 5 * 10^1 + 6 * 10^0$ 二进制写成"按权展开"式。 示例： $(1011)_2$ $= 1 * 2^3 + 0 * 2^2 + 1 * 2^1 + 1 * 2^0$	启发学生，通过思考，让学生写出二进制的"按权展开"式，进而明白二进制转换为十进制的方法与原理，并推广出N进制转换为十进制的方法

续表

教学环节	学生活动	教师活动	反馈与评价
课堂检测2 计算机评卷 自主学习	学生参考学案，在计算机上做下发的随堂练习	教师发电子试卷。学生交卷后，教师点评。做题正确的同学浏览网络课件，教师对个别做错题的同学单独指导	反馈环节，电子试卷，自动评分，汇总学生对本课的掌握情况后，激励学生，并对个别同学作针对性的辅导。做题完全正确的学生自己选择学习网络课件的内容，充分发挥学生的主观能动性
课堂总结	以学生回答问题的形式总结本课知识点	教师提问： 1. 二进制的可用的数码有哪些？ 2. 计算机为什么要使用二进制？ 3. 二进制转换为十进制的方法？ 4. N进制转换为十进制的方法？	用回答问题的形式作为课堂总结，一方面调动学生的主动思维，另一方面检查学生的掌握程度
展示交流 体验实践	学生讨论，合作探究	小组合作，解决问题"朋友的密码"	将二进制引入生活，让学生意识到没有计算机，也可以应用学到的知识
布置作业		作业： 与同学创造新的密码表，并用密码交流	应用自己编写的二进制密码，激发学生展示和探索的欲望
回顾	学生跟随教师一起用手指依据二进制规则数数	回顾本课开始的问题，带领学生解决问题。 问题答案： 一只手能数到31 两只手能数到1,023 加上两只脚，能数到1,048,575	照应本课开始时的问题，一是给学生有始有终的完整感，二是增加趣味性。最重要的是，让学生意识到刚刚学到的计算机知识居然能有如此大的威力

续表

板 书 设 计		
二进制		
一、十进制和二进制的对比		临时书写 验算区
	十进制 | 二进制 可用的数码 | 0,1,2,3,4,5,6,7,8,9 | 0,1 进位法 | 逢十进一 | 逢二进一 表示方法 | (10)$_{10}$ | (10)$_2$	
二、二进制转为十进制 口诀：按权展开再相加		

教 学 任 务 落 实 情 况 与 反 思	
亲身实践	本节课开始设置了类似游戏的案例，学生充满了兴趣，但是随着内容逐渐抽象，学生的兴趣下降。教师要细致地体察这些变化，在实际教学应用中，以灵活的教学风格和连续不断的逻辑性引导学生的思维。 在数制转换的阶段，学生仍然会觉得有些难度，此时教师对学生的要求不要太高，让学生基本能够理解二进制转十进制的方法，实际应用中，我们可以通过附件中的科学计算器快速得到结果，并通过更加"酷"的方式打开计算器，以此提高学生对计算机的兴趣
实践过程 落实情况	本节课的课堂效果很好。学生从游戏进入课堂，又从游戏走出课堂。原本很枯燥的二进制在多个互动环节下，辅助学生建构自己的知识体系
教学反思	我在设计这节课时，曾经反复思考，按照培养计算思维的要求，应该怎样将计算机抽象的理论知识与生活相联系，进而提高学生的信息素养？于是，我将本课知识点尽可能地联系计算机以外的事物，如用手指表示数字、用灯光传递信息等。信息技术的教学目标是培养学生的信息素养，我们希望通过这些案例使学生所学的知识不仅仅是计算机世界的，更多的是生活中的，是一种思维的体现
关于本教学 设计的说明	本版教学设计第一次使用是在2019年2月，当时是新授课，采用了任务驱动法、讨论法、实验法等教学方法，并没有实践先学后教的方法。在学习了今年暑假学校推荐的学习材料后，认识到先学后教的方法对本单元有很好的启发意义，于是在暑假中撰写了一个单元的校本教材，并依据教材撰写了三研文稿

（二）课堂流程图

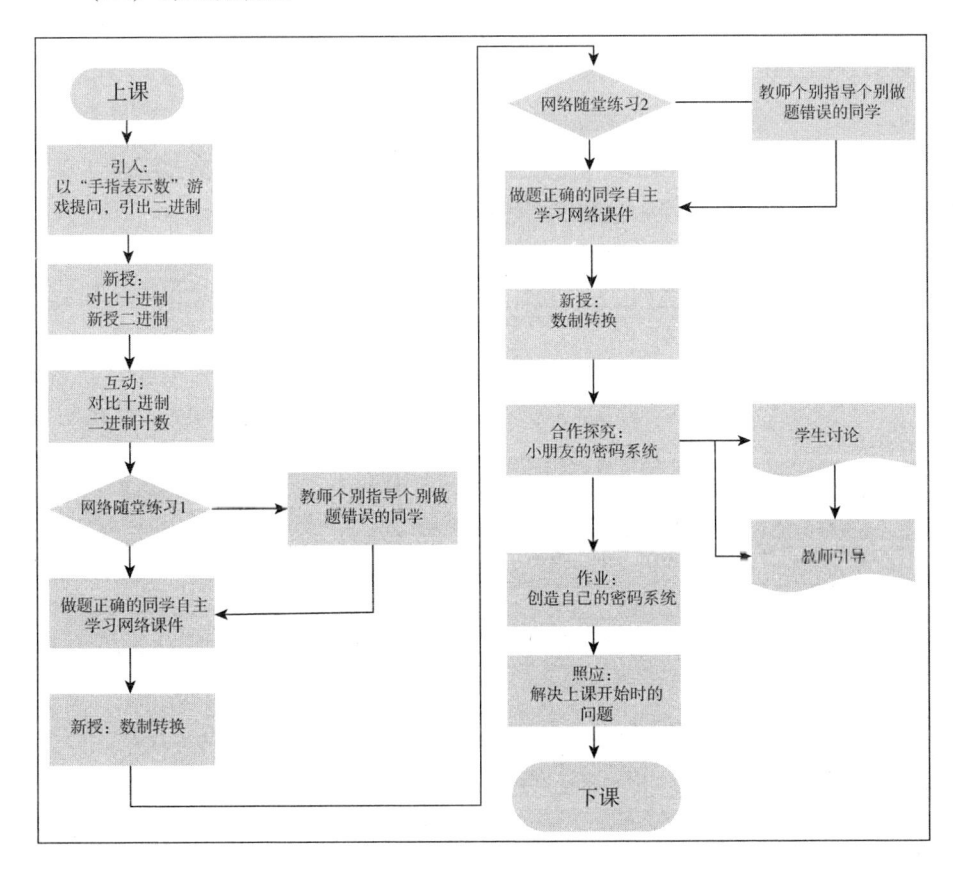

```
上课
  ↓
引入：
以"手指表示数"游戏提问，引出二进制
  ↓
新授：
对比十进制
新授二进制
  ↓
互动：
对比十进制
二进制计数
  ↓
网络随堂练习1 ──→ 教师个别指导个别做题错误的同学
  ↓                      │
做题正确的同学自主 ←──────┘
学习网络课件
  ↓
新授：数制转换
  ↓
网络随堂练习2 ──→ 教师个别指导个别做题错误的同学
  ↓                      │
做题正确的同学自主 ←──────┘
学习网络课件
  ↓
新授：
数制转换
  ↓
合作探究：
小朋友的密码系统 ──→ 学生讨论
  ↓                    ↓
  │              教师引导
  ↓              ↑
作业：       ────┘
创造自己的密码系统
  ↓
照应：
解决上课开始时的问题
  ↓
下课
```

英语人教版必修1
"Unit 4 Earthquakes"

北京市第八十中学雄安校区 张亚萍

最近利用暑假时间对高中英语课程标准进行了解读，通过对新课标的学习，我进一步明确了其基本理念、设计思路、课程目标、内容标准和教学与评价的要求，进一步理解了高中英语教材的特点和使用方法。作为一名英语教师要在教学中有意识地培养学生对英语的持久兴趣，激励学生的学习热情，使他们做到乐学、善学、会学，学而忘我，乐此不疲。要做到这一点还任重而道远，但仍旧想把对新课标的理解说一下。主要分为三个部分：研教材、研目标、研实施。

一、研教材

（一）编排体例

高中英语必修1共分为五个平行单元，各单元均为独立个体，没有必要联系，五个单元分别是"Friendship""English around the world""Travel journal""Earthquakes""Nelson Mandela – a modern hero"。每一单元又分为以下几个部分：Warming Up, Pre – reading, Reading, Comprehending, Learning about Language, Using Language。

（二）核心知识及知识结构

每一单元都是先用一个话题或者问题来引出本单元的主题，通过小组讨论的方式来引起学生们的好奇心。之后是几个关于本单元文章的小问题，目的是让同学们带着问题有目的地阅读文章，之后就是文章本体，读完文章基于对文章的理解还有几道小题，之后就是对本单元单词、词组的掌握情况，通过几道题让同学们自我检测，最后一部分是文章的后续或者是关于文章主题的相关文章。每一单元的结构都是由浅到深，由表及里，层层递进，更易于学生的理解和课程的进行。

河北学生所学课本为人教版，其他省份的课本也不尽相同。就拿北京市第八十中学高中英语课本为例，其课本为牛津大学出版的课本，高一年级的课本为《Headway》，课本共分为12个单元。两种版本的课本内容及结构均有不同之处。教材的知识点结构也不尽相同。例如人教版课本中整本书贯穿的一个知识点是定语从句。第一次提到定语从句只是简单介绍了定语从句的概念及定义，让学生们对定语从句有了一个大致的了解。第二次提到定语从句，讲到了关系代词的用法"that, which, who, whom"，第三次提到定语从句，又在关系代词的基础上讲到了关系副词的用法"where, when, what"。每次讲解都是一个层面，每个层面都对用法进行了详细分析。整册书又在深度上对定语从句进行了剖析，此种分配方法能够让学生更容易接受新知识并更容易理解掌握。

（三）学段地位

高中英语必修一在整个高中起到了承上启下的作用，是高中与初中知识的衔接。而第一单元是基础知识，也是高中阶段的基本知识，起到基础作用。

二、研目标

（一）课程标准

1. 高一等级目标

（1）使学生明确学习英语的目的性，发展自主学习的能力和合作精神。

（2）做好初高中的教学衔接工作，让学生了解和适应高中的英语学习。

（3）在培养学生的语言技能、语言知识、情感态度、学习策略和文化意识等素养的基础上发展学生综合运用语言的能力，培养学生获取信息、处理信息、分析问题、解决问题的能力，以及运用英语进行思维和表达的能力，实现英语学科核心素养一级目标。

(4) 优化学生的英语学习方法，使他们能通过观察、体验、探究等主动学习的方法，充分发挥自己的学习潜能，形成有效的学习策略，提高自主学习的能力。

2. 学期目标

(1) 使学生明确学习英语的目的性，发展自主学习的能力和合作精神。

(2) 做好初高中的教学衔接工作，让学生了解和适应高中的英语学习。

（二）学情分析

(1) 初中阶段是智力和心理发展成熟的关键阶段，学生的逻辑思维从经验型逐步向理论型发展，高一学生具备好奇心强、好表现这一特点。

(2) 在初中阶段，学生对英语已经有了较深入的认识，对单词、短语、语法有了基础的掌握。

问题：

(1) 学生没处于英语环境中，在交流中英语的使用机会很少，学生对英语的运用不是很熟练。

(2) 学生英语水平参差不齐，对英语的掌握情况差距明显。

(3) 高一学生对英语词汇量的掌握远远不够，对于一些较难的语法也需要进一步理解。

（三）单元目标

目标：做好初高中衔接，让学生适应高中英语教学模式，学习本单元基础知识，掌握本单元的单词、短语的意思，时态及用法。对定语从句有一个全面的认识，掌握关系词的使用。

难点：定语从句的理解，先行词的掌握，关系词的灵活运用。

方法：讲解，PPT，演示例句，练习。

分层：英语基础较好的学生，需要对本单元所学知识点全部掌握并能熟练运用；英语基础较差的学生，需对本单元单词、短语掌握，需要对语法有大致的掌握和理解。

（四）近年大型考试分析

定语从句在高考中主要以选择题或者语法填空的形式出现，分值为每道题1~2分。下面举几个高考中定语从句的例题。

1. [2018. 北京] 5. She and her family bicycle to work, _____ helps them keep fit.

A. which　　　B. who　　　C. as　　　D. that

［答案］A

［解析］考查非限制性定语从句。句意：她和家人骑自行车去上班，这有助于她们保持健康。"_____ helps them keep fit"是非限制性定语从句，该从句修饰整个主句，引导词在从句中做主语，故该从句应用关系代词 which 引导。A 选项正确。点睛：非限制性定语从句可修饰主句的一部分，也可以修饰整个主句。其引导词的选择和限制性定语从句的判断规则一致，即第一，找准先行词；第二，看先行词在定语从句中所做的成分。注意，that 不能引导非限制性定语从句。

2. [2018. 天津] 2. Kate, _____ sister I shared a room with when we were at college, has gone to work in Australia.

A. whom　　　B. that　　　C. whose　　　D. her

［答案］C

［解析］考查定语从句关系词。句意：凯特已经去澳大利亚工作了。我们在大学的时候，我和她的姐姐共住一室。分析句子，句中先行词为 Kate，在非限定性定语从句中作名词 sister 的定语，故用关系代词 whose。故选 C。点睛：本题考查定语从句。定语从句是高考重点考查知识之一，分析定语从句需抓住两点：第一，找准先行词；第二，看先行词在从句中所做的成分。抓住这两点，再根据句意，判断正确的关系词。

三、研实施

（一）高中英语课程标准的实施建议

分为两部分，一部分为教学建议，另一部分为评价建议。

1. 教学建议

教学建议共以下几点：

（1）以核心素养为目标，依据课程内容要求，开设好必修、选择性必修和选修课程；

（2）关注主题意义，制定指向核心素养发展的单元整体教学目标；

（3）深入研读语篇，把握教学核心内容；

（4）实践英语学习活动观，促进核心素养有效形成；

（5）重视培养学生的学习能力，为学生学会学习创造条件；

（6）利用现代信息技术，拓展学习和运用英语的渠道；

（7）处理好教、学、评的关系，达到以评促教、以评促学的目的；

（8）不断提高自身专业化水平，与课程改革同步发展。

2. 评价建议

（1）突出核心素养在学业评价中的主导地位，着重评价学生的发展与成长；

（2）突出学生在评价中的主体地位，关注学生的全面发展和进步；

（3）关注课堂教学过程，通过英语活动实施各种评价；

（4）注重评价方式的多样性和合理性，切实开展好形成性评价；

（5）正确处理日常评价与阶段性评价的关系，选择恰当的纸笔测试方法；

（6）发挥评价的反拨作用，实现评价为教和学服务的目的。

（二）单元创新教学设计思路

设计思路：

（1）以中国唐山大地震为出发点，让学生们对地震有个了解，对本单元有个初步概念；

（2）阅读了解本单元课文，掌握文章整体脉络，具体信息细节，段落大意；

（3）语言，词汇学习，长句难句的拆分理解；

（4）练习。

（三）课型及课时分配

课型：新授课，复习课，练习课。

课时分配：共 10 个单元，两周讲 1 个单元，共 12 课时。

（四）分课时设计

基于实施建议，现有如下想法。在教学过程中要坚持以发展学生英语学科核心素养为教学目标，关注课本主题意义，制定指向核心素养发展的单元整体教学目标，深入研读语篇，把握核心教学内容；通过具体的英语学习实现育人价值；重视培养学生的学习能力，用有效的教学方法，借助现代技术，拓展学习和运用英语渠道，为学生学会学习创造条件；同时不断提升自身专业水平与教学能力，紧跟课程标准的步伐；在教学过程中也要积极对学生的作业进行反馈，注重评价学生的方法，实现评价为教和学服务的目的。

本学期课程为每周 6 节正课，共为两本书。故在留出总复习的时间下，合理分配教学计划。本学期约为 20 周，两册书共分为 10 个单元，所以每单元的学习一定要在两周之内完成，包括单词的发音、用法、拓展，导读的导入，课文的讲解，难句长句的分析，课后习题的讲评，听力的理解等内容。尽力做到教与学的结合。在教学中，运用多媒体，让学生们听相关歌曲，看相关视频，还可以用其他手段和方法提高教学效率，提升学生学习兴趣。

第一课：通过音频、视频让学生们了解地震发生时的情况，通过唐山大地震引出本单元的主题，对地震现象做介绍，跟读本单元新单词、词组，并让学生思考课前小问题。

第二课：带问题听文章音频，思考并回答课前问题，精讲课文，课后习题留为课下作业。

第三课：课文中重点单词、短语、语法的讲解以及长难句子的理解、习题的核对，学习本单元语法，课下留练习题。

第四课：复习语法，习题巩固加强语法掌握，第二篇文章的讲解，课下留练习题。

第五课：本单元听力与写作的练习，练习题的处理。

通过单元三研的理解和新课标的研读，对本单元单词、课文、语法有了新的了解，对新课标在英语课中的要求有了新的认识。也通讨一单元的三方面研究，对单元知识的课程目标、教材内容、实施方法有了更深入的见解。进一步提高了课程的质量和标准。

本次单元三研是一个新的尝试，也是教学研究上新的开端。我相信今后的教学质量会越来越高，教学成果会越来越好。

语文统编版九上第一单元
"感悟诗情　吟咏人生"

北京市第八十中学雄安校区　李景斋

如何更好地进行语文教学,是语文教育工作者不断探索、孜孜以求的研究课题!

——题记

从读课标,到站在课标角度分析整本教材、单元内容、每一课,我们的研究越来越深入,我们的视野越来越开阔,我们的思路越来越灵活。今天我要和大家分享的是九年级上册第一单元诗词单元的"三研"情况,单元三研将从"研单元教材""研单元目标""研单元实施"三个方面进行解说。

一、研单元教材

单元教材的研究和分析,主要体现在编排体例、单元核心知识及知识结构、单元学段地位三个角度。

(一) 编排体例

1. 整本书编排体例

九年级上册一本书的编排体现在:阅读、写作、口语交际、综合性学习、活动研究、课外古诗词、名著导读七大板块。一册书共6个单元,除了第一单元5课、第四单元3课外,其他都是每单元4课,共24课,采用现代文和文言文混合编排的形式。

2. 单元编排体例

第一单元是现代诗歌单元,本单元主题为感悟诗情、吟咏人生。本单元的编写，从主题情感来看有个人雄心壮志的抒写，有誓死卫国的爱国之情，有思念亲人、渴望回归的家国情怀，有对新生充满希望的喜悦之情，有对大自然的热爱情感！一条明确的情感主题线索贯穿整个单元。除了情感线索，还有一条语文要素线索，"双线并行"是单元内容编排的结构特点。内容的设置包括：活动任务单、诗词原文、背景介绍、旁批提示、读诗要领、读读写写、名著导读、自主阅读推荐等内容。从最基础的字词，到阅读诗词要领指导、诗意感悟、诗歌欣赏，由课内到课外的诗歌阅读延伸，这种种设计都体现着对学生语文要素掌握情况的重视和训练的重视。

（二）单元核心知识及知识结构

本单元是现代诗歌单元，而且是一个活动探究单元，从知识方面看，主要目标有：积累字词，了解作者和现代诗歌的特点，理解关键诗句、象征手法及作用，分析意境、体会情感，把握意蕴、体会特色等几个方面。体现出由基础到能力、由表层到深层、由语文要素到语文素养的安排规律，有助于有效、高效实施教与学，有利于语文"教"与"学"的不断深入。

（三）单元学段地位

九年级语文肩负着全面提高学生的语文素养，尤其是提高文学欣赏能力的责任。九年级的学生已具备一定的语文知识的积累和语文阅读、分析能力，但是文学欣赏能力比较差，综合运用语言文字的能力和解决问题能力有待提高。本单元是一个活动探究单元，融听、说、读、写于一体，由课内诗歌的诵读，到课外诗歌的欣赏，培养学生综合运用语文的能力。

二、研单元目标

单元目标的研究和分析，主要体现在研目标（研课程标准的具体要求、研学段目标、研单元目标）、研学情、研考题三个方面。

（一）研目标

1. 课程标准的具体要求

单元目标的确定，要依据课程目标对学段的具体要求，课标提出培养学生健康的审美情趣，引导形成积极的人生态度和正确的价值观，能主动进行探究性学习，激发想象力和创造潜能，在实践中学习和运用语文的目标。

2. 学段目标

九年级属于第四学段，本学段的目标为：引导学生欣赏文学作品，对作品中感人的情境和形象，能说出自己的体验，品味作品中富于表现力的语言。

3. 单元目标

九年级上册第一单元的单元目标有：文学常识积累，了解作者和现代诗歌；能有技法地朗读，通过反复朗读，理解诗中的重点句子；展开想象和联想，感受诗歌的意境和诗人的情感；能品味诗歌含蓄、精练、优美的语言，提高欣赏品味和审美情趣；能有创意地表达。

由以上三种目标可以看出：单元目标、教材目标的制定，依据于课程目标相关的具体要求，这是一脉相承的。

（二）研学情

1. 现代诗歌教学现状分析

现代诗歌教育和人文关怀曾一度在教育中被忽视，诗歌不可替代的美育功用和陶冶性情的效用往往被忽略，诗歌教学侧重理解诗意和情感，不重视意境分析，形成了"重意义，轻审美，重教化，轻艺术"的诗歌教育现状。

2. 学生学习现代诗歌现状分析

中学生大多对现代诗歌不感兴趣，对诗歌意境缺少体会和揣摩，独立欣赏机会少于被动接受，功利性学习替代了欣赏性学习，但是，初中生已具备一定的品味和欣赏语言的能力。

（三）研考题及答题规律

通过查找、研究、对比中考考题中的现代诗歌内容，发现对字音的考查很突出，诗歌鉴赏考查比重最大，考查诗歌手法、炼字等，体悟作者思想感情这种考题出现频率高。

把中考考题和语文课程标准、学段目标、单元目标进行综合分析，不难发现，其一致性十分突出。

因此，对于诗歌教学，最重要的是通过反复诵读，帮助学生理解诗意，掌握所运用的手法及其分析方法，发现一类题型的答题规律，重点掌握答题技巧。

1. 有关诗歌技巧题型

表现技巧是诗人用以抒发感情的手段方法，要准确答题，必须熟悉常用的一些表现手法。表现技巧分表达方式、表现手法、修辞手法三大类，要使学生十分明确这些概念及其所包含的类别，清楚每一种表现手法的具体作用，然后准确辨析，进而分门别类地加以分析体会。

2. 意境型试题分析及答题规律

（1）提问方式。一般提问：这首诗营造了一种怎样的意境？

变式提问：这首诗描绘了一幅怎样的画面？表达了诗人怎样的思想情感？

（2）解答提示。这是一种最常见的题型。所谓意境，是指寄托诗人情感的物象（即意象）综合起来构建的让人产生想象的境界。它包括景、情、意三个方面。答题时三方面缺一不可。

（3）答题要求。描绘诗中的画面（优美）；概括氛围特点（准确）；分析思想感情（具体）。

（4）答题步骤。描绘诗中展现的图景画面。考生应抓住诗中的主要景物，用自己的语言再现画面。描述时一要忠实于原诗，二要用自己的联想和想象适当加以再创造，语言力求优美，画面感力求明显。

概括景物所营造的氛围特点。一般用两个双音节词即可，例如孤寂冷清、恬静优美、雄浑壮阔、萧瑟凄凉等，注意要能准确把握诗中的意象，来体现景物的特点和诗歌的情调。

分析作者的思想感情。切忌空洞，要答具体。比如光答"表达了作者感伤的情怀"是不行的，应答出为什么而"感伤"。

（5）答题套路（三步走）。这首诗描绘了一幅……的画面，营造了一种……的氛围，从而表达了作者……的情感（心情、心境）。

三、研单元实施

单元教学的实施，主要从研单元创新思路、研创新课型及课时安排、研课时教学设计三个方面进行研究和落实。

（一）研单元创新思路

这样一个活动探究单元，一定要采用"活动"的形式进行学习，将学生的主观感受作为第一追求，把课堂放手给学生，自由诵读、自主欣赏，真正实现听、说、读、写的有机融合，由课内到课外，由阅读到写作，有读、有写、有感、有悟、有活动、有探究，有群诗阅读，有诵读比赛，有资料搜集，有活动策划，形式多样，灵活多变，使学生在活动中学习，在探究中进步。

（二）研创新课型及课时安排

本单元我设计了几种新鲜的课型，分别是自主诵读课、群诗阅读课、好诗推荐课、诗歌朗诵会、名著导读课、诗词创写课，其中自主诵读课安排课内和课外两个课时，群诗诵读课设计两个课时，其他课型分别为一个课时。

"自主诵读课"是铺垫，以学生自主朗读、感悟为主，教师指导为辅。课内5首现代诗歌占一课时；课外自主选择诗歌占一课时，以本册名著《艾青诗选》中的诗歌为主。

"群诗阅读课"在前两个课时的基础上开展，通过研读探究活动展示学生们的学习成果，课内、外兼收，课内为主，预计两个课时。

"自主诵读课"和"群诗阅读课"，主要解决本单元"任务一"的探究内容——自主欣赏，当然这种欣赏也是在老师的指导下进行的，以学生为主体，教师为主导，共同学习，共同探究。

"好诗推荐课""诗歌朗诵会"和"名著导读课"，主要解决"任务二"的学习内容——自由朗送诵，由学到用，在实践中提高学习、欣赏诗歌的能力。

"诗词创写课"放在最后一个课时，使学生由读到写，由朗诵、感悟到创作，活跃了思维，提升了能力。主要解决"任务三"的学习内容——尝试创作。

6种新课型，分三个环节，解决三个学习任务，循序渐进，逐步提升。

（三）研课时教学设计

单元课时教学设计，我选择了其中的两种课型进行具体展示。

1. "群诗阅读课"教学设计

这种课型安排在"自主诵读课"两个课时之后,因为此时学生们已经将第一单元的 5 首现代诗词和课外自己选择的优美诗歌,进行了深入的品读,有感情的朗诵,在此基础上,"群诗阅诵课"主要目标是让学生由课内走向课外,变自读为群读,变独学为互学,所学为所用,打开视野,增强对现代诗歌的感受,增加阅读兴趣,体会文体特色,提高欣赏能力。

主要流程:

(1)创设优美的诗歌欣赏情境,在轻音乐中播放《再别康桥》诗歌朗诵,营造氛围,激发学生们的兴趣。

(2)明确学习目标,有的放矢地进行诵读活动。

(3)朗读过程。学生自由诵读——小组互动探究——组内讨论研读——班内诵读展示。

(4)教师指导。针对诵读过程中学生们的表现,教师予以点评,或肯定,或纠正,或建议,或改进等,对本节课做出总结。

(5)学生总结。一课一得(谈读诗收获)。

这样的课型,通过情境感染,合作探究,活动启发、互助,最终达到增强学生们对现代诗歌的感受,提高理解、欣赏诗歌的能力,最终达到提高学科素养的总目标。

2. "诗词朗诵会"教学设计

这种课型,前期准备一定要充分。学生需要有感情地诵读课内外诗词,教师需要把选主持人、邀请评委、安排节目单、写串词、制定奖励方案等工作提前做好。

具体实施过程:

(1)主持人致开场白,明确本次诵读比赛主题,宣布比赛流程。

(2)诵读比赛过程。根据抽签情况,学生按顺序依次进行诵读展示,前三名后评委开始出示选手得分情况,评委老师根据评分标准给每个节目打出每项具体得分,有利于选手们明确得失,后期有针对性地改进并提升。

(3)评委做点评。

(4)发奖。

（5）语文教师总结。针对诵读过程中选手们的表现，语文教师予以点评，或肯定，或纠正，或建议，或改进等，对本次比赛做出总结。

这种课型通过比赛的形式进行，学生们积极性高，重视程度高，准备会很充分，诵读情感充沛，会十分投入，对全体同学都会起到极好的带动作用。

对新课型的研究与实施，源于语文教师对新课标、对教材、对语文教学的深入剖析，源于语文教学实践经验的不断总结，源于对当前语文考试方向的精准分析，更源于一颗热爱教育的赤诚之心。

以上便是我这次研究学习的成果，对九年级一个单元的研究，愈加深切地感受到精读课标、研读教材，方能精准备课，研究越深入，收益越多。研究之路越走越开阔，不忘初心，不断前行！

生物人教版八下
"第一章 生物的生殖和发育"

北京市第八十中学雄安校区　陈扬扬

一、研章节教材

（一）教材分析

生物的生殖、发育和遗传是生命的基本特征。植物、动物和人类通过生殖（遗传物质的传递）、发育（遗传特性的表达）体现了物种的延续和发展。人的生殖和发育等基本知识已在七年级下册介绍；按照课程标准的要求，本章着重介绍植物的生殖以及动物的生殖和发育。

生物的生殖方式是多种多样的。不同生殖方式的形成，既体现了生物对不同环境的适应，又展示了不同生物类群在连续性方面所表现的发展和进化。植物的有性生殖和发育已在前面讲过，所以，本章第一节从植物有性生殖的复习引入，重点介绍无性生殖及其应用。动物的生殖和发育也是按照课程标准的规定安排的，分别介绍了昆虫、两栖动物和鸟的生殖发育。在引导学生认识动植物的生殖过程和特点的同时，突出生殖和发育与人类以及与环境的关系。例如，探究植物的扦插、两栖类生殖发育对水环境的依赖、鸟类复杂的繁殖行为和带你参观养鸡场等。这种多侧面的与人和环境的呼应，进一步体现了整套教材以人与生物圈为主线的思路。

本章知识与生产实践联系紧密，关于生殖和发育，有些学生会有一些生活经验，有的甚至会有一些生产经验。教师要充分了解和利用学生已有的经验，积极引用和拓展，使教学过程顺应认知规律。同时，教师也要注意积累实践经验，创造实践条件，让学生真正在"做中学"。倡导探究性学习，是课程标准的主要理念之一。而发现问题、提出问题,进而对提出的问题进行评价,则是作出假设和进行科学探究的基础。本章在这方面也加大了力度,教师要给予足够的重视和引导。

(二)章节核心内容

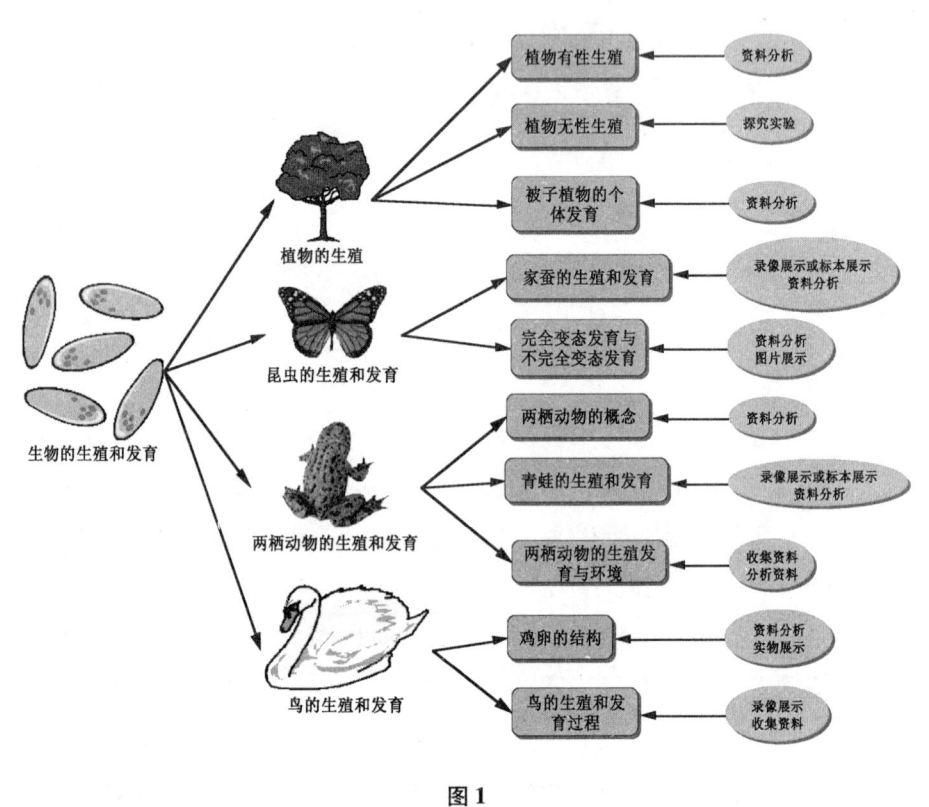

图1

第一节 植物的生殖

1. **有性生殖**:由受精卵发育成新个体的生殖方式,如种子繁殖。有性生殖的特点是:后代具有双亲的遗传特性,能产生可遗传的变异,有利于生物的进化。

2. **无性生殖**:不经过两性生殖细胞结合,由母体直接产生新个体的生殖方式。其优点是:无性生殖的繁殖速度快,有利于保持母本的优良性状。常见的方式有:植物的扦插、嫁接,马铃薯的块茎繁殖等,以及细菌的分裂生殖、真菌的孢子生殖、酵母菌的出芽生殖等。

嫁接就是把一个植物体的芽或枝，接在另一个植物体上，使结合在一起的两部分长成一个完整的植物体。接上去的芽或枝叫接穗，被接的植物体叫砧木。嫁接的关键：接穗与砧木的形成层紧密结合，以确保成活。

第二节 昆虫的生殖和发育

1. 完全变态发育：在由受精卵发育成新个体的过程中，幼虫与成体的结构和生活习性差异很大。发育经历了四个过程：卵→幼虫→蛹→成虫。举例：家蚕、蜜蜂、蛾、蝇、蚊。

2. 不完全变态发育：在由受精卵发育成新个体的过程中，幼虫与成体的形态结构和生活习性相似。三个过程：卵→若虫→成虫。举例：蝗虫、蝉、蟋蟀、蝼蛄、螳螂。

第三节 两栖动物的生殖和发育

1. 两栖动物生殖发育的特点：幼体必须生活在水中，用鳃呼吸，成体水陆两栖，肺呼吸，皮肤辅助呼吸。

2. 蛙生殖发育的特点：有性生殖（卵生）、体外受精、变态发育（不能说完全或不完全变态发育）。

第四节 鸟的生殖和发育

1. 鸟卵的结构。

2. 鸟卵既可贮存丰富的营养物质供胚胎发育需要，又有卵壳、卵壳膜的保护，能减少水分的丢失。这都有利于鸟类在陆地上繁殖后代。

3. 鸟类生殖的特点：体内受精，卵生。（有性生殖的一种形式）

（三）学段地位

生殖和发育是生物的基本特征之一，生物体通过生殖和发育使种族得到延续。生物体的遗传信息是通过生殖传递给后代的。因此，生殖是遗传和变异的基础。本章教学的成败将直接影响对遗传和变异内容的教学。生物的生殖和发育是生物课程内容的十大主题之一。生物在生物圈中的延续和发展，最基本的环节是生物通过生殖和发育，世代相续，生生不息。学生在前面已经学习过被子植物的开花结果，种子萌发，人的生殖发育，细菌的分裂生殖和真菌的孢子生殖，为这部分的学习奠定了一定的基础。通过本部分内容的学习，理解和掌握动植物的生殖和发育方式及特点，明确环境对动植物生殖发育的影响,可以为学习生物的遗传和变异、生物的进化奠定重要的理论、知识和技能基础,并可以让学生树立爱护环境、保护生物的良好的道德意识。本章包括"植物的生殖""昆虫的生殖和发育""两栖动物的生殖和发育""鸟的生殖和发育"四个专题:专题一通过复习原有知识理解有性生殖的概念,注重了前后知识的联系及构建网络型知识框架的能力,学生实地去接触有经验的花农和果农,甚至可以自己实践,培养了学生调查资料、综合分析和解决问题的能力,以及动手操作能力。专题二、三、四介绍的是有关动物的生殖发育问题,让学生进一步明确了生物生殖发育的多样性,通过学生自制比较表格,既可以让学生明确它们之间的异同点,还可以进一步锻炼学生综合分析、比较、解决问题的能力;加之鸡卵的结构观察实验,学生动手实验,进一步拓展了他们自主探究科学的兴趣和能力,以及动手绘图能力。本章的学习重点是生物生殖发育的过程及特点,理解完全和不完全变态发育的异同点、难点。通过关注生物的生殖和发育与环境的相互关系,使学生树立保护环境、关注环境变化的意识以及通过活动培养学生的创新意识。联系课标要求,四个专题紧扣主题。本章的很多知识源于学生的生活,通过观察、分析、讨论、小组合作探究、实验、活动体验、列表比较、多媒体演示等方式,让学生明确生物知识的探究就在我们身边,生物生殖发育的奥秘以及与环境的关联,让学生进一步明确爱护环境,保护生物的多样性就是在保护我们自己。

二、研章节目标

(一) 课程目标

知识目标:能够举例描述植物、昆虫、两栖动物、鸟类的生殖方式,区别有性生殖与无性生殖。

能力目标:通过观察、收集资料、讨论、表演等活动,培养观察能力、收集和处理资料的能力,以及表达交流、合作参与、自主学习的能力。

情感态度与价值观目标:关注我们周围的环境,增强学生环保意识,了解环境与各种动植物之间的关系。

重点难点:

（1）知识方面：通过观察、思考和讨论，举例植物常见的无性生殖，常见昆虫、两栖动物、鸟类的生殖和发育过程，完全变态发育与不完全变态发育的区别。

（2）科学方法、能力方面：调查和收集资料的方法，合作学习、自主探究的能力，尝试扦插技术。

（3）科学价值观方面：在教学中培养学生的环保意识。

（二）学情分析

由于植物的有性生殖和发育已在七年级上册介绍过，所以，第一节从对植物有性生殖的复习引入，重点介绍无性生殖及其应用。动物的生殖和发育也是按照《义务教育生物学课程标准（2011年版）》（以下简称"课程标准"）的规定安排的，分别介绍了昆虫、两栖动物和鸟类的生殖和发育，但教材在介绍这些类群时的侧重点是不同的。在介绍昆虫时，以学生最熟悉的家蚕和蝗虫为例，侧重讲变态发育的两种类型；在介绍两栖动物时，侧重讲两栖动物的体外受精和发育过程，及其与环境条件的关系；在讲鸟类时，以鸟卵为突破口，侧重讲鸟类对于陆生环境的适应，同时强调了鸟类复杂的繁殖行为。教材在引导学生认识上述动植物生殖过程和特点的同时还安排了一个实验，突出生殖和发育与人类生活以及与环境的关系，如扦插和嫁接的应用、两栖动物的生殖发育对水环境的依赖、鸟类复杂的繁殖行为、带你参观养鸡场等内容。这种从多方面凸显了与人类生活以及与环境的关系。

（三）章节目标

1. 知识目标

（1）通过学习、对比，学生掌握植物有性生殖与无性生殖的概念、区别及意义。

（2）通过观察，学生了解无性生殖在生活中的应用。

（3）描述并比较昆虫、两栖动物、鸟类的生殖和发育过程及特点。

（4）通过观察家蚕的活动理解变态发育的概念和过程。

（5）通过对资料的分析、对比，学生认识到环境变迁对两栖动物的生殖发育的影响。

（6）探究鸟卵的结构，说出鸟卵适于陆地上发育的结构特点。

（7）通过参观或参与家禽养殖活动，关注鸟类与人类生活的关系。

（8）培养学生观察思考能力，知识归纳、概括能力，运用知识全面分析、解决问题的能力，训练学生对提出的问题进行评价的能力。

2. 能力目标

（1）培养学生注意观察周围事物，从生活中发现、探究、解决问题的能力。

（2）通过比较、分析归纳出完全变态和不完全变态过程的异同。

（3）学会观看录像和观察标本的直观学习方法以及收集和分析资料的学习方法。

（4）善于合作学习、讨论交流评价。

（5）续写新闻报道。

3. 情感态度与价值观目标

（1）培养学生爱护生物，保护身边生态环境的良好道德意识。

（2）培养学生的辩证唯物主义的价值观。

（3）揭示"金蝉脱壳"背后的生物学事实，帮助学生理解生物结构与环境的适应。

（4）通过诗句，渗透人文教育，关注生物生殖与环境适应的特征，理解生物多样性的意义。

（5）通过了解鸟类生殖和发育过程，培养学生关心爱护鸟类的情感，更重要的是懂得父母对儿女的爱。

（四）考题分析

中考生物试题命制，以落实生物学科素养为目的，以教育部《义务教育生物课程标准（2011年版）》为依据，体现《生物课程标准》的基本理念及学习目标要求，结合生物学科教学实际，提高学生的动手能力和思维能力，注重基础，以教材的核心概念为依托紧扣教材，知识覆盖全面，考察内容包括10个一级主题，除了对知识的考查，还注重学生形成生命观念、理性思维、科学探究、社会责任生物学科核心素养的考察。

试卷结构：生物试题满分为30分，考试时间为30分钟。选择题15道，每题1分，共15分；非选择题3道，每空1分，共15分。

表1 命题趋势

一级主题	15年分值	16年分值	17年分值	18年分值	19年分值
1. 科学探究	2	1	1	2	2
2. 生物体结构层次	1	3	2	1	1
3. 生物与环境	3	3	4	4	7
4. 生物圈中的绿色植物	7	6	4	5	2
5. 生物圈中的人	6	4	4	5	5
6. 动物的运动和行为	0	1	1	1	1
7. 生物的生殖发育与遗传	5	5	5	5	5
8. 生物的多样性	6	4	6	5	5
9. 生物技术	1	2	1	1	1
10. 健康的生活	1	1	2	1	1

从命题趋势可以看出生物的生殖、发育都是和遗传变异放在一起考试，而且占的分值很大，很少单独考试。再次证明两部分在教学上的紧密关系，所以无论是教学还是考试都要把两部分内容放在一起，不能孤立起来。

三、研章节实施

（一）章节创新教学设计思路

1. 整体设计

（1）研读课程标准和中考说明。

（2）不同版本教材的对比：对比人教版与北师大版、冀教版、苏教版等教材关于生物的生殖和发育这一章的内容，实现教材立体整合教学。

（3）按照一定的逻辑主线：由于植物的有性生殖和发育已在七年级上册介绍过，所以，第一节从对植物有性生殖的复习引入，重点介绍无性生殖及其应用。然后分别介绍昆虫、两栖动物和鸟的生殖和发育，但侧重点不同。在介绍昆虫时，以学生最熟悉的家蚕和蝗虫为例，侧重讲变态发育的两种类型；在介绍两栖动物时，侧重讲两栖动物的体外受精和发育过程，及其与环境条件的关系；在讲鸟类时，以鸟卵为突破口，侧重讲鸟类对于陆生环境的适应，同时强调鸟类复杂的繁殖行为。

（二）课时分配

植物的生殖：复习植物的有性生殖→归纳概念→引入无性生殖及其概念→无性生殖的举例。（2课时）

昆虫的生殖和发育：列举家蚕和蝗虫的例子→对比两者的不同→引入完全变态和不完全变态的概念。（1课时）

两栖动物的生殖和发育：青蛙的结构特点→体外受精→蝌蚪到青蛙的发育过程→变态发育。（1课时）

鸟的生殖和发育：鸟卵的结构→适应于陆地环境的特点→发育过程。（1课时）

（三）分课时设计

课时1：植物的生殖（理论课）

1. 教学目标

（1）通过复习被子植物的有性生殖，描述植物的有性生殖。

（2）通过观察、思考和讨论，举例植物的常见无性生殖。

（3）了解嫁接方法。

重点难点：

（1）重点：通过观察、思考和讨论，举例植物常见的无性生殖。

（2）难点：无性繁殖技术掌握。

2. 教学过程

教学引入：

（1）大家过年一定买了不少年花摆放在家里吧，有谁还记得花的结构呢？让我们一起回顾一下花的结构以及果实种子形成的过程吧。

（2）明确本节课学习的主题：植物的生殖方式除了学过的有性生殖方式，还有无性生殖。

问题：植物的有性生殖过程是怎样的？

学生活动：在投影幕上播放有性生殖的动画，让学生通过回忆和讨论，重新用自己的语言描述整个过程。

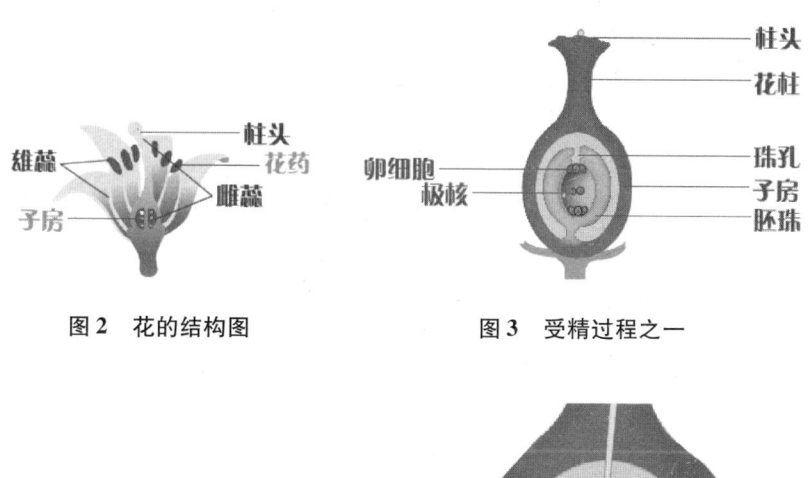

图 2　花的结构图　　　　图 3　受精过程之一

图 4　受精过程之二　　　　图 5　受精过程之三

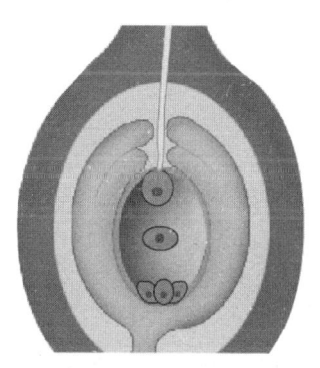

解释概念：什么是有性繁殖？（利用动画说明）

师生小结：归纳有性繁殖的概念。

设计意图：让学生温故而知新，通过活动把知识系统化，强化记忆同时也为后面更好理解什么是无性繁殖做好准备。

问题：植物的繁殖方式，除了有性繁殖以外还有其他方式吗？什么是无性繁殖？

学生活动：解释无性繁殖的概念，并进行分组讨论，以游戏的形式抢答说出无性繁殖与有性繁殖的不同之处，并说出有性繁殖和无性繁殖的意义。

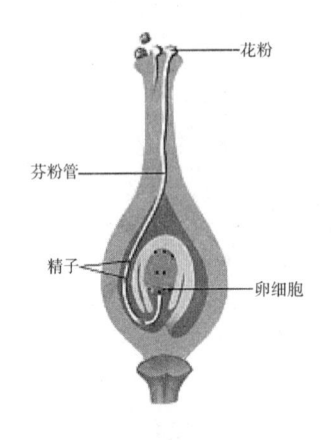

图6　有性繁殖过程　　　　图7　马铃薯无性繁殖

学生解释：是否进行有性繁殖，关键看是否经过两性细胞的结合。

师生小结：有性生殖是由两性生殖细胞结合，成为受精卵，进而发育成新个体；而无性生殖不需要两性生殖细胞结合，直接由母体产生新个体。无性生殖产生新个体速度比较快，有利于在短时间内繁殖大量的个体，而且能够保持品种的优良性状，有性生殖产生的种子和果实可以通过各种方式传播到其他地方，扩大其分布范围。

设计意图：利用各种多媒体手段，更加形象让学生了解无性繁殖过程。以游戏讨论，结合生活经验，辅以观察思考，强调学生在活动中学习，在活动中发现，在活动中找到结果，而这种发现是自发性的，老师只充当引导的角色。

问题：哪些植物能够进行无性繁殖？无性繁殖技术有哪些？什么是嫁接？

学生活动：让学生充分联系生活，尽可能多地在生活中找到哪些植物可以进行无性繁殖。老师可以引导他们回忆家里的水培植物等小盆栽。

学生回答：蟹爪兰、仙人掌、柳树、万年青等都可以进行无性繁殖。

无性繁殖的技术包括了扦插、嫁接、分根、压条、组织培养。

嫁接：把一个植物的芽或枝，接在另一个植物体上，使结合在一起的两部分长成一个完整的植物体。嫁接的方法有两种：枝接或芽接。

师生小结：枝接接穗的下端要切成斜面；芽接接穗的树皮要切成盾形，

树皮内侧要有形成层，外侧有一个饱满的芽。其中使接穗的植物体成活最关键的一步是使接穗与砧木的形成层紧密结合。

设计意图：逐步引入植物的无性繁殖，让学生从浅入深地理解植物的无性繁殖的应用。为下一堂探究实验课做好准备。

老师小结：

	有性生殖	无性生殖
概念		
方式		
优点		
缺点		

3. 板书设计

植物的生殖和发育：

有性生殖：

（1）概念：经过两性生殖细胞结合成受精卵，由受精卵发育成新个体。

（2）过程：精子＋卵细胞→受精卵→种子的胚→新一代植株。

（3）意义：能使后代更好地适应环境。

无性生殖：

（1）概念：不经过两性生殖细胞的结合由母体直接发育成新个体的生殖方式。

（2）举例：扦插、嫁接等。

（3）意义：能使后代保持亲本的优良性状。

课时2：植物的生殖（实验课）

1. 教学目标

（1）进行探究活动，尝试植物的扦插等无性繁殖实验。

（2）培养学生实事求是的科学态度、科学探索的精神和创新意识。

重点难点：

（1）重点：了解无性繁殖的过程和操作。

（2）难点：掌握植物扦插方法。

2. 教学过程

教学引入：常言道，"有心栽花花不开，无心插柳柳成荫"。你能对"插柳"做出解释吗？

学生活动：让学生以小组为单位，通过阅读有关资料，分组讨论设计探究方案，并派出代表向全班介绍自己小组方案，接受其他小组的提问，进一步完善方案。最后以修订方案进行实验，并做实验报告。

师生交流：让学生说完自己的探究方案后，组织学生阅读教材 P4 – 7，思考以下问题，并进行讨论。

（1）什么叫接穗，什么叫砧木？

（2）嫁接包括哪两种方式？

（3）为确保嫁接成活，其关键步骤是什么？

（4）扦插是要选用多长的茎段？

（5）上方的切口为什么是水平的，下方的切口为什么是斜向的？

（6）扦插时将上面的一个节埋入土中，结果会如何？

扦插过程要注意的问题：

（1）为什么要做斜向切口？原因是茎下方切成斜切口，可以扩大茎吸收水分和无机盐的面积，植物就容易成活。

（2）为什么做扦插要保留少量叶才易成活？原因是插条带少量的叶，有利于光合作用，促进枝条生根，但强烈阳光会使水分蒸发过多，造成失水，从而影响成活。

设计意图：让学生能够学以致用，通过实践了解扦插技术，并从中培养学生实事求是的科学态度、科学探索的精神和创新意识。

课时3：昆虫的生殖和发育

1. 教学目标

（1）说出家蚕和蝗虫的生殖和发育过程。

（2）举例说明完全变态发育和不完全变态发育。

（3）通过观察、收集资料、讨论、表演等活动，培养观察能力、收集和处理资料的能力，以及表达交流、合作参与、自主学习的能力。

（4）举例说出昆虫在人类生活、生产中的作用，关注生物科学技术在社会发展中的作用,从生殖和发育的特点来辩证地认识昆虫与人类的关系。

重点难点:

(1) 重点:常见昆虫的生殖和发育过程。

(2) 难点:家蚕的生殖和发育过程,完全变态发育与不完全变态发育的概念。

2. 教学过程

教学引入:

"身体分为头胸腹,两对翅膀三对足,头上两根感觉须,里头是肉外是骨。"大家能猜出这是什么动物吗?

昆虫数量如此庞大,究竟他们是如何繁殖和发育的呢?

学生活动:把毛毛虫发育成蝴蝶的图片顺序打乱,让学生进行排序,最后播放蝴蝶由毛毛虫慢慢发育成蝴蝶的全过程的录像,通过阅读课本找出什么叫变态发育。

① 蚕吐丝作茧　　　　②1、2、5龄幼虫

③ 雌雄蚕蛾交尾　　　　⑤ 正在产卵的蚕蛾

图 8

解释概念:变态发育。(利用动画说明)

师生小结:完全变态发育的特点是幼虫和成虫在形态结构和生活习性上有明显的差别。

问题：蚕生殖发育全过程是怎样的呢？唐代诗人李商隐有一句诗："春蚕到死丝方尽，蜡炬成灰泪始干。"从家蚕的发育过程来分析这句诗有什么不准确的地方？能否通过改变其中两个字使之既有科学性，又不失艺术性？

学生活动：让曾经养蚕的同学讲述一下自己养蚕的经历，了解养蚕的全过程。教师展示蚕发育全过程的标本。让学生分组轮流观察，并提出疑问，小组间互助回应。

师生交流：讲述完蚕发育全过程后，让每个小组提出自己在观察标本后发现的问题，并让其他小组做出解释。最后一起讨论如何修改"春蚕到死丝方尽，蜡炬成灰泪始干"。

师生小结：展示蚕发育过程的四个阶段：卵、幼虫、蛹、成虫。这四个阶段在形态结构上都有明显的差异。列表展示差异，加以总结。

设计意图：通过蚕发育的典型例子对什么是变态发育、变态发育的过程加以理解。在讲述蚕发育过程中，要充分调动有养蚕生活经验的学生的积极性，让他们通过标本，给没有经验的同学讲讲蚕的发育过程。

问题：在自然界中哪些昆虫的发育过程与蚕不同？

学生活动：以小组形式进行抢答。

师生交流：昆虫发育过程与家蚕发育不一样的有蝗虫、螳螂等。播放蝗虫的发育过程，讲述其不同之处。

设计意图：让学生明确并不是所有昆虫都进行变态发育，有部分昆虫进行着另一种发育方式，让学生在争论过程中达成共识完成，通过比较强化记忆。

问题：除了蚕以外，还有哪些昆虫是变态发育的呢？

学生活动：以小组形式进行抢答。

师生交流：进行变态发育的还有蝇、蚊子、蜜蜂、蝶等。

设计意图：利用活动让学生进行智慧碰撞，在争论哪一种昆虫是变态发育的过程中达成共识，并强化记忆。

师生交流：进行情感教育，昆虫世界里有不少是对人类有益的，我们需要加以保护，但有部分是有害的，我们需要正确认识。

3. 板书设计

昆虫的生殖与发育：

（1）完全变态。

（2）不完全变态。

课时 4：两栖动物的生殖和发育

1. 教学目标

（1）描述两栖动物的生殖和发育全过程，了解环境与两栖动物的生殖和发育之间的关系。

（2）培养学生收集资料、整理资料、分析问题、解决问题的能力。

（3）通过资料分析，关注两栖动物的生殖与环境的关系，增强学生环保意识。

重点难点：

（1）重点：两栖动物生殖和发育的基本过程及其与环境的关系。

（2）难点：两栖动物生殖和发育的基本过程及其与环境的关系，在教学中培养学生环保意识。

2. 教学过程

教学引入：

宋朝诗人赵师秀的诗写道："黄梅时节家家雨，青草池塘处处蛙。"根据这首诗描述的场景，通过这堂课的学习，回答以下几个问题：

（1）who：谁发出交配的信号？

（2）When：交配一般发生在什么时候？

（3）Where：蛙的交配和发育在哪里进行？

（4）精子和卵子如何相遇？

学生活动：

首先让学生自行阅读课文，尝试在书本上找到答案，并且通过小组讨论达成一致共识。接着是小组发言时间，小组可以根据自己小组讨论的结果选择一条必答题和选答题（以先举先得为原则），在此过程展现蛙生殖发育图片以让学生更好描述说明。

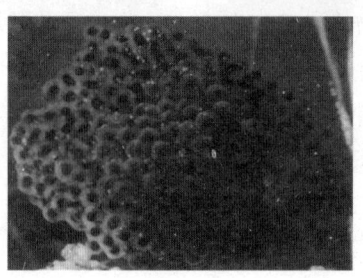

图 9

师生评价：最后给每个小组打分，给予一定的评价，老师加以说明和规范。

设计意图：通过游戏的方式，提高学生求学的欲望，从中锻炼学生自主学习、小组合作、搜索资料和评价能力。让学生在快乐中获取知识。

老师总结：

（1）对蛙的生殖过程进行总结。

（2）以列表的形式比较蝌蚪与成蛙的区别。

表 2

比较	早期蝌蚪	成蛙
外形特征	身体分为头、躯干和尾部，没有四肢	身体分为头、躯干和四肢，没有尾
头部	感觉器官不发达，头后两侧有鳃	视觉、听觉敏锐，无鳃（有肺），适于陆地上生活
躯干、四肢、尾	通过躯干和尾部的摆动产生运动，适于在水中游动	后肢强大，前肢短小，适于陆地上跳跃。后肢趾间有蹼，适于在水中游泳

(3) 教师组织学生交流，同时进行热爱家乡、培养学生环保意识的情感教育。

课时5：鸟的生殖与发育

1. 教学目标

(1) 说出鸟卵适于陆地上发育的结构特点。

(2) 描述鸟的生殖和发育的过程。

(3) 通过参观或参与家禽养殖活动，关注鸟类与人类生活的关系。

(4) 培养学生解读图表的能力，综合运用知识分析问题、解决问题的能力。

重点难点：

(1) 重点：描述鸟的生殖发育过程。训练学生解读图表的能力，培养学生综合运用知识，从多角度分析问题、解决问题的能力。

(2) 难点：参观或参与家禽养殖活动的组织、开展与落实。

2. 教学过程

教学引入：

进行一个小游戏，放出各种各样鸟的叫声，让学生猜出鸟的名字。

质疑：在众多鸟类中，你知道鸟是怎样生殖和发育的吗？

问题：鸡蛋各部分分别有什么功能呢？（卵壳、壳膜、卵白、卵黄分别有什么功能呢？）卵白和卵黄及系带各有什么功能？卵的哪一部分将来可以发育成雏鸡？所有鸡卵都能孵化出小鸡吗？如何区分受精卵和未受精卵？新鲜的鸡卵是"活"的吗？鸟卵为什么需要这么复杂的结构？这与它们所处的环境有什么关系？

学生活动：以小组为单位，每个小组发一只鸡蛋，通过观察、讨论回答以上的问题。

师生交流：学生首先根据自己理解，逐一介绍卵的结构及其功能，老师最后作评价，并加以汇总。

拓展问题：哪一种鸟的蛋最大？（鸵鸟）

设计意图：让学生更形象了解卵的结构，通过事物，查阅书本得到答

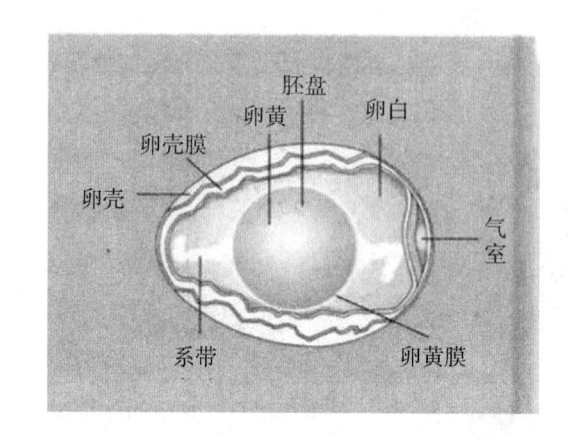

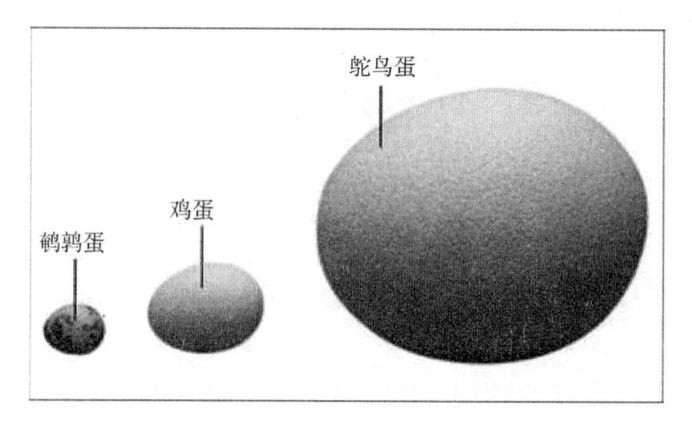

图 10

案，能够加深理解和记忆，学生学习会更感兴趣。

问题：鸟的发育过程一般要经历几个过程？

学生活动：首先让学生分别在书本找出答案，让参与生物园管理小鸡养殖的同学向大家介绍一下小鸡的成长过程。

师生交流：老师最后对学生做出的介绍给予肯定，并且做出总结。

设计意图：让学生能够通过搜索资料找出相关问题的答案，并让参与实践的学生有介绍经验的机会，说出自己养育小鸡的过程，鼓励大家参与实践活动。

3. 板书设计

鸟的生殖和发育：

（1）鸟卵的结构。

（2）鸟的生殖和发育过程。

以上便是我这次研究学习的成果。通过对本章的研究使我认识到：只有研读课标、吃透教材，才能精准备课。我要顺着这条研究之路一直走下去。

数学人教A版必修1
"第二章 基本初等函数（I）"

北京市第八十中学雄安校区　　崔凯超

单元三研是对单元教材、单元目标和单元实施三个方面进行的研究，是在一册书三研基础上，根据实际教学情况，对一个单元的教学内容进行研究、整合、再设计的过程。单元三研突破原有教材章节编排组合与教学结构、次序，对单元教材资源进行深度挖掘，抓准单元教学主线，提取出单元教学的核心价值，在此基础上确定基于学生最近发展区与本单元发展学科核心素养切实需要的教学目标、内容，创造性地进行整体教学。通过单元三研，教师可以对单元内容有一个整体性的把握，加强对课标和教材的理解与整合，更好把握教学主线，抓住教学主题，提高备课效率和教学效率。

数学人教A版必修1教材是按章节划分的，等同于单元，以下我依据"单元三研"三方面的研究，进行"章节三研"。

一、研章节教材

（一）教材编写体例

人教A版必修1第二章"基本初等函数（I）"编写体例：章节导引、章节标题、情境问题、正文（课题探索、思考、例题、练习、习题）、课外阅读、小结、章末参考题。

（二）不同版本教材对比

选人教B版和北师大版与人教A版教材进行对比。

相同点：（1）都贯彻落实了课程标准的要求，充分体现了学科的育人价值与功能；(2) 体现数学内容的逻辑体系，揭示了数学内容发生、发展的过程；(3) 注重问题设置，引导学生思考；(4) 重视数学建模和数学探究活动。

不同点：(1) 在编排顺序上，人教 B 版将函数与方程内容放在基本初等函数之前，北师大版将幂函数和函数应用放在了指数、对数函数之前；(2) 在编排内容上，人教 B 版和北师大版都在函数概念和性质后面设置了二次函数的内容，对于学生理解函数概念、掌握函数性质起到积极作用，而且人教 B 版设置了用计算机作函数图像的内容，为学生后面学习画函数图像有很大帮助，北师大版设置了研究具体指数、对数函数的章节内容，更具有针对性，对于学习指数、对数函数一般概念和性质具有很好的铺垫和引导作用。

(三) 核心知识及知识结构

1. 核心知识

(1) 指数幂和指数运算性质；(2) 指数函数的图像和性质；(3) 对数的定义和运算性质；(4) 对数函数的图像和性质；(5) 幂函数的定义、图像和性质。

2. 知识结构

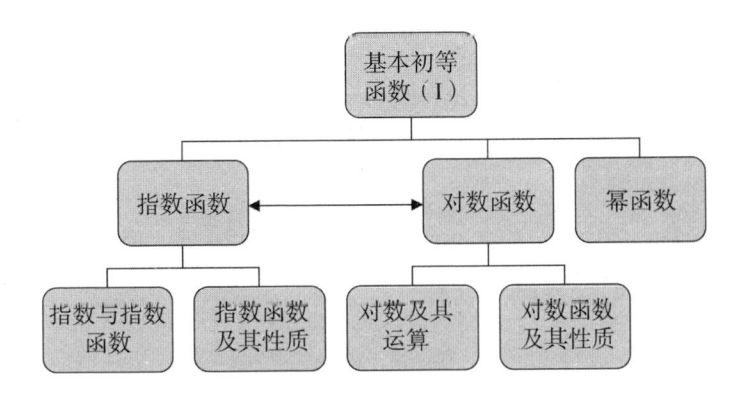

图1 《基本初等函数（Ⅰ）》知识结构

(四) 学段地位

本章的基本初等函数包括指数函数、对数函数和幂函数。这些函数都是最基本、应用最广泛的函数，对于学生认识函数概念、理解函数的性质、体会函数的实际应用价值有很重要的作用。本章内容之前的内容是"函数概念和性质"，之后的内容是"函数与方程"。因此，本章具有承前启后的作用，为进一步学习数学打好基础。指、对数函数是高考重点考察内容，尤其是指数、对数函数的图像和性质，以及指数、对数函数和其他知识的结合。

二、研章节目标

（一）课程标准

1. 指数函数

（1）通过对有理数指数幂 $a^{\frac{m}{n}}(a>0,$ 且 $a\neq 1; m,n$ 为整数，且 $n>0)$、实数指数幂 $a^x(a>0,$ 且 $a\neq 1; x\in R)$ 含义的认识，了解指数幂的拓展过程，掌握指数幂的运算性质；

（2）通过具体实例，了解指数函数的实际意义，理解指数函数的概念；

（3）能用描点法或者借助计算机工具画出集体指数函数的图像，探索并理解指数函数的单调性与特殊点。

2. 对数函数

（1）理解对数的概念和运算性质，知道用换底公式能将一般对数转化成自然对数或者常用对数；

（2）通过具体实例，了解对数函数的概念，能用描点法或者借助计算工具画出具体对数函数的图像，探索并了解对数函数的单调性和特殊点；

（3）知道对数函数 $y=\log_a x$ 与指数函数 $y=a^x$ 互为反函数；

（4）收集、阅读对数概念的形成与发展的历史资料，撰写小论文，论述对数发明的过程以及对数对简化运算的作用。

3. 幂函数

通过具体实例，结合 $y=x, y=\dfrac{1}{x}, y=x^2, y=\sqrt{x}, y=x^3$ 的图像，理解他们的变换规律，了解幂函数。

（二）学情分析

1. 知识储备

学生在初中学习了数的开平方、开立方以及二次根式的概念，又学习了正整数指数幂、零指数幂、负整数指数幂的概念，以及整数指数幂的运算法则，具备一定的知识储备。学生在上一章学习了函数的概念和性质，对函数有了一定的认识和理解。

2. 认知能力

学生具备了一定的阅读能力、观察力、思维能力和分析能力，具有了一定的自学能力。但是学生对于函数的概念和性质认识还不够深入，思维方式还不够灵活，个别学生还不能够完成由初中函数概念从变化的角度向高中函数概念对应关系角度认识的转变。指数、对数函数的图像将会是教学中的重点突破点，通过让学生画指数、对数函数图像，对比不同函数图像，获得对指数、对数函数的理解。

3. 基本经验

学生初中学习了一次函数、二次函数和反比例函数，对函数有一定的认识，高中数学必修 1 第一章也讲授了函数概念和性质，学生获得了一些处理函数问题的经验。不过，这种经验是肤浅的，有些学生的经验甚至是错误的。

4. 情感与态度

刚刚由初中升入高中，知识深度陡然增加和思维方式转变对学生的认知产生了很大影响。积极的学习态度和敢于攻坚克难的决心是学好数学的重要保障。

（三）单元目标

通过本章学习，学生能够说出指数函数、对数函数的实际背景，能够解释指数函数和对数函数的概念，能够画出指数函数和对数函数图像，会求指数函数、对数函数的单调性和特殊点；会画五种幂函数的图像，能够判断幂函数的单调性和奇偶性。

（四）高考试题分析

1. 命题思路。

在考查基础知识的基础上，注重对数学思想方法的考查，注重对数学能力的考查，展现数学的科学价值和人文价值，同时兼顾试题的基础性、综合性和应用性。

2. 高考要求。

（1）指数和指数函数：①能够运用式的运算性质化简求值；②能够对根式和分数指数幂进行互化；③能够利用有理数指数幂的运算性质化简求值；④理解指数函数概念，会画指数函数图像，掌握指数函数性质，能利用指数函数性质求复合函数的定义域、值域、奇偶性和单调性；⑤能够借助指数函数性质比较指数型式子的大小。

（2）对数和对数函数：①能够进行对数式和指数式的互化，会求简单的对数值；②能够利用对数的运算性质化简和求值；③掌握换底公式及其推论；④理解对数函数概念，会画对数函数图像，掌握对数函数性质，能利用对数函数性质求复合函数的定义域、值域、奇偶性和单调性；⑤能够借助对数函数性质比较对数型式子的大小。

（3）幂函数：掌握幂函数的图像和性质，会画幂函数的图像，会求幂函数的奇偶性和单调性。

3. 高考真题及解析。

（2017 新课标Ⅰ）已知函数 $f(x) = \ln x + \ln(2-x)$，则（　　）

A. $f(x)$ 在 $(0,2)$ 单调递增

B. $f(x)$ 在 $(0,2)$ 单调递减

C. $y = f(x)$ 的图像关于直线 $x = 1$ 对称

D. $y = f(x)$ 的图像关于点 $(1,0)$ 对称

【解析】由 $f'(x) = \dfrac{2(1-x)}{x(2-x)}$，$0 < x < 2$ 知，$f(x)$ 在 $(0,1)$ 上单调递增，在 $(1,2)$ 上单调递减，排除 A、B；又 $f(2-x) = \ln(2-x) + \ln x = f(x)$，所以 $f(x)$ 的图像关于 $x = 1$ 对称，C 正确．

40.（2018 全国卷Ⅰ）已知函数 $f(x) = \log_2(x^2 + a)$，若 $f(3) = 1$，则

$a = \underline{\qquad}$.

【解析】由 $f(3) = 1$ 得，$\log_2(3^2 + a) = 1$，所以 $9 + a = 2$，即 $a = -7$.

(2018 全国卷Ⅰ) 设函数 $f(x) = \begin{cases} 2^{-x}, & x \leq 0 \\ 1, & x > 0 \end{cases}$，则满足 $f(x+1) < f(2x)$ 的 x 的取值范围是（　　）

A. $(-\infty, -1]$　　B. $(0, +\infty)$　　C. $(-1, 0)$　　D. $(-\infty, 0)$

【解析】当 $x \leq 0$ 时，函数 $f(x) = 2^{-x}$ 是减函数，则 $f(x) \geq f(0) = 1$，做出 $f(x)$ 的大致图像如图所示，结合图像可知，要使 $f(x+1) < f(2x)$，则需 $\begin{cases} x+1 < 0 \\ 2x < 0 \\ 2x < x+1 \end{cases}$ 或 $\begin{cases} x+1 \geq 0 \\ 2x < 0 \end{cases}$，所以 $x < 0$，故选 D.

(2019 全国Ⅰ理 3) 已知 $a = \log_2 0.2, b = 2^{0.2}, c = 0.2^{0.3}$，则（　　）

A. $a < b < c$　　　　B. $a < c < b$

C. $c < a < b$　　　　D. $b < c < a$

解析：依题意 $a = \log_2 0.2 < \log_2 1 = 0$，$b = 2^{0.2} > 2^0 = 1$，因为 $0 < 0.2^{0.3} < 0.2^0 = 1$，所以 $c = 0.2^{0.3} \in (0, 2)$，所以 $a < c < b$. 故选 B.

4. 题型分值。

主要题型是选择题和填空题，一题 5 分；有时会作为次要知识点与其他知识结合考察。

5. 易失分点。

忽略对数函数定义域和运算出错。

6. 答题规律。

掌握指数函数、对数函数和幂函数的相关运算法则、图像和性质，会画函数图像，借助函数图像、性质，采用数形结合和分类讨论思想来解决问题。同时，要注意数学运算和一些结论的合理使用。

三、研章节实施

（一）单元创新思路

1. 与函数性质内容相结合，从函数性质角度看待基本初等函数，加强知识的前后联系和逻辑联系，使知识系统化。

2. 指对数函数的学习内容和思路极其相似，可以对比教学。

3. 函数图像是函数的重要表现形式，很直观地反映了函数的特点和性质，要求学生画底数不同的多个函数图像。

4. 创新的主体是学生，给予学生更多的时间和机会参与教学，多设置学生活动，促进学生的思考和交流。从学生学习反馈中获得经验，调整教学策略。

（二）课型及课时分配

表1

课题	课型	课时
2.1.1 指数与指数幂的运算	新授课	2
2.1.2 指数函数及其性质	新授课	2
指数函数习题课	习题课	2
2.2.1 对数与对数运算	新授课	2
2.2.2 对数函数及其性质	新授课	2
对数函数习题课	习题课	2
2.3 幂函数	新授课	1
章末复习课	复习课	3

（三）分课时设计

2.1.1 指数与指数幂的运算（第1课时）

学习目标：1. 能够解释 n 次方根、n 次方根式的概念；2. 能够运用根式运算性质化简和求值；3. 通过做题，体会分类讨论和符号化思想的作用。

教学流程：从指数幂实际背景问题引入课题——→学生思考问题并回答——→根式的概念和性质教学分析——→例题分析——→练习——→总结（学生总

结，教师补充）——→布置作业（必做和选做）。

达成策略：教师通过情景导入、问题引导，启发学生思考，进行小组讨论，获得根式概念和性质的初步知识，通过例题讲解和习题训练，学生巩固概念、掌握技能、提高素养。

评价措施：课堂表现，如回答问题情况和做练习题的表现；课后作业。

2.1.1　指数与指数幂的运算（第2课时）

学习目标：（1）能够对方根和分数指数幂进行转化；（2）能够运用有理数指数幂的运算性质化简和求值；（3）认识无理数指数幂。

教学流程：学生回忆乘方的意义——→学生通过思考、对比，认识分数指数幂——→教师引导学生得出分数指数幂的意义，以及分数指数幂和根式的互化——→有理数指数幂的运算性质——→例题——→练习——→总结（学生总结，教师补充）——→布置作业（必做和选做）。

达成策略：教师通过问题导入，启发学生思考，认识分数指数幂的意义，通过例题讲解和习题训练，引导学生能够进行分数指数和根式的互化，能够利用有理数指数幂的运算性质化简和求值。

评价措施：课堂表现，如回答问题情况和做练习题的表现；课后作业。

2.1.2　指数函数及其性质（第1课时）

学习目标：（1）能够复述指数函数概念，说出底数的限制条件的理由；（2）能够画出指数函数图像；（3）能够运用指数函数性质求复合函数的定义域和值域。

教学流程：创设"细胞分裂"和"剪绳"的教学情境——→学生思考，教师引导，得出指数函数概念——→学生画底数不同的几个指数函数图像——→通过图像，教师引导学生认识指数函数性质——→例题——→练习——→总结（学生总结，教师补充）——→布置作业（必做和选做）。

达成策略：教师通过创设情境，启发学生思考，认识指数函数，引导学生通过画几个指数函数图像，掌握指数函数图像的画法和性质；教师讲授例题，学生做针对性练习，使学生能够运用指数函数性质求复合函数的定义域和值域。

评价措施：课堂表现，如回答问题情况、画图情况和做练习题的表现；

课后作业。

2.1.2 指数函数及其性质（第2课时）

学习目标：（1）能够运用指数函数性质判断复合函数的单调性和求复合函数的单调区间；（2）能够利用指数函数性质比较大小；（3）能够解简单的含有指数式的方程和不等式；（4）能够判断与指数函数相关的函数的奇偶性。

教学流程：复习指数函数的图像和性质——展示例题，学生讨论、回答——教师点评、讲授——练习——总结（学生总结，教师补充）——布置作业（必做和选做）。

达成策略：教师通过复习，带领学生回顾指数函数基础知识，并检验学生是否掌握；教师展示例题，启发学生思考；学生讨论，合作探究；教师讲授，答疑解惑；学生做针对性练习，巩固知识和方法。

评价措施：课堂表现，如讨论问题情况、回答问题情况和做练习题的表现；课后作业。

指数函数习题课（第1课时）

学习目标：（1）能够运用指数函数性质求复合函数的定义域和值域；（2）掌握比较含指数式的大小。

教学流程：复习指数函数的图像和性质——展示例题，学生讨论，回答——教师点评、讲授——练习——总结（学生总结，教师补充）——布置作业（必做和选做）。

达成策略：教师通过复习，带领学生回顾指数函数基础知识，并检验学生是否掌握；展示例题，学生思考，教师讲授，答疑解惑；学生做针对性练习，巩固知识和方法。

评价措施：课堂表现，如讨论问题情况、回答问题情况和做练习题的表现；课后作业。

指数函数习题课（第2课时）

学习目标：（1）能够运用指数函数性质求复合函数的单调性和单调区间；（2）掌握解含指数式的方程和不等式；（3）能够判断与指数函数相关的函数的奇偶性。

教学流程：展示例题──学生讨论、回答──教师点评、讲授──练习──总结（学生总结，教师补充）──布置作业（必做和选做）。

达成策略：通过上一节学习，学生已经掌握了指数函数的图像和性质，这节内容直奔主题，直接给学生展示例题，学生思考，教师讲授，答疑解惑；学生做针对性练习，巩固知识和方法。

评价措施：课堂表现，如讨论问题情况、回答问题情况和做练习题的表现；课后作业。

2.2.1　对数与对数运算（第1课时）

学习目标：（1）能够说出对数概念；（2）能够对对数式和指数式进行互化；（3）会求简单的对数值。

教学流程：创设情境，提出问题──引发学生思考、讨论──教师讲授──例题──练习──总结（学生总结，教师补充）──布置作业（必做和选做）。

达成策略：教师通过创设情境，引发学生的思考，促使学生面对认知冲突，积极思考问题解决办法，再讲授对数概念，通过解决实际问题，让学生充分认知对数概念。教师讲授例题，通过学生练习，检验其是否掌握。

评价措施：课堂表现和课后作业。

2.2.1　对数与对数运算（第2课时）

学习目标：（1）掌握对数的运算性质，能够解释其推导过程和成立条件，并利用性质化简和求值；（2）能够利用换底公式进行对数式的变形和化简。

教学流程：通过指数运算性质，提出问题──引发学生思考、讨论──教师讲授对数运算性质及其推导过程──例题──练习──总结（学生总结，教师补充）──布置作业（必做和选做）。

达成策略：教师通过问题，引发学生的思考，促使学生对比思考，再讲授对数运算性质的推导过程，让学生充分认知对数运算性质及其推导过程。教师讲授例题，通过学生做针对性练习，检验其是否掌握。

评价措施：课堂表现和课后作业。

2.2.2　对数函数及其性质（第1课时）

学习目标：（1）能够说出对数函数概念；（2）会画对数函数图像；（3）能够运用对数函数性质求复合函数的定义域和值域；（4）能够比较与对数有关的式子的大小。

教学流程：创设情境，引入对数函数概念——→学生画函数图像——→教师引导学生总结对数函数性质——→例题——→练习——→总结（学生总结，教师补充）——→布置作业（必做和选做）。

达成策略：教师通过创设情境，引发学生的思考，得出对数函数概念；学生画函数图像，通过观察和教师引导，得出对数函数性质；教师讲授例题，通过学生练习，检验其是否掌握。

评价措施：课堂表现和课后作业。

2.2.2　对数函数及其性质（第2课时）

学习目标：（1）能够运用对数函数性质判断复合函数的单调性和求复合函数的单调区间；（2）能够解简单的含有对数式的方程和不等式；（3）能够判断与对数函数相关的函数的奇偶性。

教学流程：复习引入——→学生画函数图像——→教师点评、总结——→例题——→练习——→总结（学生总结，教师补充）——→布置作业（必做和选做）。

达成策略：教师通过复习，检验学生掌握情况，促进学生学习；学生画图，再次强化图像和性质的关联性；最后通过例题和训练题，让学生掌握基本题型和基本方法。

评价措施：课堂表现和课后作业。

2.3　幂函数

学习目标：（1）认识幂函数，能够画出五种特殊的幂函数的图像，并掌握它们的性质；（2）能够利用幂函数的图像和性质，画出任意一个幂函数的图像。

教学流程：学生找函数特点——→教师点评、总结——→学生画函数图像例题——→师生共同总结函数性质——→例题——→练习——→总结（学生总结，教师补充）——→布置作业（必做和选做）。

达成策略：通过学生画图，直接观察函数图像，师生共同探讨，得出函数性质；最后通过例题和训练题，让学生拓展知识，掌握一般幂函数的图像画法。

评价措施：课堂表现和课后作业。

复习课：指数与指数函数（第 1 课时）

学习目标：（1）进一步熟悉指数运算、指数函数图像和性质，构建知识网络；（2）掌握判断奇偶性、单调性和比较大小等几种题型，熟练应用指数函数性质解决问题。

教学流程：知识梳理——→学生回答，教师点评、总结——→例题精讲——→练习——→总结（学生总结，教师补充）——→布置作业（必做和选做）。

达成策略：通过学生自主完成知识梳理，回答相关问题，教师检验并促使学生掌握指数函数相关的基本概念和基础知识；教师精讲例题，学生帮助学生梳理答题思路，学生针对训练，训练答题思维，掌握答题方法。

评价措施：课堂表现和课后作业。

复习课：对数与对数函数（第 2 课时）

学习目标：（1）进一步熟悉对数运算、对数函数图像和性质，构建知识网络；（2）掌握判断奇偶性、单调性和比较大小等几种题型，熟练应用对数函数性质解决问题。

教学流程：知识梳理——→学生回答，教师点评、总结——→例题精讲——→练习——→总结（学生总结，教师补充）——→布置作业（必做和选做）。

达成策略：通过学生自主完成知识梳理，回答相关问题，教师检验并促使学生掌握对数函数相关的基本概念和基础知识；教师精讲例题，帮助学生梳理答题思路，学生针对训练，训练答题思维，掌握答题方法。

评价措施：课堂表现和课后作业。

复习课：幂函数（第 3 课时）

学习目标：（1）进一步熟悉幂函数图像和性质，构建知识网络；（2）能解决比较与幂函数有关比较大小问题，以及函数图像问题。

教学流程：知识梳理——→学生回答，教师点评、总结——→例题精讲——→练习——→总结（学生总结，教师补充）——→布置作业（必做和选做）。

达成策略：通过学生自主完成知识梳理，回答相关问题，教师检验并促使学生掌握幂数函数相关的基本概念和基础知识；教师精讲例题，帮助学生梳理答题思路，学生针对训练，训练答题思维，掌握答题方法。

评价措施：课堂表现和课后作业。

通过章节三研，我对课标关于《基本初等函数（I）》这一章节的要求有了更深刻的认识，对教材有了自己新的看法，并对其进行了整合，对《基本初等函数（I）》内容有了整体的把握和清晰的教学思路。

英语冀教版九年级全一册 "Unit 1 Stay healthy"

北京市第八十中学雄安校区 李丹

我要研说的是英语冀教版九年级全一册第一单元"Stay healthy"。我要从研教材、研目标、研实施三个方面进行研说。本套教材按单元安排教学内容，每一个单元设置一个功能话题。单元内的六课既围绕话题展开又相对独立成篇，构成一个有机的单元整体。我们应该整体把握教材中的每一个单元，统筹安排整个单元的教学内容，正确把握单元内各课之间的联系，合理安排各课的教学内容，科学分解单元内的教学重点和难点，突出单元内各课时的特点，形成以听、说、读、看、写为各自侧重点的不同类型的课堂教学形式，促进学生的整体发展。

一、研教材

（一）编排体例

第一单元一共有六节新授课和一节复习课，新授课分别是："Lesson 1 What's wrong, Danny?""Lesson 2 A visit to the dentist""Lesson 3 Good food, good health""Lesson 4 Don't smoke, please""Lesson 5 Jane's lucky life""Lesson 6 Stay away from the hospital"。新授课的编排是 Think about it，正文部分和 Let's do it 三个环节。复习课分为词汇、语法运用、听说练习、汇总及歌曲。

（二）核心知识及知识结构

一册书框架：本册书共 10 个单元，共 60 课（每单元 6 课），每课由两部分组成，左面是内容丰富的课文，右侧是各种形式的活动。课文内容围绕单元话题，以主要人物的活动为主线展开。

本单元是围绕如何保持健康和看医生为话题的。话题分别是"出什么事了，丹尼？""去看牙医""好的食物，好的健康""禁止吸烟""Jane 的幸运生活""远离医院"。随着单元学习内容的逐步推进，学生对"健康"这一话题的认识也会越来越深入，这就确定了单元学习目标的基础。

本单元有以下句型。询问某人病情：What's wrong? What's the matter? How are you feeling?

描述病情：I have got a pain here. I am feeling much better.

谈论健康：They help you grow and stay healthy.

词汇包括书中四会单词：stomach regret pale examination pain pardon refuse

生病的名词：fever toothache

认读单词：vitamin mineral fibre calcium

相关词组：regret doing, have a fever, stay away from, be rich in, have no choice but to

本单元的语法为情态动词 need 和 should 的用法。

二、研目标

（一）课程目标

英语课程承担着培养学生基本英语素养和发展学生思维能力的任务。强调学习过程，重视语言学习的实践性和应用性，主张学生在语境中接触、体会和理解真实语言。义务教育阶段英语课程的总目标是通过英语学习使学生形成初步的综合语言运用能力，促进心智发展，提高综合人文素养。综合语言运用能力的形成建立在语言技能、语言知识、情感态度、学习策略和文化意识等方面整体发展的基础之上。语言技能和语言知识是综合语言运用能力的基础；文化意识有利于正确地理解语言和得体地使用语言；有效的学习策略有利于提高学习效率和发展自主学习能力；积极的情感态度有利于促进主动学习和持续发展。这五个方面相辅相成，共同促进学生综合语言运用能力的形成与发展。义务教育阶段英语课程各个级别的目标是指学生在语言技能、语言知识、情感态度、学习策略和文化意识五个方面应达到的综合行为表现。

九年级学生应达到五级目标。在本学年结束时，同学们能有较明确的英语学习动机、积极主动的学习态度和自信心。能听懂有关熟悉话题的陈述并参与讨论。能就日常生活的相关话题与他人交换信息并陈述自己的意见。能读懂相应水平的读物和报纸、杂志，克服生词障碍，理解大意。能根据阅读目的运用适当的阅读策略。能根据提示独立起草和修改小作文。能与他人合作，解决问题并报告结果，共同完成学习任务。能对自己的学习进行评价，总结学习方法。能利用多种教育资源进行学习。进一步增强对文化差异的理解与认识。

（二）学情分析

本单元是围绕如何看医生、保持健康为话题的。本单元为本册书的新授单元的第一个单元。本单元六课都是围绕如何保持健康展开的。学生们在七年级下册"Unit 7 Sports and Good health"接触过本话题，但是所使用的语言和结构都比较简单。班里的学生能够简单描述怎样保持健康这一话题，但语言中的错误很多，仍需要进一步改进；词汇的运用不够丰富，需要一定的补充。有接近半数的学生对于情态动词 need 和 should 存在应用上的困难，需要进一步体会、学习和运用。

（三）单元目标

通过本单元的学习，学生能够掌握以下技能。

（1）能听说读写本单元的 29 个四会单词和相应的疾病名词，并能进行描述；

（2）能梳理出描述各种看医生的交际用语，并能在实际情境中应用；

（3）能够正确流利地朗读课文，能就重点句型进行替换练习，并能够根据课文框架进行与生活实际相关的拓展和应用的口语练习；

（4）够通过总结归纳 should 和 need 的用法来形成自己的学习策略；

（5）使学生能够将所学到的知识运用于真实的生活场景中，具有一定的社会交际意识，引导学生关注生活，培养学生热爱生活的美好品质。

（四）中考考题分析

（2019 安徽）The designer has tried every possible way to make the robot light, so you _____ worry about its weight.

A. must   B. may   C. can't   D. needn't

（2019 青岛）As middle school students, we _____ follow the public rules wherever we go.

A. would   B. should   C. might   D. could

中考试题对于情态动词 need 和 should 的考察通常放在真实的语境中，以单项选择的形式出现。

分析河北近 10 年中考真题的书面表达可知，针对"健康"这一话题在中考中出现频率较高，常见的命题角度为谈论健康饮食以及如何保持健康等。

三、研实施

（一）单元创新思路

按主题呈现内容是学习者体验主题性经验的好办法，主题试教学强调把语言知识和学科知识相结合，将重点从教学语言本身转变为通过学习学科知识来提高目标语言能力。

（二）课型及课时分配

本单元设七个课时，六节新授课和一节复习课。新授课分别是"Lesson 1 What's wrong, Danny?""Lesson 2 A visit to the dentist""Lesson 3 Good food, good health""Lesson 4 Don't smoke, please""Lesson 5 Jane's lucky life""Lesson 6 Stay away from the hospital"

（三）分课时设计

第一课时：描述病情及看医生

（1）能够通过师生说、生生说和自主听读体验交际式英语教学的一般过程，掌握英语、说听的基本方法；

（2）能够通过小组对话练习，体验合作学习的过程和方法；

（3）能够仔细倾听老师和同学的发言，有语言表达和与同学交流的愿望。

第二课时：看牙医

(1) 以学生感兴趣的问题开始新课，吸引学生的兴趣；

(2) 帮助学生创设情境编演一个看牙医的小对话，让他们两人一组模仿编演。

第三课时：好的食物，好的健康

(1) 头脑风暴，复习各类食物名词；

(2) 通过提问，转述所学知识；

(3) 拓展阅读，了解不同食物；

(4) 独立完成阅读，合作完成思维图，提炼信息尝试表达。

第四课时：请不要吸烟

(1) 阅读题目，了解文章主旨及结构；

(2) 合作理解文章；

(3) 独立完成阅读，合作完成思维图，提炼信息尝试表达。

第五课时：Jane's lucky life

(1) 用假设的条件句引导学生循序渐进，顺利进入阅读课文；

(2) 学生能迅速找到文章的中心句提高阅读能力；

(3) 学生讨论，做口头报告；

(4) 给足学生阅读与思考的时间。

第六课时：远离医院

(1) 阅读题目，了解文章主旨及结构；

(2) 通过简单的对话导入本课要学习的内容；

(3) 在小组活动中与其他同学积极配合完成学习活动，培养学生热爱生活、热爱学习的积极情感。

第七课时：单元复习

(1) 创设真实情境，采用接近生活的各种语境；

(2) 任务型教学途径；

(3) 小组合作复习，提高复习效率。

(四) 典型课例教学设计

Lesson 1

【教学目标】

（1）能在合适的情境中使用 stomach, regret doing, have a fever, pale, examination, pardon, take an X-ray 等单词短语；

（2）能够运用所学知识就看医生的话题进行对话，训练学生听说读看写的技能；

（3）能梳理出描述各种看医生的交际用语，并能在实际情境中应用。

【教学重点】

学习本课就医词汇和用语，并能够适时加以运用。

【教学难点】

学生能够根据所学知识生成新对话。

【教学过程】

Class opening

T: Good morning, class. Would you like to listen to a song? The song I will play is very easy. You can sing along with it and point to your body parts.

用一首英语歌曲活跃课堂气氛，让学生在欣赏歌曲的同时，复习身体部位的单词和就医用语。(Doctor, Doctor)（歌曲用时2分钟）

图1

T: Is it interesting? Yes. Poor boy! He has to go to see a doctor. When you don't feel well, what do you usually do? (Think About It)

T: Today, your friend Danny has to see a doctor, too. Listen: What's wrong with Danny?（出示课题）

学生听一小段录音，回答问题。

（1）Reading

T：Danny's stomach hurts. But do you know why? OK. Read the dialogue quickly and try to find the answers of the four questions. （出示问题 Let's Do It Ex. 1）

Ex.1 Read and answer:

1. Why does Danny wake up his parents early in the morning?

2. What does Danny regret doing?

3. How do they get to the hospital?

4. What does Dr. Ling ask Danny to do?

图 2

学生快速默读课文，找出问题答案。

（2）Listening and reading

T：I'll show you a video to help you understand the dialogue. Pay attention to the new words and expressions while watching. （播放视频）

图 3

学生观看教学光盘中的视频，充分理解本课对话的意思，并注意新单词和结构的运用。

T：Listen to the recording. Read aloud with it. Please do your best to imitate the pronunciation and intonation. （播放录音）

学生听录音跟读，注意模仿录音中的语音语调。

(3) Role-play

T：Now, class. We can divide the whole dialogue into two sections——at home and in the hospital. Focus on Section.

Let's role-play. Get into groups of four. Each group member will take one role. You may use your imagination to create. OK, practice.

学生四人一组分角色练习对话，重点是在医院的场景，学生可以创新，然后呈现出来。

(4) Summary

T：When you see a doctor, what may the doctor ask? What may you answer? What may the doctor reply?

The doctor may ask:	You may tell the doctor:	The doctor may say:
What's the matter?	I have a stomachache.	Don't worry.
What's wrong?	I have a fever.	It's going to be OK.
How are you feeling?	I've got a pain here.	It's nothing serious.
Are you OK?	I feel sick.	You need to take an X-ray.
You sound like you have a cold.	My throat hurts.	You need to stay in the hospital.
…	I have a bad cough.	…
	…	

图 4

学生在教师指导下总结本课所学的重点知识（就医用语），并结合以前所学知识进行拓展。

(5) Enhancement

T：Look at these pictures. Work in pairs. Please make up a dialogue. One person can be the doctor, and the other can be the patient. You can use the expressions we summed up.

图 5

学生利用图片提供的情境，两人一组进行编对话练习，运用所学知识生成新的对话，然后呈现。

(6) Listening

T: Let's listen to another story. It's about a sick woman. Listen and tick the correct answers.

Ex.2 Listen to the dialogue and tick the correct answers.

1. What's wrong with the woman?
  □ She has a high fever.　☑ She has a cold.
2. Did the medicine help her get well?
  □ Yes, it did.　☑ No, it didn't.
3. What advice did the man give to the woman?
  ☑ She should go to see the doctor.
  □ She should try other medicine.

学生听录音，完成 Let's Do It Ex. 2。

（7）Homework

T：Write a passage. Retell the story about Danny. Remember to use the new words and phrases, and the Simple Past Tense. At the same time we can also take a lesson from Danny. Don't eat too much. Another piece of work, write a letter to Danny. Give him some good advice to stay healthy. I think he will thank you.

【板书设计】

Lesson1　What's Wrong, Danny?

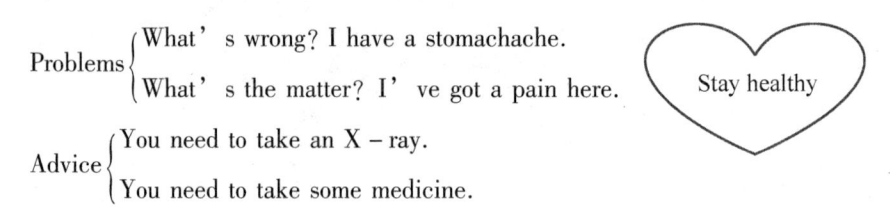

Problems $\begin{cases} \text{What's wrong? I have a stomachache.} \\ \text{What's the matter? I've got a pain here.} \end{cases}$　　Stay healthy

Advice $\begin{cases} \text{You need to take an X-ray.} \\ \text{You need to take some medicine.} \end{cases}$

语言是一门综合性和实践性很强的学科，单元整体教学并非仅仅局限在单元是教学的单位，它强调知识的整体性，它根据学生的实际基础、认知水平和接受速度，本着发展性、拓展性、科学性、思想性、趣味性、灵活性和开放性原则，适当地改编、调整教学内容、步骤和方法，最终实现学以致用的目的。

数学人教版七上 "第二章 整式的加减"

北京第八十中学雄安校区　田　彦

我研究的教材内容是数学人教版七年级上册第二章"整式的加减",分别从研章节教材、研章节目标、研章节教学实施三方面进行。

一、研章节教材

从章节编排体制、章节知识内容结构、章节知识立体整合三部分予以阐述。

（一）章节编排体制

1. 结构编排分析

人教版教材,每章节编排结构精细。其中章前图和引言是全章的序曲,是全章内容的引导性材料,能使学生了解本章的主要内容、主要思想方法和学习方法；在正文部分,教材以案例引入,设置了"思考""探究""归纳"等栏目,栏目中间以问题、留白或填空的形式引导学生,正文的旁边还设置了"小贴士"和"云朵"；练习和习题是对新知识的一个巩固和延伸；在节的安排上,体制结构精细,分为若干小节,并且分"阅读与思考""观察与猜想""实验与探究""信息技术应用"等选学栏目和数学活动的安排,使学生对教材相关内容能有更加深入的认识；对于"小结"的安排,教材包括"知识结构图"和"回顾与思考"两部分,让学生在宏观上对全章有更清晰的了解；复习题,教材分复习巩固、综合运用、拓广探索三个维度,能分类分层体现知识的应用性。

2. 内容编排分析

（1）强调了与实际问题的联系，充分地让学生感觉到整式的出现是为了解决实际问题的需要。因此编者在引言部分以青藏铁路为背景，根据路程、速度和时间的关系设计了 3 个问题。其中第 1 个问题是为引出"单项式"的概念而设计的，第 2 个问题是为了引出"同类项"及"合并同类项"而设计的，第 3 个问题是为了引出"去括号"而设计的。

（2）缩小了篇幅。旧人教版教材及华东版教材在讲"单项式"及"多项式"之前，先安排了"用字母表示数""列式表示数量关系"和"求代数式的值"。但新人教版教材却没有，而是将这些内容分散到后面的知识点教学中去处理了。

（3）突出了"数式通性"。编者试图通过教材告诉师生，要利用"类比"的方法来研究整式的加减运算法则。例如，在"合并同类项"讨论中，编者安排了一个"探究"，探究第一个问题是要学生利用乘法分配律计算：$100 \times 2 + 252 \times 2 = ? 100 \times (-2) + 252 \times (-2) = ?$ 第二个问题是计算 $100t + 252t = ?$ 很明显，编者试图让学生通过与数的运算作类比，引出合并同类项的方法。让学生知道：合并同类项的依据就是分配律，甚至所有在数的运算中成立的运算律和法则，在式的运算中都适用。

（4）加大了探究空间，便于发展学生的思维能力。为此，教材在正文专门设置了"思考""探究"和"归纳"的栏目，期望通过学生自主思考、主动探究归纳出数学结论。例如，对于本章的两个主要概念"单项式"与"多项式"，教材改变了以往直接给出概念的做法，设计了一个由学生探究得出结论的过程。再如，学习合并同类项时，教材强调类比数的运算来研究式的运算。对学生来说，这个类比过程是充满挑战的，是培养学生创造能力的好素材，因此教材通过设置"探究"栏目，将这个类比的过程留给学生，让学生通过探究，找到数的运算和式的运算的相同之处，从而类比得到合并同类项的方法，也理解了合并同类项的依据就是乘法分配律。

此外，教材还在本章最后安排了一个"数学活动"的专栏，为学生提供了更多的探究空间。

(二) 章节知识内容结构

"整式的加减"是在学生学习了有理数、用字母表示数和代数式等知识的基础上安排的。该章属于《义务教育数学课程标准（2011年版)》（以下简称《课标》）中的"数与代数"部分，其主要内容包括整式、单项式、多项式；合并同类项；去括号；整式的加减运算等。这些内容既是对有理数的概括与抽象，又是后继学习整式的乘除、分式和根式的运算、方程、函数等知识的基础，还是学习物理、化学等学科及其他科学技术不可缺少的工具。

整式的加减实际上是对整式施行两种重要的恒等变形：一种是合并同类项，另一种是去括号。整式的恒等变形是数学中符号运算的基础，是解方程的工具，在后面将要学习的代数知识几乎都与本章内容有关。另外本章也是培养和发展学生符号意识的重要素材。因此，加强对这一章的教学意义重大。本文以人教版数学七年级上册第二章"整式的加减"为例，就本章的教材分析、学情分析及教学建议做一下探讨，以帮助教师更加有效地引导学生学习本章内容。

1. 本章的知识结构

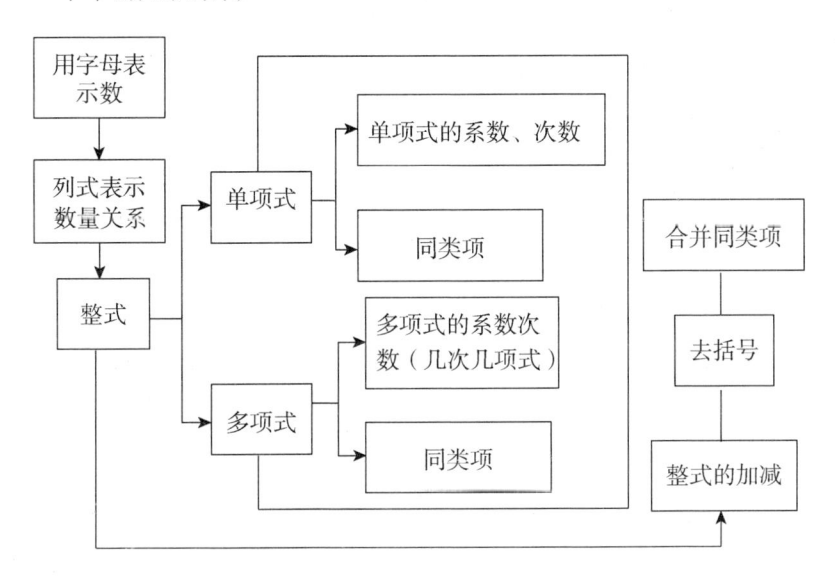

2. 内容简析

本章内容分为两节，第一节主要学习了整式、单项式及多项式的概念；

第二节首先在比较多个单项式的基础上概括出了同类项的概念，然后结合具体实例学习了合并同类项和去括号的方法，并学习整式的加减。有了前边内容作基础，学习整式的加减时难度不大，可留出足够的时间让学生进行练习。通过练习整式的加减，巩固和提高了对基础内容的学习。

3. 本章的重点、难点和教学关键

教学重点是合并同类项。教学难点有二：一是合并同类项，合并同类项是整式加减的基础，整式的加减主要是通过合并同类项达到把整式化简的目的；二是去括号，去括号是多项式的一种恒等变形，教学中要指导学生根据去括号的法则进行。掌握法则的关键是把括号与括号前面的符号看成统一体，不能拆开，对于这一点，应结合例题进行强调。学好整式加减的关键是使学生明确整式加减的作用是把整式化简，化简的主要方法是合并多项式中的同类项，而在合并同类项的过程中，会出现有理数省略加号的和，还要运用有理数的有关运算律等，所以教学中要引导学生弄清算理，要有针对性地加强练习，使学生能熟练地运用合并同类项的法则进行化简运算。

（三）章节知识立体整合

本章内容属于《课标》中的"数与式"领域，是"数与代数"领域的重要内容，本章内容的编写是在学生已有的字母表示数以及有理数运算的基础上展开的。整式的加减运算是学习后继知识的基础，是学习下一章"一元一次方程"的直接基础，也是以后学习分式和根式运算、方程以及函数等知识的基础。

二、研章节目标

（一）课程目标

1. "数与代数"课程内容的总目标

（1）知识技能：经历数与代数的抽象、运算与建模的过程，掌握数与代数的基础知识与技能。

（2）数学思考：建立数感和符号感，发展抽象思维、推理和运算能力，并能清晰地阐述观点。

（3）问题解决：初步学会在具体的情境中从数学的角度发现问题和提出

问题,并综合运用数学知识和方法等解决简单的实际问题,增强应用意识,提高实践能力。

(4)情感态度:积极参与数学活动,对数学有好奇心和求知欲。

2. 第三学段(7~9年级)"数与代数"课程内容的学段目标

(1)知识技能:体验从具体情境中抽象出数学符号的过程,理解代数式、方程、不等式、函数;掌握必要的运算(包括估算)技能;探索具体问题中的数量关系和变化规律,掌握用代数式、方程、不等式、函数进行表述的方法。

(2)数学思考:通过用代数式、方程、不等式、函数等表述数量关系的过程,体会模型的思想,建立符号意识。

(3)问题解决:初步学会在具体的情境中从数学的角度发现问题和提出问题,并综合运用数学知识和方法等解决简单的实际问题,增强应用意识,提高实践能力。

(4)情感态度:积极参与数学活动,对数学有好奇心和求知欲。

(二)本章目标分析(数与代数)

1. 七年级"数与代数"课程内容的目标

(1)知识技能:体验从具体情境中抽象出数学符号的过程,理解代数式;掌握必要的运算(包括估算)技能;探索具体问题中的数量关系和变化规律,掌握用代数式、方程进行表述的方法。

(2)数学思考:通过用代数式、方程等表述数量关系的过程,体会模型的思想,建立符号意识。

(3)问题解决:初步学会在具体的情境中从数学的角度发现问题和提出问题,并综合运用数学知识和方法等解决简单的实际问题,增强应用意识,提高实践能力。

(4)情感态度:积极参与数学活动,对数学有好奇心和求知欲。

2. 本章目标

根据以上对课程总目标、学段目标、七上目标的分析,确定本章目标为:

(1)知识技能:在具体的情境中了解整式、单项式、多项式以及它们的有关概念；理解同类项及其合并同类项的意义，会去括号；会进行整式的加减运算。

（2）数学思考：进一步体会用代数式刻画事物间相互关系的数学方法；通过实际问题及乘法分配律解释合并同类项；通过合并同类项、去括号法则的运用，感受数学的严谨性和条理性。

（3）解决问题：能通过具体问题发现合并同类项、去括号等问题的必要性；在合并同类项法则的探索中，既能借助图形的直观又能运用运算律，从不同的角度处理和解决问题；能用文字、字母清楚地表达去括号与整式加减法则的过程。

（4）情感与态度：积极参与合并同类项、去括号问题的探索活动；在运用整式的加减解决数学及现实问题的过程中，体验数学符号既是解决数学问题又是描述现实世界的有力工具；认识通过观察、归纳、类比、推断可以获得数学猜想，体验在参与数学活动的过程中充满着探索性与创造性。

从以上的描述可以看出，教科书对目标的要求不只停留在知识技能方面，还特别注重了让学生参与数学活动的过程性方面。注重了数学应用意识的形成和培养，将教学目标的实现有机地融入精心设计的情境中、过程中和应用中。所以说上述目标涵盖了数学课程目标的各个维度，体现了《课标》的目标要求和价值追求。

（三）学情分析

（1）知识掌握上，七年级学生刚刚学习有理数，对有理数的混合运算掌握得不一定很熟练，许多学生容易造成合并同类项的运算错误。

（2）学生对同类项概念和去括号法则掌握得不好，容易造成去括号时的符号和分配律的应用上出错的现象，所以教学中教师应予以简单明白、深入浅出的分析。

（3）从学生的思维特征和生理特征来看，七年级学生有好动性，注意力易分散，爱发表见解，希望得到老师的表扬等特点，所以在教学中应抓住学生这一生理、心理特点，一方面要运用直观生动的生活实例，引发学生的兴趣，使他们的注意力始终集中在课堂上；另一方面要创造条件和机会，让学生发表见解，发挥学生学习的主动性。

(4) 心理上，学生对数学课的兴趣，老师应抓住这有利因素，引导学生认识到数学课的科学性，学好数学有利于其他学科的学习以及学科知识的渗透性。

(四) 考试分析

1. 考题类型及解题策略

(1) 类型一：用字母表示数量关系。

解题策略：用字母表示数量关系，关键是理解题意，抓住关键词句，再用适当的式子表达出来。

(2) 类型二：整式的概念。

解题策略：判断是不是整式，关键是了解整式的概念，注意整式与等式、不等式的区别，等式含有等号，不等式含有不等号，而整式不能含有这些符号。

(3) 类型三：同类项。

解题策略：解决此类问题的关键是明确同类项定义，即字母相同且相同字母的指数相同，要注意同类项与系数的大小没有关系。

(4) 类型四：整式的加减。

解题策略：按去括号的法则进行计算，括号前面是"－"号，把括号和它前面的"－"号去掉，括号里各项都改变符号。

求代数式的值的第一步是"代入"，即用数值替代整式里的字母；第二步是"求值"，即按整式中指明的运算，计算出结果。应注意的问题是：当整式中有同类项时，应先合并同类项化简原式，再代入求值。

(5) 类型五：整体思想的应用。

解题策略：整体思想就是在考虑问题时，不着眼于它的局部特征，而是将具有共同特征的某一项或某一类看成一个整体的数学思想方法。运用这种方法应从宏观上进行分析，抓住问题的整体结构和本质特征，全面关注条件和结论，加以研究、解决，使问题简单化。在中考中该思想方法比较常见，尤其在化简题中经常用到。

(6) 类型六：综合应用。

解题策略：解答此类题目一定要弄清题意，明确题目的条件和所求，当题目中的条件或所求发生了变化时，解题的方法也会有相应的变化。

2. 考题分值

填空选择形式，3 分；解答题计算题形式，8 分。

三、研章节教学实施

（一）整章创新教学设计思路

1. 本章主要内容

（1）理解单项式、多项式、整式等概念，弄清它们之间的区别与联系。

（2）理解同类项概念，掌握合并同类项的方法，掌握去括号时符号变化规律，能正确地进行同类项的合并和去括号。在准确判断、正确合并同类项的基础上，进行整式的加减运算。

（3）理解整式中的字母表示数，整式的加减运算建立在数的运算基础上，理解合并同类项、去括号的依据是分配律；理解数的运算律和运算性质在整式的加减运算中仍然成立。

（4）能够分析实际问题中的数量关系，并用含有字母的式子表示出来。

2. 教学重、难点及关键

重点：合并同类项和去括号。

难点：列代数式表示实际问题中的数量关系和整式加减运算。

关键：理解"数式通性"。

3. 注意问题及教学方法

（1）注意与小学相关内容的衔接，解决好"用字母表示数"的问题。

（2）加强与实际的联系。无论是概念的引出还是运算法则的探讨都是围绕实际问题展开的。让学生体会整式的概念和加减运算源于实际，是实际的需要；同时让学生理解整式及加减运算在解决实际问题中的作用，更重要的是通过列整式表示实际问题中的数量关系为后面的列方程和函数做必要的准备。

（3）类比"数"学习"式"，加强知识的内在联系，注重数学思想方法的渗透。

（4）留给学生探索的时间和空间，发展思维能力。

（二）整章课型及课时分配

1. 主要课型及基本流程

新授课基本流程：情境导入——探索新知——展示交流——新知归纳——课堂检测——总结反思。

复习课基本流程：知识点梳理和整合——考点精析——易错点精析——课堂检测——总结反思。

2. 课时安排

2.1 整式　　　　　　3课时

2.2 整式的加减　　　4课时

数学活动　　　　　　1~3课时

小结　　　　　　　　约1~3课时

学生基础较差的情况下可以适当增加课时，落实步骤，力争落实到位。特别关注数学活动，建议1~3课时。

（三）教学设计（仅以本章第四课时为例）

课题：第四课时 合并同类项

1. 教材分析

本节课选自新人教版数学七年级上册2.2节，是学生进入初中阶段后，在学习了用字母表示数，单项式、多项式以及有理数运算的基础上，对同类项进行合并、探索、研究的一个课题。合并同类项是本章的一个重点，其法则的应用是整式加减的基础，也是以后学习解方程、解不等式的基础。另一方面，这节课与前面所学的知识有千丝万缕的联系。合并同类项的法则是建立在数的运算的基础之上；在合并同类项过程中，要不断运用数的运算。可以说合并同类项是有理数加减运算的延伸与拓广。因此，这节课是一节承上启下的课。

2. 学情分析

七年级学生刚刚跨入少年期，理性思维能力不强，他们在身体发育、知识经验、心理品质方面，依然保留着小学生的天真活泼，对新生事物很感兴趣，具有强烈的好奇心与求知欲，形象直观思维已比较成熟，但抽象思维能力还比较薄弱。于是我根据学情和中小学教材衔接的特点设计了这节课。

3. 教学目标

（1）知识技能：使学生理解多项式中同类项的概念，会识别同类项；使学生掌握合并同类项法则，能进行同类项的合并。

（2）数学思考：在具体的情景中，通过观察、比较、交流等活动认识同类项，了解数学分类的思想，并且能在多项式中准确判断出同类项；在具体情景中，通过探究、交流、反思等活动获得合并同类项的法则，体验探求规律的思想方法。

（3）问题解决：经历概念的形成过程和法则的探究过程，并熟练运用法则进行合并同类项的运算，解决有关数学问题，发展学生应用意识。

（4）情感态度：激发学生的求知欲，培养独立思考和合作交流的能力，让他们享受成功的喜悦。

4. 教学重点、难点

（1）重点：同类项的概念、合并同类项的法则及应用。

（2）难点：正确判断同类项，准确合并同类项。

5. 教学策略

基于本节课内容的特点和七年级学生的心理特征，我在教学中选择引导、探究式的学习模式，与学生建立平等融洽的关系，营造自主探索与合作交流的氛围，共同在探究、观察、练习等活动中运用多媒体来提高教学效率，验证结论，激发学生学习的兴趣。

6. 教学过程

教学环节	教师活动	学生活动	设计意图
情境导入 (4分钟)	[活动1] 问题1： 我们到动物园参观时，发现老虎与老虎关在一个笼子里，鹿与鹿关在另一个笼子里。为何不把老虎与鹿关在同一个笼子里呢？ 问题2： (1) 在日常生活中，你发现还有哪些事物也需要分类？能举出例子吗？如：垃圾、零钱、水果及各种产品分类。对下列水果进行分类： (2) 生活中处处有分类的问题，在数学中也有分类的问题吗？ 有八只小白兔，每只身上都标有一个单项式，你能根据这些单项式的特征将这些小白兔分到不同的房间里吗？（无论你用几个房间） $8n$　$-7a^2b$　$3ab^2$　$2a^2b$ $6xy$　$5n$　$-3xy$　$-ab^2$ A　B　C　D	独立思考并作答	引发和提高学生学习的积极性，启发学生的探索欲望，加强学科联系，并注意联系生活，同时为本课学习做好准备和铺垫
探索新知 (15分钟)	[活动2] 议一议： $8n$ 和 $5n$，$3ab^2$ 和 $-ab^2$，$6xy$ 和 $-3xy$，$-7a^2b$ 和 $2a^2b$ 思考（1）：归为同类需要有什么共同的特征？（引导学生看书，让学生理解同类项的定义。） 概念：所含字母相同，并且相同字母的指数也相同的项，叫作同类项。 注意：同类项与系数无关，与字母的排列顺序也无关；几个常数项也是同类项。 思考（2）：下列各组中的两项是不是同类项？为什么？ 1) ab 与 $3ab$； 2) $2a^2b$ 与 $2ab^2$； 3) $3xy$ 与 $-\dfrac{1}{2}xy$；	自主思考后同桌之间交流，然后回答问题	让学生充分发挥主体作用，从自己的视点去观察、归纳、总结得出同类项的概念

续表

教学环节	教师活动	学生活动	设计意图
探索新知（15分钟）	4）$2a$ 与 $2ab$； 5）-2.1 与 $\frac{3}{4}$； 6）5^3 与 b^3。 [活动3] 如果一个多项式中含有同类项，那么常常把同类项合并起来，使结果得到简化，那么怎样才能把同类项合并起来呢？请同学们思考下面的问题？ 问题（1）： $3ab+5ab=$ _____ 理由是 _____ $-4xy^2+2xy^2=$ _____ 理由是 _____ $-3a+2b=$ _____ 理由是 _____ 问题（2）：不在一起的同类项能否将同类项结合在一起？为什么？ 例如：试化简多项式 $3x^2y-4xy^2-3+5x^2y+2xy^2+5$ 解：$\underline{3x^2y}\ \underline{-4xy^2}\ \underline{-3}\ \underline{+5x^2y}\ \underline{+2xy^2}\ \underline{+5}$——找出 （用不同的标志把同类项标出来！） $=3x^2y+5x^2y-4xy^2+2xy^2-3+5$——加法交换律 $=(3x^2y+5x^2y)+(-4xy^2+2xy^2)+(-3+5)$——加法结合律 $=(3+5)x^2y+(-4+2)xy^2+2$——乘法分配律逆用 $=8x^2y-2xy^2+2$——合并 运用加法交换律和结合律将同类项结合在一起，原多项式的值不变。 合并同类项：把同类项合并成一项就叫作合并同类项 探讨： 合并同类项后，所得项的系数、字母以及字母的指数与合并前各同类项的系数、字母及字母的指数有什么联系？	自主思考并全班分享回答 学生独立思考后填空并回答问题 学生先独立完成后同组交流后，再回答问题	使学生牢固掌握同类项的知识，进一步加强对同类项概念的理解 通过对简单的熟悉的数量运算，激发学生学习合并同类项的欲望，从而较自然地引入本课第二个新内容 分解难度，设计过渡问题，使学生能自然地感受法则的探索过程

续表

教学环节	教师活动	学生活动	设计意图
展示交流（10分钟）	[活动4] 例题：合并下列各式中的同类项： 1）$2a^2b - 3a^2b + \frac{1}{2}a^2b$ 2）$a^3 - a^2b + ab^2 + a^2b - ab^2 + b^3$ 3）$6a^2 - 5b^2 + 2ab + b^2 - 6a^2$ 解： 1）$2a^2b - 3a^2b + \frac{1}{2}a^2b = (2-3+\frac{1}{2})a^2b = -\frac{1}{2}a^2b$ 方法是：①系数：各项系数相加作为新的系数。 ②字母以及字母的指数不变。 2）$\underline{-2a^2b} + 2ab^2 + \underline{a^2b} - ab^2$——找出 $= -2a^2b + a^2b + 2ab^2 - ab^2$ 加法交换律 $= (-2a^2b + a^2b) + (2ab^2 - ab^2)$——加法结合律 $= (-2+1)a^2b + (2-1)ab^2$——乘法分配律逆用 $= -a^2b + ab^2$——合并 3）$6a^2 - 5b^2 + 2ab + b^2 - 6a^2$ $= (6a^2 - 6a^2) + (-5b^2 + b^2) + 2ab$——没有同类项照抄下来 $= -4b^2 + 2ab$ 思考：合并同类项的步骤是怎样？	根据以上探索过程学生先独立完成，在同组交流，最后班内共同更正	以一道例题的训练为桥梁来得出合并同类项的一般步骤。体现新课程中以学生为主，注重学生参与的理念
新知归纳（5分钟）	合并同类项法则： 同类项的系数相加，所得的结果作为系数，字母和字母的指数不变。 合并同类项一般步骤： 1. 找出同类项 2. 交换律 3. 结合律 4. 分配律逆用 5. 合并 注意： 1. 用画线的方法标出各多项式中的同类项，以减少运算的错误。 2. 移项时要带着原来的符号一起移动。 3. 两个同类项的系数互为相反数时，合并同类项，结果为零。如：$-3ab^2 + 3ab^2 = (-3+3)ab^2 = 0 \times ab^2 = 0$。 4. 多项式只有同类项才能合并，不是同类项不能合并。	组内交流后全班分享总结	进一步巩固法则，加深印象

教学环节	教师活动	学生活动	设计意图
课堂检测(8分钟)	[活动5] 一、尝试训练： (1) $3x^3 + x^3$； (2) $xy^2 - \frac{1}{5}xy^2$； (3) $2x - 7y - 5x + 11y - 1$； (4) $4a^2 + 3b^2 + 2ab - 4a^2 - 4b^2$. 二、知识延伸： 已知 $\frac{2}{3}x^{3m}y^3$ 与 $-\frac{1}{4}x^6y^{n+1}$ 是同类项，求 $m.n$ 的值。 三、提高练习： 1. 若 $2a^2b^n + 1$ 与 $-4a^mb^3$ 是同类项，则 $m =$ _____，$n =$ _____； 2. 若 $5xy^2 + axy^2 = -2xy^2$，则 $a =$ _____； 3. 在 $6xy - 3x^2 - 4x^2y - 5yx^2 + x^2$ 中没有同类项的项是_____。	自主完成后,同桌之间互批纠错	通过这一组题的训练，进一步熟悉法则，并查缺补漏
总结反思(3分钟)	[活动6] 1. 谈一谈：通过这节课的学习你学到了什么？ 2. 作业：《数学课时练》P52－53 基础训练。	自主总结后班内分享	理论巩固，提升认识

通过对本章内容的三研研究，发现研究越深入，收获就越多，而且深刻体会到，我们需要研究学习的还有很多，只有这样才能更好地指导自己的教学，今后我会在研究之路上不断前行。

物理人教版九年级全一册
"第十七章 欧姆定律"

北京市第八十中学雄安校区　高海燕

为了避免传统课时教学产生的"只见树木不见森林"的问题，让知识从碎片化走向结构化，以实现落实课程标准、把握教材、精准教学的目的。我借助单元（章节或专题）"三研"体系，对物理人教版九年级全一册"第十七章 欧姆定律"进行了系统研究，随着研究的深入，对本章教学的理解也越来越深刻。

以下我将从三个研究方面，与各位教育同人分享研究成果。

一、研章节教材

（一）编排体例

"人教版"物理每个章节开始之前都附有与所研究的内容相关的章前图和一段简单的引言，能激发学生的兴趣和学习欲望。

每章下面分小节，在每节中一般都设有实验，通过老师展示的"演示"实验，不仅可以激发学生学习兴趣，还可让学生参与实验现象产生的过程，培养学生的观察能力。探究"实验"，让学生自主探究，经历与科学家相同的探究过程，培养学生的探究能力。

每节还设有"想想议议""想想做做"等课堂活动，主要培养学生动手动脑的能力，为学生创设探索和交流的机会。

章节里还安排了"科学世界""小资料""拓展性实验"等栏目，主要对知识进行补充与扩展，能够丰富学生的知识面。此外，还有一些章节末尾设有"STS"栏目，其内容与图片紧扣物理与实际生活、科学技术的联系。

每节课后都设有"动手动脑学物理"的环节，将所学内容进行巩固和延伸，让学生通过亲身实践加深对相关内容的理解和认识，扩大学生的知识面。

每章末都设有"学到了什么"的环节，是对本章知识进行小结，简明扼要，直指要点，让学生对本章所学知识形成一个清晰的轮廓。

本章的编排体例：本章的章首图展示的是彩灯映照下的古镇夜色，这就将生活中司空见惯的现象与物理知识很好地联系了起来，很好地利用了生活中类似的情景，有利于培养学生理论联系实际的科学素养。引言部分引发学生的思考，让学生透过现象看本质，有利于培养学生热爱生活、热爱社会的良好情感与态度。本章安排了两个学生探究"实验"，通过实验探究为第二节奠定基础。"动手动脑学物理"也安排了一定量的科学探究的内容，让学生通过亲身体验，领会科学研究的方法，培养学生的探索精神。"STS"介绍酒精浓度检测仪，目的是把欧姆定律的应用与技术和社会联系起来，体现了"从生活到物理，从物理到社会"的理念。

（二）核心知识及知识结构

电学内容体系，教材首先通过实验了解电压、电流和电阻的物理含义，进一步通过实验探究找到三者的关系，并分析归纳出欧姆定律，接下来介绍了电功、电功率和电热以及与我们生活息息相关的家庭电路，最后，通过学习电生磁、磁生电的规律，体会物理知识对现代生活的应用价值，感受电和磁的内在联系和相互作用。

本章教材的编写是以欧姆定律为主线展开的。第一、二节内容的学习着力在探究能力的培养，主要内容有电流跟电压、电阻的关系，欧姆定律的内容、公式、单位等；第三、四节内容学习着力在提高学生运用所学知识解决实际问题的能力，主要内容是应用欧姆定律测量小灯泡的电阻，应用欧姆定律的知识理解安全用电的道理等。

本章内容结构如下：

探究电流与电压的关系　　　　　　　　　　伏安法测电阻
　　　　　　　　　　　得出规律　欧姆定律　应用　处理串、并联
探究电流与电阻的关系　　　　　　$I = U/R$　　　　电路问题

人教版、北师大版和沪科版三个版本的相同点都是先探究得出电流与电压、电阻的关系，再推导出欧姆定律的内容，然后利用欧姆定律测量导体的电阻，最后利用欧姆定律解决串并联电路的问题。

不同之处：1.解题格式上，沪科版要求写已知、求、解；而其他两个版本没有要求，北师大版要求更全面，既要求写文字说明，又要求写答。2."同一性"人教版没有强调说明，其他两个版本都强调了。3.伏安法测电阻这个实验，沪科版是测工作中的小灯泡的电阻，其他版本是测定值电阻的阻值，并强调多次测量是为了减小误差，把小灯泡电阻放在了习题里，北师大版单独有一节讲特殊方法测电阻。4.人教版没有安排串、并联电路电阻关系的实验，也没有安排理论推导，其他两个版本都给出了串并联电路中总电阻与分电阻的关系式，北师大版还给出了等效电阻的概念。5.沪科版把家庭电路放在了本章最后一节。

（3）学段地位

本章主要内容有：探究电流跟电压、电阻的关系，得出欧姆定律，对导体电阻的测量，欧姆定律在串、并联电路中的应用。本章是第十五章电流和电路、第十六章电压和电阻这两章知识的延伸，电流、电压、电阻这三个概念的建立是探究电流跟电压、电阻的关系的知识基础，正确规范使用电流表和电压表则是研究电流跟电压、电阻的关系的技能基础。

欧姆定律是电学中的基本定律，是进一步学习电学知识和分析电路的基础，是学习电功率、家庭电路等后续章节的必备知识，本章具有承上启下的作用，是电学的重点之一，占据电学的核心地位。

二、研章节目标

（一）课程目标

义务教育物理课程旨在提高学生的科学素质，让学生：

1. 学习终身发展必需的物理基础知识和方法，养成良好的思维习惯，在分析问题和解决问题时尝试运用科学知识和科学研究方法；

2. 经历科学探究过程，具有初步的科学探究能力，乐于参加与科学技术有关的活动，有运用研究方法的意识；

3. 保持探索科学的兴趣与热情，在认识自然的过程中获得成就感，能独立思考、敢于质疑、尊重事实、勇于创新；

4. 关心科学技术的发展，具有环境保护和可持续发展的意识，树立正确的世界观，有振兴中华、将科学服务于人类的使命感与责任感。

"欧姆定律"这一章属于"物理课程标准"中科学内容的第三个主题"能量"，是该主题下的第四个二级主题"电磁能"中的一部分内容。本章《课标》要求：知道电压、电流和电阻。通过实验，探究电流与电压、电阻的关系。理解欧姆定律。

随着《中国学生发展核心素养》的发布，教育进入了"核心素养时代"，在教学中，改变只注重知识传授的教学方式，要以传授知识为载体，着眼于提升学科核心素养，引导学生经历学习过程。物理核心素养主要由物理观念、科学思维、科学探究、科学态度与责任这四个方面的要素构成。从物理学的视角看，形成能量的观念十分重要，本章是让学生形成电磁能的观念。科学思维部分主要通过实验"探究电流与电压、电阻的关系"使学生能够从定性和定量两个方面进行科学推理、找出规律、形成结论，并能解决实际问题；通过总结欧姆定律内容让学生具有使用科学证据的意识，能运用证据对研究的问题进行描述和解释。探究电流与电压、电阻的关系时，以物理知识为载体，以探究、交流和合作为手段，使学生能够发现并提出问题、形成假设，并通过科学方法分析、处理信息，从而得出结论，体验科学探究的乐趣，培养实事求是的科学态度。通过引入小组学习的活动方式，利用小组间的交流与合作使每个参与者的智慧都被集体共享，有利于增强学生的协同意识与合作精神。

(二) 学情分析

1. 绝大部分学生能正确连接实物图，正确使用电流表、电压表和滑动变阻器，少数能画出正确的电路图，对于控制变量的研究方法也有所了解，落实了核心素养中的科学探究能力的培养。

2. 学生已了解了电流、电压、电阻的概念，具备了学习欧姆定律的基础知识和基本技能。但对电流与电压、电阻之间的联系，认识是浅显的、不完整的，没有上升到理性认识，没有形成科学的体系。

3. 这个阶段的孩子们具有了一定的合作探究能力，也对探究充满了渴望，学习的积极性很高。

4. 动态电路和电路故障问题是初中物理电学知识中比较难的一类问题，大部分同学分析电路时条理不清晰，缺乏逻辑性，需要在方法上和思维习惯方面加以合理的指导。

（三）章节目标

根据课程标准、学情分析确定了本章的学习目标：

知识与技能

1. 通过实验探究电流与电压、电阻的关系，理解欧姆定律。

2. 会使用欧姆定律公式及其变形公式进行简单的计算。

3. 知道用电压表和电流表测电阻的原理，会用伏安法测导体电阻。

4. 通过使用滑动变阻器，进一步理解滑动变阻器在电路中的作用，巩固滑动变阻器的正确使用方法。

5. 能根据欧姆定律以及电路的特点，得出串、并联电路中电阻的关系。

过程与方法

1. 通过探究过程，进一步领悟用"控制变量法"来研究物理问题的科学方法。

2. 通过实验、分析和探索过程，提高根据实验数据归纳物理规律的能力，学会用图像研究物理问题。

3. 通过测量小灯泡的电阻，了解欧姆定律的应用。

4. 通过学生根据实验目的选择器材、设计实验、设计实验表格、分析论证、感悟科学方法，培养学生的实验能力。

情感态度与价值观

1. 通过探究过程，激发学生的学习兴趣。

2. 通过学生自己的设计、操作、结论的分析，培养学生实事求是、尊重自然规律的科学态度和周密、严谨的科学思维方法，养成良好的学习习惯。

3. 在共同探究的实验过程中，培养同学之间相互协作的团队精神。

（四）近五年中考考情分析

此部分内容是河北中考的重点和难点，也是必考内容，在选择题、实验题、计算题中均有体现，且常以压轴题的形式出现，分值通常在8~12分。

表1

命题点	年份	题型	题号	分值	考查方式及内容
电路图的动态电路分析	2019	多选题	22	3	电表的判断；滑片和多开关的通断引起的电表示数比值、电功率变化分析
	2018	多选题	22	3	滑片移动与开关通断引起的动态电路分析；涉及电表判断、电表示数变化、电功率变化判断
	2017	多选题	22	3	滑片移动与开关通断引起的动态电路分析；涉及电路中电表的判断、电表示数的变化和电表示数变化量的比值变化
	2016	多选题	22	3	滑片和开关引起的动态电路分析；涉及电表示数、电功率变化量比值的变化
实物图的动态电路分析	2015	多选题	22	3	滑片移动与开关通断同时引起的电表示数变化分析；电表示数大小比较；电表示数比值分析
欧姆定律的相关计算	2019	计算题	37	7	多开关与滑动变阻器结合的电路：1. 计算电源电压；2. 根据电表的示数利用欧姆定律计算变阻器接入电路的可能值；3. 利用电表量程和滑动变阻器规格求电路可更换的电源电压最大值。
	2017	计算题	38	7	1. 计算小灯泡正常工作时的电流及电源电压；2. 求定值电阻的取值范围与电压表示数的最大值和最小值（涉及电路安全、极值）

我校学生22题多选题得分普遍偏低，大部分学生会按单选做，但也不能保证选对；34题实验探究题中等学生能拿到3~4分，只有5%的学生能拿

到满分；最后的计算题大部分能拿到1~2分，20%学生3~4分，10%的学生拿到满分。

改进措施：1. 总结出适合本校实际的教学方法和符合本校学生学习的规律，抓"备、教、辅、考、析"各个教学环节的落实，加强集体备课，提倡互相听课、评课，努力营造积极参与、勇于探索、不断进取的氛围，充分发挥各自的特长，优势互补。坚持开展课堂教学有效性的研究，提高课堂教学有效性，注重课堂教学过程，不断学习，大胆改革和创新，全力突破教学的重点、难点。在课堂层面上下功夫，加大课堂的信息量，做到讲练结合。2. 根据实际情况，抓好培优补差教学。优化作业设计，提高作业的时效性。每次作业的设计都要经过反复的讨论，力求使作业的设计体现出层次性、灵活性、趣味性、开放性。加强旧知的复现、恰当凸显重难点，设计形式多样、接近生活、学生乐于接受的物理作业。3. 强化试题研究的意识，把住试题研究的命脉，将试题的研究与制作作为提高课堂教学效率和教学质量的重要举措，努力提高学生的应试能力。4. 加强教学总结、交流与协作，总结教学经验，积极撰写教学论文，多学习新课标理念，注重提高自身素质。

三、研章节实施

（一）本章整体教学设计思路

根据本章内容设计了四个问题：（1）电流、电压和电阻这三个物理量之间的关系并不是孤立存在的，怎样探究电流跟电压、电阻的关系？（2）电流与电压、电阻之间有什么定量关系？（3）你能根据欧姆定律测导体的电阻吗？（4）你能根据欧姆定律得出串、并联电路中电阻的关系吗？围绕这四个问题我把本章教学内容分成了以下四个专题。

专题一：电流与电压、电阻的关系

本专题是一个完整的科学探究过程，让学生经历科学的探究，学习科学猜想、设计实验、设计实验表格、分析论证、感悟科学方法。教材在探究完成后安排了一个"想想议议"，引导学生分析探究（1）的实验数据。既然电阻一定时，导体中的电流跟电压成正比，那么电压与电流的比就是一个常数。引导学生比较这个常数和定值电阻的关系，并进一步引导学生思考这个关系是不是普遍的关系，这可以通过换不同的电阻进行检验。按照这种思路，可以通过实验探究出 $R = U/I$，通过公式变形可以得出 $I = U/R$。

专题二：欧姆定律及其应用

本专题内容由"分析理解欧姆定律内容及表达式"和"欧姆定律简单应用"两部分构成。通过完成上一节"探究电流与电压、电阻关系"的实验任务，根据上节收集的实验数据，让学生分析、归纳、总结出欧姆定律。欧姆定律表达式直接给出，在该公式基础上分析电压、电阻、电流各物理量的单位。通过例题进行公式的简单运用，对于教材提供的两个简单计算例题，要注重解题方法、思路、格式等方面的要求和规范。为扩大学生的知识面，教材通过科学世界"酒精浓度检测仪"培养学生熟练应用欧姆定律分析、解释有关现象的能力。

专题三：电阻的测量

电阻的测量是电学里的一个基本实验，在前两节实验教学的基础上，学生对于所用的实验电路、实验步骤已较熟悉，基本能根据实验原理设计电路图并且能用滑动变阻器来改变待测电阻两端的电压。本实验可以加深对欧姆定律和电阻概念的理解和掌握；也可以给学生提供初中常用电学器材综合使用的机会，有利于学生熟练地掌握电路的连接、电流表和电压表的读数、滑动变阻器的使用等基本技能，从而提高学生动手操作的能力。在教学中，把整节内容分为：设计实验、进行实验与收集证据、分析与讨论三个环节进行。

专题四：欧姆定律在串、并联电路中的应用

课本中所给的两道例题都具有很强的代表性，所以新授时通过讲解清楚并归纳一些解答电学题的方法，充分挖掘例题所蕴含的串、并联电路中的物理规律。同时，教师要注意书写解题格式的规范，以板书示教。利用欧姆定律解决问题要注意：（1）欧姆定律中的 I、U、R 都是指同一导体或同一段电路上对应同一状态下的物理量。（2）欧姆定律的变形公式为 $U = IR$、$R = U/I$。（3）欧姆定律中各物理量的单位必须统一。（4）由于在实际电路中，往往有几个导体，即使是同一导体，在不同时刻的 I、U、R 值也不相同，因此在应用欧姆定律解题时应对同一导体同一时刻的 I、U、R 标上统一的下角标，以避免张冠李戴。

通过每一节课的学习，解决专题中的一个小问题，从局部突破走向整体解决。在探究学习过程中，学生要像科学家一样探索、像科学家一样思考。

（二）动态电路方法指导

动态电路分析是初中物理教学中的一个难点，更是中考内容中的难题，是对电流、电压、电阻以及欧姆定律的深入应用，同时为以后电路故障分析做铺垫，在中考电学部分起到承上启下的作用。

1. 动态电路分为两种形式

（1）由于滑动变阻器滑片的移动引起电路中相关物理量的变化；

（2）由于多个开关中的某个（或某几个）开关的闭合或断开引起的电路变化。

2. 动态电路的一般解题步骤

（1）分析电路的串并联；

（2）确定电表的测量对象；

（3）根据滑片的移动或开关断闭，确定变阻器连入电路中电阻大小变化情况或电路连接情况；

（4）判断电路总电阻变化情况；

（5）根据欧姆定律确定电路中电流变化情况；

（6）根据不变的量判断电表示数变化情况。

3. 中考中最常见的串联滑动变阻器类动态电路

（1）运用欧姆定律进行分析。

滑片滑动——→滑动变阻器阻值变化——→总电阻的变化——→电路中电流的变化——→定值电阻两端的电压的变化。

（2）运用串联分压分析。

滑片滑动——→滑动变阻器阻值变化——→滑动变阻器电压变化——→定值电阻两端的电压的变化。

4. 极值范围相关计算解题步骤

（1）先判断电路的连接情况；

（2）再判断电表的测量对象；

219

（3）列出电表的量程、元件的规格；

（4）最后根据条件依次计算电流表、电压表的取值范围与元件规格进行比较，取三者交集。

（三）分类讨论题的解题思路

（1）运用分类讨论思想解决电路安全问题（极值、范围）是河北近4年来的热点题型，主要会对以下几点进行分类讨论：①电源电压；②滑动变阻器规格；③电阻取值；④电表偏转问题（指针偏转比例问题、电表指针位置、电压电流满偏问题）等。

（2）分类讨论时需要注意：①分类要准确全面；②分析清楚每类情况中电路的连接、各物理量的变化和对应关系；③运用公式计算时，物理量代入时要确保是同一电路、同一时刻；④分类讨论得出结果之后，需要代入题目进行验证。

解这类题的基础就是欧姆定律的内容及串并联电路电压、电流、电阻的规律，所以一定要掌握利用欧姆定律进行计算。①电路判定：弄清用电器的连接方式，电表的测量对象及示数，尽量画出等效电路图。②寻找关系：抓住电路中的已知量、不变量（电源电压、定值电阻）和变化量。③列等量关系式：根据欧姆定律和串并联电路的特点列出等量关系式求解。

（四）课型及课时分配

第一节 电流与电压、电阻的关系：实验课1课时。

第二节 欧姆定律：新授课1课时。

第三节 电阻的测量：实验课2课时。（第1课时：伏安法测电阻；第2课时：特殊方法测电阻。）

第四节 欧姆定律在串并联电路中的应用：新授课2课时。（第1课时：欧姆定律在串并联电路中的应用；第2课时：动态电路。）

四、课例

第二节 欧姆定律

教学目标：

（一）知识与技能

1. 能根据实验探究得到的电流、电压、电阻的关系得出欧姆定律。

2. 理解欧姆定律，记住欧姆定律的公式，并能利用欧姆定律进行简单的计算。

（二）过程与方法

通过计算，学会解电学计算题的一般方法，培养学生的逻辑思维能力，培养学生解答电学计算题的良好习惯。

（三）情感态度与价值观

1. 利用欧姆定律解决简单电学问题，培养学生解答电学问题的良好习惯。

2. 通过了解科学家发明和发现的过程，学习科学家坚韧不拔、探求真理的伟大精神和科学态度，激发学生努力学习的积极性和勇于为科学献身的热情。

教学重点：理解欧姆定律的内容及其表达式、推导式的意义。

教学难点：培养学生运用欧姆定律解决简单实际问题的能力。

教材分析：通过上节课的实验得出了电流与电压、电阻的定量关系，本节教学内容是总结这两个定量关系，结合数学推理、图像等处理这些实验数据，建立和理解欧姆定律，不但要求学生理解欧姆定律的内容及其表达式，还要求会利用欧姆定律来解决一些简单的电路问题，这对学生的逻辑思维的能力要求较高，是本节教学的难点。欧姆定律是电学的基本定律，是进一步学习电学知识和分析电路的基础，是学习电功率、家庭电路等后续章节的必备知识。这部分内容是本学期教学内容的一个重点。

学情分析：学生对电压、电流和电阻有了一定的认识，不过对电流与电压、电阻之间的联系，认识是浅显的、不完整的，没有上升到理性认识，没有形成科学的体系。这个阶段的孩子们具有了一定的合作探究能力，也对探究充满了渴望，学习的积极性很高。

教学过程：

教学环节	教师活动	学生活动	设计意图
复习引入课题（5分钟）	上节课我们探究了电流与电压、电阻的关系，我们的结论有哪两个？ 这个结论其实在18世纪初期时德国的物理学家欧姆就已经通过大量的实验归纳得出了，人们为了纪念他就把这个结论称为"欧姆定律"。这节课我们就来学习欧姆定律	思考并作答： 1. 电阻一定时，电压越大，电流越大 2. 电压一定时，电阻越大，电流越小	温故而知新，引出欧姆定律的内容
新课教学（25分钟）	（一）欧姆定律 1. 内容 我们把两个结论综合在一起就是欧姆定律的内容：导体中的电流，跟导体两端的电压成正比，跟导体的电阻成反比。 2. 提出问题 欧姆定律公式中的单位有什么要求呢？ 给出公式中各个物理量的名称和单位 I——电流——安培（A） U——电压——伏特（V） R——电阻——欧姆（Ω） 3. 对欧姆定律的理解 （1）同一性。 欧姆定律成立的条件：I、U、R对应于同一段导体或同一段电路。 （2）同时性。 在同一部分电路上，由于开关的闭合或断开以及滑片的移动会引起电路的变化，从而导致三个量的变化，所以公式中的三个量是对同一时间而言的。 （3）理解变形公式。 $U=IR$，表示导体两端的电压在数值上等于通过导体的电流和该导体电阻的乘积。但要注意，电压是电路中产生电流的原因，导体两端不加电压时，电流为零，但导体电阻依然存在。因此不能认为电压跟电流成正比，跟电阻也成正比。	让学生思考 理解公式中各个符号的意思和国际单位 认真思考并记忆	注意单位统一：电阻的单位必须用"欧姆"，电压的单位必须用"伏特"，由公式得出的电流单位一定是"安培" 加强对欧姆定律的理解，让学生知道：对于同一个导体或同一部分电路只要知道三个量当中的两个量就可以求出第三个量

续表

教学环节	教师活动	学生活动	设计意图
新课教学（25分钟）	$R=\dfrac{U}{I}$，它表示导体的电阻在数值上等于导体两端的电压跟通过导体的电流的比值。这里要注意的是，导体的电阻是由导体本身的性质决定的，它跟导体两端是否有电压或电压的大小、导体中是否有电流或电流的大小无关。所以，我们不能认为电阻 R 跟电压 U 成正比，跟电流 I 成反比。 4. 课件展示欧姆和欧姆定律的建立 问看了这段片子，有什么感想吗？ （二）欧姆定律的应用 1. 求电流 例题1 一辆汽车的车灯接在 12 V 电源两端，灯丝电阻为 30 Ω，求通过灯丝的电流。 （电路图：灯泡 $R=30\Omega$，$U=12V$） 解：通过这盏电灯的电流： $I = U/R = 12V/30Ω = 0.4$ A 2. 求电压 例题2 一个电烙铁的电阻是 0.1 KΩ，使用时流过的电流是 2.1A，加在电烙铁上的电压是多少？ 3. 求电阻 例题3 如图所示，闭合开关后，电压表的示数为 6 V，电流表的示数为 0.3 A，求电阻 R 的阻值。 （电路图：V、A、R、S） 4. 酒精浓度检测仪	回忆影响电阻大小的因素。理解公式 $R=\dfrac{U}{I}$ 认真观看，发表感言 师生共同归纳解题的格式： 1. 画等效电路图； 2. 写原始公式； 3. 写导出公式； 4. 代数要带单位； 5. 算出结果； 6. 要有答或文字说明 练习本上书写解题过程，同桌互判 阅读"科学世界"	让学生理解：电阻是导体本身的一种性质，它的大小只跟导体的材料、长度、横截面积有关，而跟电阻两端的电压和电流无关 对学生进行情感教育，激发学生的学习热情 通过演示解题过程，展示解题规范 培养学生应用物理知识解决实际问题的能力，巩固欧姆定律。 为下一节电阻测量做铺垫。 扩大知识面

续表

教学环节	教师活动	学生活动	设计意图
小结（5分钟）	请学生小结本节知识	组内交流，总结	回忆巩固本节课知识
当堂反馈（10分钟）	1. 一个定值电阻的阻值是20 Ω，使用时通过的电流是300 mA，能否用量程为3 V的电压表测量其两端的电压？ 2. 某导体两端的电压为4V时，通过它的电流为0.2A，它的电阻是_____；当它两端的电压为6V时，它的电阻是_____，通过它的电流为_____；当它两端的电压为0V时，通过导体的电流是_____，它的电阻是_____。 3. 同学把甲、乙两电阻接入电路，得到两电阻中的电流随电压变化关系图像如图所示．则甲、乙两电阻阻值的大小为 $R_{甲}$_____$R_{乙}$。		查漏补缺

板书设计

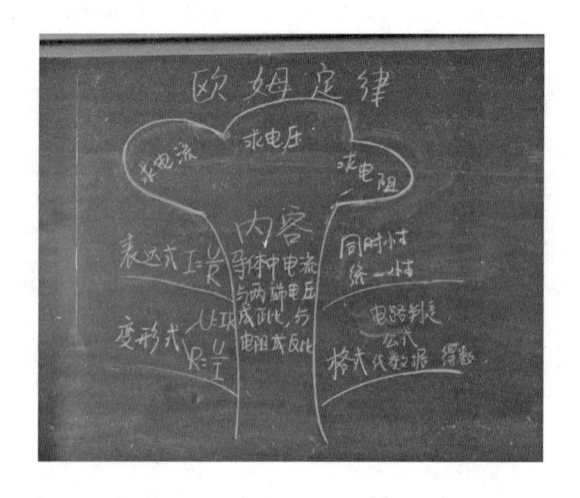

以上便是我课前章节备课的学习与研究成果,很感谢也很珍惜这样研修的机会,既开阔了眼界又在重新审视自己。"随风潜入夜,润物细无声",能力的提升不是一朝一夕的事情,但我相信随着学习的不断深入,教学理念、教学方法会不断提升,还有专家团队的帮助,我一定能潜下心上课、沉下心反思、静下心读书。

第三部分 **03**

| 单篇教学说课 |

历史统编版八上第一单元
"第2课 第二次鸦片战争"

北京市第八十中学雄安校区　梁清

我说课的题目是"第二次鸦片战争"。根据华师教育研究院提供的框架和要求，对于本节课，我将从教材分析、学情分析、教学目标、教学流程、板书设计、创新及得失等方面加以说明。

一、说教材

上好一堂课的前提是做好教材分析，因此，我先来谈一谈对教材的理解。"第二次鸦片战争"是初中历史八年级上册第2课，本课主要讲述了英、法两国在美、俄两国的帮助下阴谋发动第二次鸦片战争，通过战争和中国签订了《天津条约》《北京条约》，同时沙俄侵占了中国北方大片领土。此外，第二次鸦片战争进一步加深了中国半殖民地半封建化的程度，所以在整个近代史上占有重要地位。

课程标准对本课的要求是：简述第二次鸦片战争期间英法联军火烧圆明园、俄国通过不平等条约割占中国北方大片领土的侵略史实。

二、说学情

要想上好一堂历史课，不仅要深入分析教材，还要对学情有深入的把握，接下来谈一下我对学情的认识。本课的授课对象是八年级学生，就学习能力而言，他们掌握了一定的学习历史的能力，如读图识图能力、分析史料的能力、比较归纳的能力、评价历史人物的能力等，在小组合作、交流学习方面，能力有所欠缺；在知识经验方面，这些学生经过一年的历史学习，掌握了一定的历史基础知识，但很薄弱，大多数学生对于历史知识的了解主要源于课本和课上老师补充拓展的内容，学生课余时间查阅资料的途径局限性较大。在心理特征上，他们好动、好表现，特别对新鲜有趣、直观形象的事物有强烈的好奇心。

三、说目标

（一）知识与能力

了解第二次鸦片战争的基本事实；识记《天津条约》《北京条约》的内容；掌握第二次鸦片战争中俄国占领中国北方大片领土的史实；理解第二次鸦片战争对中国的影响。

（二）过程与方法

通过对历史材料的研读和分析，掌握处理历史资料的方法，养成论从史出、史论结合的历史思维；通过小组讨论，提高与人交流合作的能力，提高自主学习、合作学习、探究学习的能力。

（三）情感态度与价值观

认识到第二次鸦片战争是鸦片战争的继续和扩大，其侵略本质并没有改变；通过揭露英法联军在第二次鸦片战争中的罪行，树立不忘国耻、振兴中华的意识。

在教材、学情和教学目标的指导下，我确定了如下教学重难点：

（1）重点：《天津条约》《北京条约》内容；火烧圆明园；俄国侵占我国北方大片领土；第二次鸦片战争的影响。

（2）难点：第二次鸦片战争的影响；第二次鸦片战争是鸦片战争的继续和扩大。

四、说流程

为了完成教学目标，解决教学重点，突破教学难点，课堂教学我准备按以下五个环节展开。

导入	视频导入	3分钟
自主学习	学生自学	8分钟
合作探究	突破重难点	25分钟
本课小结	总结梳理	2分钟
课堂检测	检查学生掌握情况	7分钟

（一）视频导入

请同学们观看《圆明园景观复景观》小视频，并提问：圆明园是什么时候谁损毁的？在哪场战争中损毁的？这场战争的结果如何？今天我们就一起来学习一下。

设计意图：学生很容易被鲜活的历史视频吸引，通过视频给学生强烈的感官刺激，让学生很快地融入历史情景，同时我通过设置思考问题来增加课程悬念，激发学生的学习兴趣，从而进入新课的学习。

（二）自主学习

请同学们独立认真阅读教材 P8～P12，结合自学思考题，做好圈点勾画，时间8分钟。

（1）第二次鸦片战争的根本原因、时间和经过。

（2）《天津条约》与《北京条约》签订的时间、国家和主要内容。

（3）第二次鸦片战争的影响。

设计意图：学生自主学习，通过阅读教材中的文字、图片等，提取相关重要信息，此过程由学生独立完成，希望通过本环节逐步培养学生自学的能力和阅读分析材料提取有效信息的能力。

（三）合作探究

1. 出示《南京条约》《天津条约》《北京条约》内容，分析比较，同《南京条约》相比，第二次鸦片战争列强又获得了哪些特权？

2. 两次鸦片战争的异同。要求：以表格的形式呈现。

学生以历史小组为单位，自由交流、讨论，之后小组代表发言，其他小组可做补充，最后我会加以总结：第二次鸦片战争使中国丧失更多主权，英、法等西方侵略势力由东南沿海一带深入到长江中下游地区，沙俄侵占了中国北方大片领土。中国主权的侵害、割地等方面都比鸦片战争更严重了，因此，第二次鸦片战争使中国半殖民地化进一步加深了。

通过将两次鸦片战争做比较，可得出：从战争的根本原因、性质、影响看，第二次鸦片战争是鸦片战争的继续，但是第二次鸦片战争的危害比鸦片战争更加严重，中国领土遭到极大的破坏，大批口岸开放通商，使外国侵略势力从东南沿海深入到内地，使中国半殖民地化程度进一步加深。因此第二次鸦片战争是鸦片战争的扩大。

设计意图：这部分内容是本节课的难点，通过合作探究的方式可以增强学生的合作意识，拓宽学生的视野，激发学生的深层思维，同时很好地突破本节课的难点。

（四）本课小结

在课堂的最后，我会带领学生对本课所学知识进行总结。

（五）课堂检测

精选试题，通过做题检查学生对本节课内容的掌握情况。

五、说板书

说一下我的板书设计，本节课我采用的是线索式板书，它直观、简洁，能帮助学生构建较完整的知识框架。

板书设计：

第二次鸦片战争
- 起因：进一步打开中国市场，扩大侵略权益
- 时间：1956~1860年
- 经过：1957年攻陷广州，1858年逼迫天津
  1860年火烧圆明园
- 结果：清朝失败，签订《天津条约》《北京条约》
  俄国侵占中国北方大片领土
- 影响：中国半殖民地地化程度进一步加深

六、说创新

（1）教法：启发引导学生思考，运用比较分析法。

（2）学法：自主学习，小组合作。

（3）评价：教师评价与学生互评相结合。

对于课本中较为简单的内容，由学生自学，一方面锻炼了学生的学习能力，另一方面也减轻教师的工作量。对于课本中不太容易理解的内容，通过小组合作探究的方式解决。在这个过程中，运用了比较分析的方法，通过对比两次鸦片战争所签订的条约及危害，得出第二次鸦片战争使中国的半殖民地化程度进一步加深，通过对比两次鸦片战争的异同，得出第二次鸦片战争是鸦片战争的继续和扩大。这样，既能突破本课的难点，又能加强学生的合作探究能力。

在小组合作后的展示交流过程中，既有教师对学生表现的评价，也有学生之间的互评。

七、说得失

（1）成功之处：能够引导学生自主学习一些简单的基础知识，并能够通过问题引发学生思考、讨论，并最终得出结论，有意识地培养学生论从史出、史论结合的思维方式。

（2）不足：拓展延伸得少，课堂评语单一。

（3）解决办法：尽可能多地补充相关知识，扩展学生的知识面；学会捕捉学生在课堂中的闪光点，并加以鼓励。

数学人教版八上第十二章
"12.1 全等三角形"

北京市第八十中学雄安校区 邱质彬

我说课的题目是人教版数学八年级上册第十二章第一节"全等三角形"。下面,我将从教材分析、学情、教学目标、教学流程、板书、创新、得失等几方面对本节课的设计进行说明。

一、教材分析

（一）教材地位和作用

本节课内容为全等三角形,是人教版数学八年级上册第十二章"全等三角形"第一节的内容。这是全章的开篇,也是全等条件的基础,它是继线段、角、相交线与平行线及三角形有关知识之后出现的,通过对本章的学习,可以丰富、加深学生对已知图形的认识,同时为后面学习全等三角形的条件、等腰三角形与轴对称做好铺垫,起着承上启下的作用。

（二）课标要求：理解全等三角形的概念,能正确识别全等三角形中的对应边、对应角。

二、学情分析

（一）心理特点

八年级学生处在智力和心理发展的关键阶段,正值"身心聚变"的"心理性断乳期"。绝大多数学生是勤奋学习要求上进的,但由于他们思想还不够成熟,看问题往往比较片面,他们希望别人把他们当成"大人",需要得到他人的认同和尊重。

（二）知识经验

学生已学过线段、角、相交线、平行线以及三角形的有关知识，初步掌握了简单说理的方法，为学习全等三角形的有关内容做了准备。大部分学生已初步具备一定的观察、猜想、归纳的能力，对于在理解、应用上还须老师帮助的学生，老师给予关照及适当的精神激励，帮助学生树立自信心。

（三）学习能力

绝大部分学生已经初步形成了比较良好的学习习惯，有少数学生学习习惯不够好，课上集中注意力时间不长，容易走神，课后懒散，作业拖拉。总体上，学生学习态度端正，都有好好学习的意愿，分组合作的教学方式有利于提高学习效果。

三、学习目标分析

（一）教学目标和要求

1. 知识与技能

（1）正确识别全等三角形，能指出全等三角形的对应边、对应角；

（2）知道全等三角形的性质，能用符号正确地表示两个三角形全等；

（3）能够运用全等三角形的性质解决简单的问题。

2. 过程与方法

（1）经历三角形全等的构建过程，经历观察、操作、探究、归纳、总结等过程，获得全等三角形的性质和寻找对应边和对应角的方法；

（2）在全等三角形图形变换的实际操作过程中发展学生的空间观念，培养学生的几何直觉。

3. 情感态度与价值观

让学生在观察、发现生活中的全等形和实际操作中获得全等三角形的体验，在探究运用全等三角形性质的过程中感受数学的乐趣。

（二）教学重点

全等三角形的性质及其应用。

(三) 教学难点

能够在全等三角形的图形变换中准确找到对应边、对应角。

解决方法：组织学生参与全等形的分类游戏，通过实物使学生直观地认识全等三角形；多媒体动画演示全等三角形几何变换，如翻折、旋转、平移，直观地识别全等三角形的对应边、对应角。

古人云："授人以鱼，不如授人以渔。"在《全等三角形》的教学中，引导学生动手实践，让学生在操作活动中观察、思考、探究、归纳，学会知识，学会学习。

四、教学流程

一堂课成败的关键，主要是看教学设计的条理与清晰性，我将设计以下几个环节。

（一）创设情景，提出问题（3分钟）

俗语说："兴趣是最好的老师。"我有目的地选取两片枫叶、两片银杏叶，让学生观察比较；再选取两张笑脸、两个八边形，动画演示分别重合；让学生通过观察思考，图形能否完全重合？自然地得出结论："能够完全重合的两个图形叫全等形。"通过全等三角形分类游戏，引出本节课的课题"全等三角形"。

（二）合作交流，探求新知（12分钟）

课题引入后，通过两个三角形的完全重合，引导学生观察、思考、总结出全等三角形的定义。接着介绍全等形符号及其读法，说明表示两个三角形全等时，通常把表示对应顶点的字母写在对应的位置上。

然后，再展示一对全等三角形，介绍全等三角形的对应顶点、对应边、对应角，并引导学生观察思考，分析这三者之间的联系，从而得出全等三角形的性质："全等三角形对应边相等，对应角相等。"

得出全等三角形的性质后，马上趁热打铁，用两个全等三角形6种不同的字母书写顺序，让学生练习填空，检验学生对于"对应"一词的理解，并及时纠正与评价，做好教学中的及时性。在描述两三角形全等时，必须让学生清楚对应的顶点必须写在对应的位置上，注意字母的先后顺序。

接下来的环节，对一组全等三角形进行几何变换：左右平移，上下翻折，顺时针旋转。学生观察讨论，交流图形变换后的对应边、对应角，归纳全等三角形经过平移、翻折、旋转的几何变换后，对应元素的变化规律，初步了解三角形的全等变换图形，为今后学习判定三角形全等打下基础。

（三）理解概念，应用提升（15分钟）

让学生们尝试成功、体验喜悦最好的方式，就是学会应用。

课上例题精选精讲，做到"三不讲"：学生会的不讲，学生没有思考的问题不讲，学生不想问的问题不讲。本节课设计的例题只有一道，已知条件是一个任意的三角形，任务包括三部分：一是全等三角形概念练习，二是全等三角形性质的应用，三是拓展应用题。将一个三角形进行几何变换，分别经过平移、翻折、旋转后，与原三角形构成全等三角形，要求画出图形，用数学语言表示出哪些三角形是全等三角形，并写出对应顶点、对应边和对应角。通过练习，让学生进一步熟悉常见全等三角形的形成方法，以及全等三角形对应要素的对应特征。选取其中一组图形确定一边长、一角大小后，求出对应边、对应角的大小。拓展应用题，提升难度，给学生留有提升空间。例题先由学生根据导学案，独立自主尝试练习，再由教师讲解，规范书写，引领示范，最后学生完成例题。

（四）练习总结，升华新知（12分钟）

一节课学习效果好不好，通过做练习来验收。练习题要有针对性，受课堂时间限制，练习题不宜多，结合近三年中考试题，精选典型练习题。要求学生先独立完成，再小组内评议，组内不能解决的问题组间讨论或与师生讨论。

如果把一堂课比作放风筝的话，那么课堂小结，就是收风筝的线。课堂小结，先由学生自我总结："我学会了什么？""还有什么疑惑？"再分组交流，各抒己见、畅所欲言，让不同的学生学到了不同的数学。最后，通过教师提问，查漏补缺，以回放"电影"的形式进行回顾，构建知识树，让学生在小结中进一步体会到：原来学习是如此有趣，如此简单。

（五）布置作业，巩固新知（3分钟）

作业布置侧重基础，分层次，既要符合教学目标要求，又要让学有余力的学生发散思维，做属于自己的数学。因此，本节作业布置分为 A 类题、B 类题和美图设计。基础型学生完成 A 类题（课本习题1、2、3、4），提升型学生完成 B 类题（课本习题3、4 及提升题），组内合作完成操作题，利用全等三角形设计一个美图并用简明的文字注明美图的主题。

五、板书设计

板书设计意图：用清晰的板书展示所学内容，突出重点，充分发挥学生的主体性，从学习的知识、方法、体验各方面进行归纳。

六、创新设计

教学过程以学生发展为中心，从学生实际生活情境出发，本课以学生熟悉的照片、剪纸导入新课；设置全等三角形分类的游戏，目的是巩固全等三角形的概念，提供现实、有趣、富有挑战性的学习素材；通过图形变换，让学生在学习过程中领会数学思想方法；布置实践作业美图设计，培养学生的动手能力和创新能力。

七、教学得与失

一节课的设计，经过研磨，还有提升的空间，感觉有得有失。

首先，顺利完成了学习目标，基本做到了预设与生成的统一；其次，紧扣知识点，选取实例贴近生活，有利于培养学生学习兴趣；再次，注重了四维目标的协调落实，强调了知识与技能的和谐统一；最后，努力践行了"我校"教学模式，注重引导学生自主、合作、探究性学习。

不足之处及改进措施：

不足之处	改进措施
班级容量大，学生人数多，学生展示形式略显单调	需要加强集体备课，发挥集体的力量，共同探究更多更好的方法
知识延伸有提升空间，可以对全等三角形与相似三角形做比较，既可以加深对全等三角形概念理解，也有利于相似相三角形的学习	教学选材可选用七巧板，其中有全等三角形、相似三角形，可以进行全等与否的差异比较
有四名学生没有在预设的学习时间内完成导学案	课后单独辅导，了解原因，关注指导

美术人美版八上第15册
"第6课 纸板的联想——座椅设计"

北京市第八十中学雄安校区　卢志华

我说课的内容是人美版八年级上册美术教材第15册第6课"纸板的联想——座椅设计"一课，下面我从说教材、说学情、说目标、说流程、说板书、说创新、说得失七个方面来谈谈我对本课的教学设计。

一、说教材

（一）教材地位作用

本课是一节动手动脑的设计、应用学习领域课程，是纸立体构成的重要组成部分，将纸工教学提升到创造设计的层面。本课通过认识和掌握不同纸材料的特性，为学生设计构思提供前提条件，通过对座椅的设计与制作过程，学生更加关注生活、热爱生活，培养了健康的审美心理和综合思维能力。

（二）课标要求

让学生们了解设计的意义价值以及"物以致用"的设计思想，发展关注身边事物、善于发现问题和解决问题的能力，感受纸板材料的特性，合理使用工具及制作方法，发展创新意识和创造能力，增强以设计改善环境与生活的愿望。

二、说学情

本课的教学对象是八年级学生，学生的知识面较广，具备一定的美术知识与美术技能，并积累了一定的生活体验，个性普遍突出，想象力比较丰富，比较喜欢操作性、动手性较强的课程。因此，在课堂上，针对这样学生的年龄特征和心理特征，从学生的兴趣出发，结合学生的生活经验，提高审美能力。通过亲手触摸、拆卸，学生进行感知体验，开展探究性学习，展示个性，创造和制作出体现独特思维的作品；通过自我作品的展示，师生互评，学生的丰富想象思维得到了肯定，增强他们学习的自信心，同时，在大胆的尝试设计中体验到了学习的乐趣。

三、说目标

（一）三维目标

1. 认知目标

了解座椅的特征和结构；掌握纸板制作的基本技法并能够运用技法进行座椅造型的设计与制作；培养立体造型的设计能力；认识以人为本的设计思想。

2. 技能目标

运用折曲、切割、插接等技法设计制作出造型新颖美观、功能实用的纸板座椅。

3. 情感目标

通过对座椅的观察、分析和设计，培养敢于想象、勇于实践的创新精神；学会关注生活中的美术，留意身边的事物，热爱生活。

（二）核心素养

学生要具有一定的空间意识和造型意识，了解并能运用传统与现代媒材、技术，结合美术语言，通过观察、想象、构思、表现等过程，创造有意味的视觉形象，表达自己的意图、思想和情感。

（三）教学重点与难点

重点：学生掌握纸板制作座椅的基本技法（折、剪、插、粘、卷等），并认识设计与生活的关系，认识到生活中充满了设计，设计的前提是敢于创造。把握审美与实用之间的关系。

难点：由于学生的设计水平和对生活的观察感受不同，所以座椅的造型设计构思和颜色搭配是教学难点。

四、说流程

（一）组织教学

1. 师生问好

2. 稳定课堂秩序，提醒学生上课并且准备上课的用具

（二）导入新课

1. 板书字母"h"，提问学生

"h"的形状像什么？学生们纷纷说出自己想法，大部分同学都表示像一把椅子。老师在黑板上画出"h"形座椅的基本结构（椅背、椅面＜承重点＞、椅腿＜支撑点＞）。

2. 变个小魔术

用一张长方形的纸板变出 h 型座椅，请学生分析存在的问题。（缺少支撑点）

师生共同探讨和尝试解决问题的方法。让举手学生亲自动手尝试解决缺少支撑点的问题，学生们想法大有不同，同样的方法不同的方式都可以解决这个问题，并把学生的操作方法在所有学生面前公示，在探讨的过程中引导学生概括出座椅的两个基本技法——折、剪。

由此引出课题，并板书课题："纸板的联想——座椅设计"。

（三）讲授新课

1. 提问

同学们回忆一下，平时在生活中都见过哪些类型的座椅？大家有没有观察过自己从小到大坐过的座椅的变化？

生活中座椅的种类和造型不胜枚举，在享受座椅给我们带来的方便、舒适时，我们却往往没有仔细地观察和分析它们，下面让我们欣赏一下人的一生不同年龄不同阶段的座椅的变化（图片展示婴儿摇椅、座椅、学生座椅、公交车座椅、老板椅、办公座椅、晚年摇椅）。

2. 课件展示

不同风格座椅（传统型、张扬个性的、色彩鲜艳的、富有创意的、多用途的）

学生们欣赏图片，通过引导学生分析生活座椅的不同种类、风格及造型，使学生学会留意生活中的事物，关注身边的美术，并通过对创意个性的座椅造型和构思的深入分析，进一步激发学生的设计和创造能力。

3. 课件展示

简洁类型座椅图片（能够允分体现制作座椅基本技法）

技法探究：让平面的卡纸变成立体的造型有哪些技法？

分别展示折、剪、插、粘、卷方法的图片，老师用提前准备好的卡纸教具一一展示具体方法，强化学生印象，给学生更直观的体验效果（板书：制作方法有折、剪、插、粘、卷）。示范和启发引导相结合，让学生自己归纳、总结并区分插接、粘贴及卷曲等技法。

4. 实物展示

以卷曲的方法制作座椅引导学生分析其相同点与不同点，使学生了解同一种方法、不同的设计会产生不同的造型，进一步开拓学生思路，激发创造力。在掌握了座椅的基本技法后，让学生分析、比较教师作品，来了解用同样的技法进行不同的设计所形成的完全不同的造型和效果，从而让学生在潜移默化中提高创造能力和联想能力。

5. 实物展示

比较两组作品的异同

提示：展开图相同，线面的组织变化方式不同。

让学生在分析这些作品制作技法的同时领悟到，有限的技法加上无限的创意会创造出变化无穷的座椅造型。

（四）课堂练习

学生利用多余边角纸板去练习和操作制作座椅的几种基本方法及综合运用。

（五）总结、作业布置

用卡纸设计制作一把造型新颖独特的椅子。

要求：（1）注意座椅的实用功能与艺术美的结合。（2）注意色彩的搭配。（3）设计有创意、简洁并便于制作。

教师巡视指导，鼓励巡视大胆想象，勇于尝试；帮助巡视解决制作中可能出现的问题，学生讨论设计制作。

（六）作业展示评价交流

鼓励学生积极、大胆发言，对学生的作品给予适当的点评。介绍自己的作品，评价别人的作品。正确看待、评价自己和别人的作品，相互交流，增进同学、师生之间的感情。

五、说板书

纸板的联想——座椅设计

1. "h" 椅背、椅面（承重点）、椅腿（支撑点）
2. 制作方法：折、剪、插、粘、卷

六、说创新

在教学中，为了更好地突出重点、突破难点，我遵循"教为主导、学为主体"的教学思想，通过物品展示、图片展示，引导学生主动探究，体验学习的过程，培养自主学习、主动探究的意识；通过评价激励，引导学生积极互动，体会创作的快乐，发展学生的想象力，提高学生的创造力。

在授课过程中，把多媒体中涉及相关技法的图片，用纸板做成实物在课堂中展示，让学生直观体验同样的技法不同纸板的制作过程及同样纸板不同技法的座椅制作过程，提高学生兴趣及动手操作能力。

七、说得失

成功：学生能够认真体会基本技法，合理利用并完成完整的作品。

失败：学生们的设计思维还是有些局限，创新能力受阻。

解决方法：在今后的课程设计中，发散思维，通过图片视频，拓展课程资源等方面拓展学生们的思维模式，培养他们自主创新的能力及想象力。

本课的关键词是：构成、联想、生活。从新课改的理念出发，本节课并不单单是单纯的手工制作课。在课堂教学中，我在对学生进行课题——"纸板的联想"引导的同时，以最大的可行性引导学生对生活进行联想，其主要的目的就是想培养学生关注生活、热爱生活、乐于发现的习惯，激发学生进行创作的积极性和主动性。

音乐冀少版七下第六单元
"第一课时 绿色的梦"

北京市第八十中学雄安校区　赵春芳

我说课的内容是冀少版七年级下册第六单元第一课时"绿色的梦"一课,下面我从说教材、说学情、说目标、说流程、说板书、说创新、说得失七个方面来谈谈我对本课的教学设计。

一、说教材

（一）教材地位作用

这是一首热爱生命、热爱我们赖以生存的地球为内容的歌曲,也是一首适合中学生演唱的合唱歌曲。

（二）课标要求

本首歌曲以"绿"为线索,通过歌曲的学习和演唱,使学生体会到音乐与心灵的沟通,达到爱护环境从小事做起,共建绿色家园的美好愿望。

二、说学情

七年级的学生已经初步掌握了音乐的基础知识,但他们把握音乐情绪情感的能力还有待进一步加强,尤其是二声部的合唱有一定难度。我所教的学生,小学音乐基础还不错,他们从小就跟音乐接触,学习兴趣很浓厚,具有一定的主动性、积极性,因此,为了让学生更好地学习音乐知识,首要任务就是让学生学会自主学习,培养学生对音乐的浓厚兴趣。

三、说目标

（一）三维目标

1. 认知目标

了解歌曲采用合唱形式演唱的目的，掌握歌曲二声部旋律，培养学生团结协作、热爱大自然的优秀品质。

2. 技能目标

能够用圆润的声音有情感地演唱歌曲，学会正确的咬字吐字方法，能够用平衡且团结协作的声音参与合唱。

3. 情感目标

学唱《绿色的梦》使学生领悟到保护环境、关爱地球及热爱大自然这一人类共同的主题，增强学生热爱祖国家园、保护大自然的意识。

（二）核心素养

学生要具有团结协作、热爱自然、共创美好家园的思想和情感。

（三）教学重点与难点

重点：自信有感情地演唱歌曲。通过对音乐基本要素的学习，感受并体验歌曲的美感。

难点：弱起节奏的练习及二声部的学习。二声部合唱需要学生分组演唱，注意力要高度集中。

四、说流程

（一）组织教学

1. 师生问好

2. 稳定课堂秩序

（二）导入新课

运用情景导入法，用多媒体向学生展示两组生态对比的图片，如雾霾、动物大量死亡、河流成黑色等灾难型图片，告诉同学们，各种破坏大自然的行为都是可怕的，都是在毁灭我们的家园，毁灭我们自己。由此引出我们今天要学唱的歌曲《绿色的梦》。

(三) 讲授新课

1. 听赏歌曲

在本部分，用多媒体向学生播放歌曲《绿色的梦》学生们边听歌曲边进行思考，本首作品表达了作者怎样的情绪情感？然后，对回答准确的学生予以表扬和启发补充，对答案相对不太准确的学生予以鼓励、引导，并对其答案进行修改。接下来，我会将学生们的答案汇总起来进行总结，告诉学生，本首作品表达了对祖国家园的无比热爱之情和对地球家园的美好祝愿。

2. 歌曲教学

首先，让学生根据之前积累的音乐知识，自己尝试着唱谱子，主动发现自己有哪些地方不清楚、不熟悉，做上重点标记，接下来由老师做示范，边打拍子边唱谱子，05│33 34 5 30 │15 5 - 05 22 23 4 31│32 2 - 学生模仿。这样，学生会尤其注意自己自学过程中遇到的难点，有利于其加深记忆。在本首歌曲中，会出现一些较难的节奏型，例如切分节奏还有附点节奏，我会带领学生重点练习这两个节奏型。

待学生熟悉旋律之后，用钢琴伴奏，带领学生唱歌词，经过形式多样的教学、演唱方式的纠正以及情绪情感的代入，学生可以有感情地、生动自由地演唱该歌曲。

3. 合唱教学

在本部分的教学中，把学生们分组，进行二声部的合唱学习，通过平衡歌唱声音，培养学生团结协作、你中有我、我中有你的合作意识。待学生熟悉声部旋律之后，我会带领学生加上感情来演唱，达到学生可以自信地、有感情地演唱这一教学目标。

(四) 课堂练习

将全班学生进行分组，每组派出一名指挥，组内其余成员边打节拍边合唱歌曲，练习一段时间之后，我会组织一场小组比赛，并对每组的表演进行点评和打分，对获得分数较高的小组，我会给予一定的奖励，这样可以让学生在比较欢快轻松的氛围中巩固学到的知识。

（五）课堂小结和布置作业

我们只有一个地球，地球是我们赖以生存的家园，要让我们的家园满眼绿色、生机勃勃，所以我们每一个人从现在做起，从一点一滴的小事做起，爱护环境，共同创建我们的绿色家园。

同学们用实际行动做几件爱护环境、保护大自然的事情。通过这些行动，可以紧扣第六单元"创建绿色家园"这个主题，使本章内容得到扩展和升华。

五、说板书

学唱歌曲《绿色的梦》

1. 能够有感情的演唱歌曲
2. 热爱大自然，共创美好家园

六、说创新

在教学中，为了突出重点、突破难点，教唱歌曲旋律时运用旋律线条法，让学生更加形象地感受和体会歌曲的韵律和情绪。同时通过小组协作共同解决问题的形式，培养学生的合作意识，提高交流能力，倡导探究性学习，培养学生团体协作的互助精神。

七、说得失

成功：学生能够积极主动地参与到歌曲的演唱中来，学生情绪情感跟随老师的引导不断发展变化，从而激发起学生热爱大自然的美好情感。

失败：唱二声部时低声部同学唱不准。

解决方法：以后音乐课多加强视唱等基本音乐素质练习。

本课的关键词是：绿、梦。从新课改的理念出发，这不仅仅是一首好听的合唱歌曲，更是一首倡导呼吁性歌曲。通过教学，培养学生爱护环境的意识，共同创建绿色美好家园。

英语冀教版八上
Unit 5 "Lesson25　I want to be a teacher!"

北京市第八十中学雄安校区　田丹丹

我要说课的内容是冀教版中学英语八年级上册中的"Lesson25　I want to be a teacher!"。下面，我将主要从说教材、说学情、说目标、说流程、说板书、说创新、说得失七个方面来谈谈自己对本节课的设计。

一、说教材

（一）教材地位及作用

本节课是冀教版中学英语八年级上册"Lesson25　I want to be a teacher!"。

本节课是Unit 4"My neighbourhood"结束后的第一节课，Unit 4讲的是未来的社区，本单元主要讲的是"My future"，本节课设计为阅读课。本节课主要是在学生掌握了一定的日常用语、了解了一些社区知识的基础上，以Unit 2"My favourite school subject"为背景，展开描述自己的未来。通过学习本单元，学生可以了解西方人喜欢的职业，了解中西方人对理想和职业的不同看法；帮助学生认识到只有立足现在、树立远大理想，才会有美好未来。通过谈论不同职业，帮助学生树立正确的职业观、人生观。Lesson 25是Unit 5的第一课，本课通过Wang Mei和Li Ming的对话来引出本单元的教学重点——"My Future"。它起到承上启下的作用，学好这一课对后面的学习有着很大的帮助。

（二）课标要求

《英语课程标准》倡导体验、参与、实践、合作与交流的学习方式，使学生敢于说英语，乐于说英语，培养学生的创新能力。同时英语学科核心素养是学科育人价值的集中体现。2011版初中英语课程标准"读"的四级要求是：能从简单的文章中找出有关信息，理解大意。"说"的四级要求是：能在教师的帮助下或根据图片用简单的英语描述自己或他人经历。

本模块所涉及的中考功能项目有：1.问候。8.祝愿。20.建议。22.喜欢和不喜欢。23.肯定和不肯定。24.可能和不可能。26.偏爱和喜好。27.意愿和打算。28.希望和愿望。

话题项目中涉及的有：1.个人情况（personal background）：(1)个人信息；(2)家庭朋友和周围。7.情感与情绪（feeling and moods）：(24)情感（feelings）；(36)个人喜好。

二、说学情

（一）知识经验

本班学生两极分化比较严重，但本单元内容新的知识点不多，重在对以往知识的复习及对未来的畅想。将来和学生生活息息相关，并涉及学生喜欢的职业，能激发学生学习兴趣，使学生乐学。

（二）学习能力

经过一年的学习，初二学生掌握了一些英语基础知识和能力，正逐渐向读、写过渡。同时，学生们对英语学习保持着较浓厚的兴趣，大部分学生能积极参与到课堂活动中。

（三）心理特点

八年级学生有着一定的英语基础，他们基本上能够用英语来表达自己对未来的宏伟蓝图。但是他们又怕出错，不敢开口说，或者是声音很小，生怕别人听到自己说错了。所以教师必须引导学生大胆地开口说，不要怕出错。

三、说目标

（一）教学目标

1. 语言知识

学习并掌握 engineer, scientist, hope to be, might be, would be, want to be，grow up，be nice to 等重点单词短语和 I might be / I hope to be / I want to be/ I am going to be / I will be/ I would like to be 等句式。

2. 语言技能与文化意识

学会用英语讨论自己的将来职业；能询问和谈论将要发生的事情；小组活动，相互协作编织自己的未来！

3. 情感态度与学习策略

（1）在学习谈论过程中，学会和同学分享自己的经历做法，并从中体会到分享所带来的快乐，感受未来所带给我们的乐趣，享受未来美好的事物，从而树立正确的人生观和价值观。

（2）学会用恰当的方式表达赞扬别人或欣赏推荐自己的观点。

（二）教学重难点及手段

教学重点：engineer, scientist, hope to be, might be, would be, want to be, grow up, be nice to 等重点单词短语。激发学生兴趣，运用所学知识介绍自己的理想和愿望。

教学难点：学会用英语讨论自己的将来职业 I might be / I hope to be / I want to be / I am going to be / I will be / I would like to be。

教学手段：多媒体、黑板、彩色粉笔。

（三）核心素养

培养学习兴趣，树立学好英语的信心和勇气；敢于用英语表达自己的想法；树立远大理想，立足现在；树立正确职业观、人生观和价值观。

四、说流程

（一）双边活动、时间分配

读前 10min
- StepI.Guessing Game；描述某种职业，让学生猜测在语境中学习新词
- StepII.Free talk What do you want to be in the future?

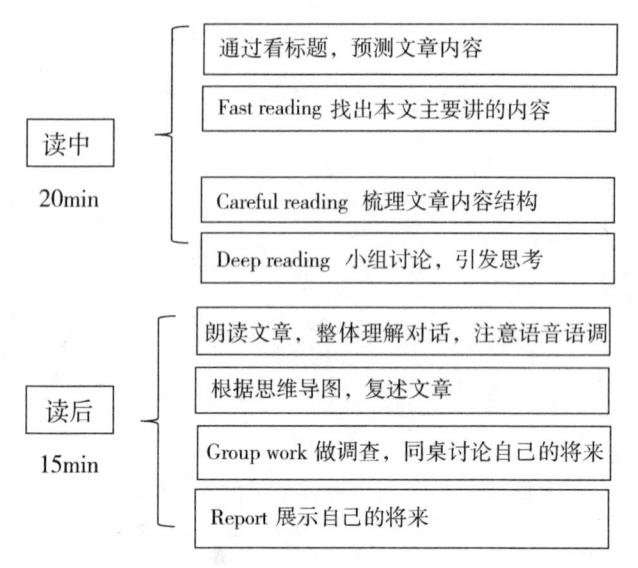

读中
20min
- 通过看标题，预测文章内容
- Fast reading 找出本文主要讲的内容
- Careful reading 梳理文章内容结构
- Deep reading 小组讨论，引发思考

读后
15min
- 朗读文章，整体理解对话，注意语音语调
- 根据思维导图，复述文章
- Group work 做调查，同桌讨论自己的将来
- Report 展示自己的将来

（二）教学过程，重难点处理

Step1. Guessing game

通过描述职业，学生猜测单词，在语境中学习新词，为学生后面顺利完成阅读任务做铺垫。

Step2. Free talk

What do you want to be in the future? Why?

谈论自己的理想及原因，调动学生积极性，畅想自己美好未来。

Step3. Prediction

What will the passage talk about?

通过读前预测，激发学生阅读欲望。

Step4. Fast reading

The passage mainly talks about _____

(　) School

(　) Ling Ming's future

(　) Famous people

(　) Wang Mei's future

通过速读，了解文章大意，检验自己之前的预测是否正确。

Step5. Careful reading

Future		
Name	Li Ming	Wang Mei
Ambitions（理想） (want to /hope to be)		
Reasons（Why）		
What will they do if their dreams come true?（实现）		

通过精读，了解文章细节信息；通过填写思维导图，认识文章结构。

Step6. Deep reading

1. What do you think of Li Ming and Wang Mei?

2. Is Wang Mei proud of her mother？How do you know that?

通过讨论，发掘文章深层信息；通过深度思考，逐渐学习有依据的推断。

Step7. Group Work

Make a survey（调查）on your classmates：

S1：What do you want to be when you grow up？

S2：I want to be _____．

S1：Why do you choose this job?

S2：Because I _____．

S1：How do you realize（实现）it?

S2：I will _____．

创设情境，与同桌介绍自己梦想，口头输出 want to be，will be，might be 结构表达，应用并迁移目标语言，为 report 的笔头输出做准备。

Step8. Report

采访练习：设计一个相关的表格，让学生们根据表格的要求去预测其他同学的"future"，并做好记录。接着进行采访，等学生采访完毕，再要求学生以小组为单位，总结归纳自己的预测和实际采访的差异。

Name	hope to be	Why	How to realize it	If your dreams come true, what will you do?

五、说板书

一人一天地，一木一自然——让生命因教育而精彩

Lesson 25 I want to be a teacher

- What will they be?
- Why do they choose this job?
- LiMing and WangMei's future
- What will they do if their dreams come true?
- How will they realize it?

北京市第八十中学雄安校区

六、说创新

（一）教法

"My future" 需要学生运用具体而特定的行动来完成一定的语言交流。比如说，因为 be good at ，所以 want to be 。所以要求学生用自己身临其境的状态去创造自己的语言！整个教学过程中，根据各种语言结构、语言功能、不同的学习任务等的要求，我选用了以下教学方法：

1. 采用多媒体上课，用猜谜的方式引出单元话题，吸引学生的注意力以及对本节课的兴趣。

2. 用听说法和观察法引导学生将现在话题引到未来的话题。

3. 在学生活动环节，设置小组讨论形式，采用情景交际法或个人演讲的形式。

4. 在整堂课的设计上，体现了任务型教学，把课堂还给学生，让他们发挥表现！使学生在轻松愉快的环境中达到学习目的，体验成功学习的快乐，真正做到快快乐乐学英语、扎扎实实打基础。

（二）学法

本课我指导学生采用如下的方法来学习：Guessing game—Free talk—Prediction—Fast reading—Careful reading—Discussion—Retelling—Pair work—Group work—Value and homework。引导学生自己去发现问题、解决问题，鼓励他们合作探究、角色表演、展示自己。一改过去"授人以鱼，以解一时之饥"的"满堂灌"的教学模式转为"授人以渔"使其受用终生的新理念下的新课堂。教学生学会学习，注重积极参与，注重学习体验。

（三）资源开发

培养学生想象力、记忆力以及逻辑表达能力。在教学过程中创造积极互动的语言氛围，让学生在乐中学，调动学生学习积极性。从此例中，让学生感受到语言是互通的。中国的历史文化，也照样可以用英语表达出来，所以他们就可能会更加理解英语就是一门工具，有必要学好它、掌握它！

七、说得失

（一）成功

利用多媒体展示一组接近学生生活的图片，通过谈论这些人的职业，一步一步地步入"future"这一话题，学生很快进入角色，兴趣倍增。在此情境中，既轻松地掌握了应学的短语，又增强了他们的表演意识和欲望。

（二）不足

1. 因 might be，would be 的句子是初学阶段，口头表达和理解应用还需加强。

2. 描写自己的未来时，如何实现目标的句子说得不多。

（三）解决办法

1. 通过读中的细节问答以及复述环节，进行熟悉操练；通过读后 pair work 以及任务的展示环节进一步实践巩固。

2. 通过用 how、why、what 等不同问题引导学生说出更多的句子，给学生创设真实的情境；通过小组合作，让学生先自主探究，然后再进行练习，初步应用语言。

语文统编版八上第六单元
"第 22 课 愚公移山"

北京市第八十中学雄安校区　郭腊梅

　　《愚公移山》是统编版语文教材八年级上册第六单元的一篇课文。这是一篇脍炙人口、富有神话色彩的寓言，历来为人们所传颂。下面我将从教材、学情、教学目标、教学设计、板书、创新、说得失七个方面对本课进行课前说明。

一、说教材

（一）单元内容

　　八年级上册语文第六单元，是一个古代诗文阅读单元。它包括《〈孟子〉三章》《愚公移山》《周亚夫军细柳》《诗词五首》。除《周亚夫军细柳》是自读文章外，其他几课都是教读文。几篇文章的共同特点展示的都是古人的智慧和胸襟。

　　课标和本单元都提出要求：（1）借助注释，感知内容；（2）积累词句，提升文言文阅读能力。

（二）教材地位及课标要求

1. 教材地位

　　本课为第六单元中的第二篇文章，它有如下特点：（1）浓郁的神话色彩，易激发学生兴趣；（2）可读性强，易于背诵、记忆；（3）人物形象鲜明，寓意深刻。这种故事性强、人物形象鲜明的文章，学生是很愿意阅读的，遇到的翻译障碍也就愿意主动解决。在实践中体会到的文言文学习困难，实是一种心理障碍的内在自主设置，对其他文章的学习容易起到示范作用。

2. 课标要求

本课的学习不能仅停留在对愚公形象的把握上。课标要求"要重视培养学生广泛的阅读兴趣，扩大阅读面，增加阅读量，提高阅读品位"，所以，本课的学习还要引导学生体会道家"天下大事，必作于细"的坚持不懈、脚踏实地思想，进而激发学生对道家学说书籍的阅读兴趣。

二、说学情

经过初中十多篇文言文的学习，学生已积累了一些文言词语及文言句式，具备了结合课文注解进行阅读，并在教师的指导下进行自主、合作的探究的能力，对故事性较强的文章有很强的阅读兴趣。但这个年龄的孩子阅读量少，人生阅历较浅，特别是对于道家学派的思想及书籍，学生涉及得更少，也就限制了学生对文本内涵的挖掘宽度和深度，因此，这就要求教师给学生以引导，使学生"有所感悟和思考，受到情感熏陶，获得思想启迪"。

三、说目标

1. 通过"愚公移山"的故事概述，总结概括故事情节的方法；
2. 借助颁奖词，促进对愚公形象的探究；
3. 借助资料，辩证地看待"愚"和"智"。

【重点】

通过对情节和人物的分析，体会本则寓言中包含的深刻寓意。

【难点】

对愚公与智叟对待移山问题的观点孰是孰非的理解。

四、说流程

依据教学目标及学情，我把本节课分为五个部分。

（一）新课导入（2分钟）

从加缪的《西西弗神话》说起，让看过这本书的学生概述故事。然后教师指出，作者加缪说："人应该想象西西弗是幸福的。"那你认为西西弗是幸福的吗？学生谈自己的理解。我们的教学必须建立在一定的学情基础上，学习才会生发意义，否则，此课的学习就成了教师执教的一个流程。设计学生阐述理由的环节，其实就是触摸学情的过程。同时，由西西弗对所处困局的抗争，引出愚公面对困局的态度，能引发学生的思考，促使他们以积极的心态进入本课的学习。

（二）自主学习——疏通课文内容（13分钟）

1. 学生读后，结合注释自疏文意，有疑难组内解决。

2. 结合课文内容，教师提问，学生抢答，适时讲解文中关键字词的含义。

3. 概括故事内容，并总结概括方法。

概括故事的方法：主人公 + 干了什么

（如果结尾是与我们惯常思维不一致，或对表现主题有影响的，在概括内容时也要加上。）

这一环节的设计旨在通过多种形式激发学生对课文内容的学习热情，在耳熟能详的故事里找到学习的乐趣，不至于倍感枯燥。同时，让学生掌握一定的阅读文言文的方法，授之以渔，使学生学有所得、得之有法，能自由地阅读文言文，培养他们阅读文言文的能力，同时提升他们的口语表达能力。

（三）合作探究——"愚公"之重新发现（12分钟）

1. 问学生给愚公制作一个名片的话，会用一个什么样的关键词或者称号。这个环节，实际上就是对愚公的一种认识与形象概括，要求语言精练，很好地起到了面对问题要抓本质及锤炼语言的作用。

2. 精读两人论辩片段，探究"愚""智"之辩证关系。

愚公与智叟对待移山问题的观点孰是孰非的理解，是本课的难点，为突破这个点，我设计了分角色读、演读，借助庄子的话及《说文解字》对"智"的解释做切入点，又设计了拓展练习"在中华的历史长河中，你还想到了哪些具有大智慧的人物"。让学生在解说及头脑寻找中，对"大智慧"的理解从概念化顺利转化为形象化。

（1）分角色朗读愚公与智叟之辩，体会其中的论辩色彩。（先是两两用文中语言对话,然后转换成自己的语言演读。)

(2)探究二人论辩。学生概括两人的观点,总结移山遇到的困难。

(3)"智"的理解。用庄子对"智"的看法及《说文解字》对"智"的解释,理解智叟不智、愚公大智若愚的特点。

(4)拓展练习——在中华的历史长河中,你还想到了哪些具有大智慧的人物?

本环节的设计意图,就是让学生对"大智慧"的理解从概念化到形象化。

(四)迁移拓展——道家思想之初探(16分钟)

学生所找寻到的更多的是大人物的"大智慧",我们的教学是渗透,是引导,是给学生思维提升。作为一个平凡的人,以及日常生活中常面对的平常的事,我们又该用一种怎样的态度去面对?这一环节,实际是文本思想的深挖,引导学生正确看待道家的"虚静无为"。

1. 指名一学生读作者简介,从而引出道家思想,问学生惯常认为的道家思想特点——虚静无为。

2. 本文体现的是道家的思想吗?用道家学派书籍中的相关内容进行论证。

师生共译《列子·天瑞》中"生无所息"及《老子》中广为人知的几个片段。

从而得出,道家所说的"无为"与我们惯常认为的"无为"不一样,它其实是提醒人类不要无节制地去改造世界、破坏世界,但人类生命的自我发展,蓬勃的生命力,道家是非常鼓励的。

设计意图:引导学生正确认识道家思想的"虚静无为"。

(五)强化巩固——齐读《新愚公移山》(2分钟)

五、说板书

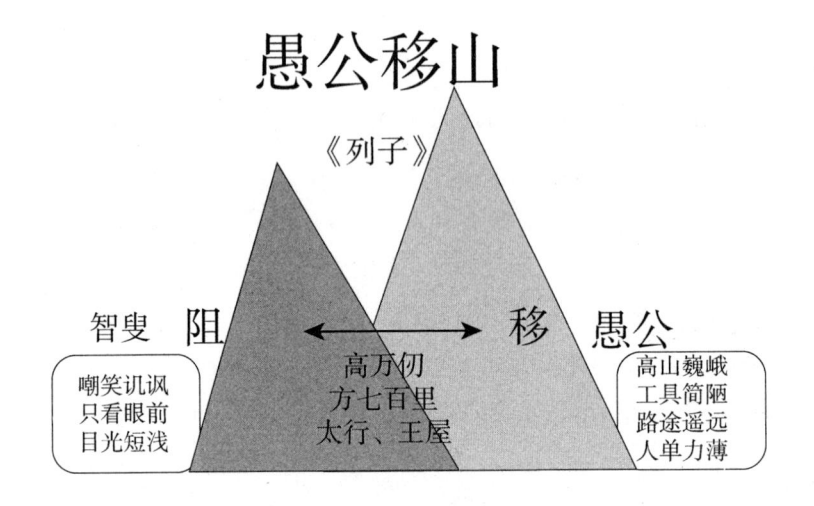

愚公移山

《列子》

智叟 阻 ← → 移 愚公

嘲笑讥讽　　高万仞　　高山巍峨
只看眼前　　方七百里　工具简陋
目光短浅　　太行、王屋　路途遥远
　　　　　　　　　　　　人单力薄

板书简洁且直观形象。既有内容的展示，又有关系的显示，全面又清晰。

六、说创新

（一）板书简洁且直观形象

既有内容的展示，又有关系的显示，全面又清晰。

（二）给学生以方法

通过内容概括总结方法，授之以渔，使学生学有所得、得之有法，能自主地阅读文言文，培养他们阅读文言文的能力，同时提升他们的口语表达能力。

（三）依托教材又不局限于教材

1. 对于"愚"和"智"的看法，要用发展的眼光去看、辩证地去看，如何做到这一点，从庄子及《说文解字》对"智"的解释做突破点。

2. 拓展练习的设计紧扣"大智慧"，让学生对"大智慧"的理解从概念化到形象化。

3. 借助道家学派书籍的相关内容论证道家思想，激发学生拓读兴趣，扩大学生阅读范围。

七、说得失

新课标指出:"提倡多角度、有创意的阅读,利用阅读期待、阅读反思和批判等环节,拓展思维空间,提高阅读质量。"《愚公移山》是篇传统文章,"愚公移山"的故事学生早就听过,如何让学生通过文本的学习有所收获,思维能力得以提升,也就成了这节课时的重点。下面我简要说一说这节课的得与失。

(一) 得

1. 激活了学生思维

(1) 从西西弗的故事导入,一方面可以引起未读《西西弗神话》的学生"读"的兴趣,一方面又自然引出本课的思维点——面对困局的态度。在学生的思考中,快速引领学生进入学习情境。

(2) 词解句意是文言文学习的基础,如果是老师讲,学生记,势必会单调枯燥,课堂气氛沉闷,但改为了抢答,学生一下子活跃起来。从心理学角度说,人处于亢奋状态中所经历的往往记忆深刻。

(3) 故事内容的概括,旨在使学生掌握阅读方法,培养他们的阅读能力,同时提升他们的口语表达能力。

2. 引领学生思维向纵深发展

(1) 用制作名片的环节,让学生之间的思维进行碰撞,达成了学生面对问题要抓本质的能力及锤炼语言的作用。

(2) 探究"愚""智"的辩证关系时,教师恰当地搭建学习支架——《列子·天瑞》中"生无所息"及《老子》中广为人知的几个片段,引导学生正确认识道家的"虚静无为",使学生的学习顺利向纵深发展。

(二) 失

1. 教学节奏把握得不是很好。学生的预习不是很充分,为了防止学生学不透,导致后面的学习不能顺利进行,在词解句译环节拓展补充了不少,用时稍多了些。修改方式:应该是有针对性、有重点地拓展补充。

2. 对学生及时的点评做得不是很到位。教师对学生的认可,是学生学下去的一个动力之源，特别是对于这些十三四岁的孩子来说，他们大多数人的潜意识里，学习是需要有一个"助力器"推动的，而教师就起着这方面的作用。这一点一定要意识到，并在课堂上实施到位。

　　课堂教学是一门缺憾的艺术，在以后的教学中我会不断完善，使课堂变得更加成熟，更值得回味。

化学苏教版选修4
专题3 第一单元
"第1课时 强电解质和弱电解质"

北京第八十中学雄安校区 刘　盼

我说课的内容是苏教版高中化学选修4《化学反应原理》，专题3第一单元"第1课时 强电解质和弱电解质"。根据"华师七说"说课体系，我从说教材、说学情、说目标、说设计、说板书、说创新、说得失七个方面对这节课进行讲说，根据说课要求我将重点内容一一呈现。

一、说教材

（一）教材地位作用

电离平衡是化学平衡知识的拓展和深化，在高中化学教学中占有重要地位。它是专题2中讲述的化学平衡在水溶液中的一种延伸，也是溶液酸碱性、盐类水解的奠基，起着承上启下的作用。本单元共包括三个部分：第一部分"强电解质和弱电解质"，让学生认识强电解质和弱电解质电离程度的差别，介绍强、弱电解质的概念；第二部分"弱电解质的电离平衡"引导学生运用化学平衡理论分析和解决问题，进而讨论电离平衡的平衡状态、电离平衡常数；第三部分"常见的弱电解质"以水为例分析弱电解质的电离及其电离平衡，引导学生根据电离平衡常数推导出水的离子积常数，水的电离及电离平衡移动知识的教学，对学生了解溶液的酸碱性以及 pH 具有重要的意义，也为盐类的水解等知识的教学奠定了重要的基础。

（二）课标要求

普通高中化学课程标准（2017 年版）中对于这部分的要求：

【内容要求】

3.2 电离平衡：认识弱电解质在水溶液中存在电离平衡，了解电离平衡常数的含义。认识水的电离，了解水的离子积常数，认识溶液的酸碱性及 pH，掌握检测溶液 pH 的方法。

【教学提示】

通过对电离平衡、水解平衡、沉淀溶解平衡等存在的证明及平衡移动的分析，形成并发展学生的微粒观、平衡观和守恒观；关注水溶液体系的特点，结合实验现象、数据等证据素材，引导学生形成认识水溶液中离子反应与平衡的基本思路。

【学业要求】

能用化学用语正确表示水溶液中的离子反应与平衡，能通过实验证明水溶液中存在的离子平衡，能举例说明离子反应与平衡在生产、生活中的应用。

【学习要求】

1. 会复述强电解质、弱电解质的概念。
2. 能正确书写强弱电解质的电离方程式。
3. 从化学平衡的角度，理解外界条件对弱电解质电离平衡的影响。

二、说学情

（一）心理特点

高二学生的心理正逐步走向相对稳定与成熟。从思维品质上看，正处于由"经验型"向"理论型"过渡，抽象思维能力得到进一步的发展，已有独立思考的意识，个人智力特征也逐渐显现出来，个人思想和行为呈现能够理智控制的特点。

（二）知识经验

高一学生已经学习过电解质与非电解质的概念，能区分常见物质的归类；可以正确地分析和判断物质在水溶液中能否电离，电离成哪些离子，有助于研究物质在水溶液中发生的化学反应。本届学生知识基础较薄弱，动手能力欠佳，缺乏主动性学习的动力，更应该从动手、动脑上积极引导并指正。

（三）学习能力

在原有的电解质与非电解质的基础上，以探究实验为引导，以实验现象为依据，学生能够在教师引导下自主思考影响实验现象的原因，总结出电解质电离出自由离子能力的差异性。

三、说目标

根据化学学科核心素养对高中学生发展的具体要求，提出高中化学的课程目标：

通过宏观学习强弱电解质电离情况，可以微观辨析 HCl、CH_3COOH 在水溶液中电离后微观粒子的组成；能够自主设计实验方案，探究等浓度等体积 HCl、CH_3COOH 电离程度的差异性。（宏观辨识与微观探析）

通过化学平衡知识的延伸，学习水溶液中的电离平衡、电离平衡常数；可以用逆、等、动、定、变的特点解释电离平衡。（变化观念与平衡思想）

通过实验，形成实事求是的科学精神，养成利用实验现象表征、利用证据进行推理、利用模型进行解释的习惯，进而揭示本质与规律。（证据推理与模型认知）

通过复习电解质与非电解质的概念，学习强电解质与弱电解质的概念，会辨别常见的强、弱电解质；了解电解质在水溶液中电离及溶液导电性的关系，会正确书写电离方程式。（科学探究与创新意识）

通过强、弱电解质的学习，了解水溶液导电的原理，进而形成安全意识和严谨求实的科学态度，具有探究未知问题、解决问题的意识。（科学态度与社会责任）

四、说设计

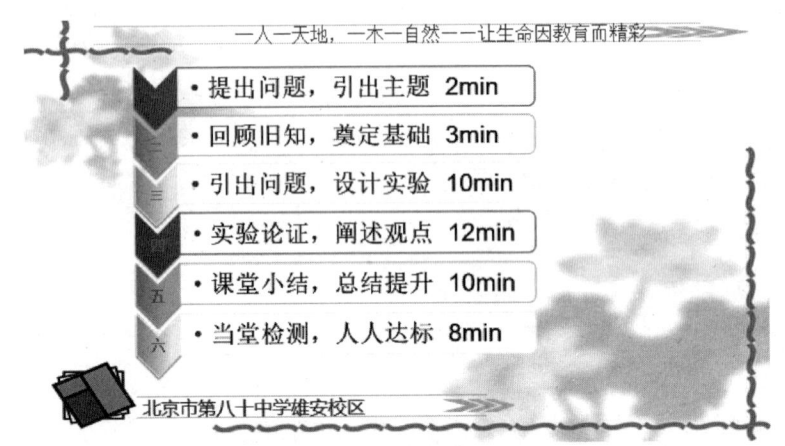

图1 《强电解质和弱电解质》说课流程图

- 提出问题，引出主题 2min
- 回顾旧知，奠定基础 3min
- 引出问题，设计实验 10min
- 实验论证，阐述观点 12min
- 课堂小结，总结提升 10min
- 当堂检测，人人达标 8min

北京市第八十中学雄安校区

（一）提出问题，引出主题 2min

利用生活中常见的两个事件，引出化合物在水溶液中产生自由移动的离子，进而引出电解质与非电解质的概念。

（二）回顾旧知，奠定基础 3min

通过学案中的练一练，区分常见的电解质与非电解质，为强、弱电解质概念的建立打下基础。

（三）引出问题，设计实验 10min

醋酸和盐酸是常见的两种酸，根据你的经验，你认为它们的电离程度有无差异？提出问题，创设情境，引导学生设计实验方案进行论证。锻炼学生自主思考、设计实验方案的能力，具有科学探究的意识是这节课的难点。

（四）实验论证，阐述观点 12min

学生通过小组实验，验证各自的实验方案，能否到达预定的实验结果，然后通过小组展示，阐述各组观点，小组进行评价。

（五）课堂小结，总结提升 10min

利用盐酸、醋酸在水中电离的微观示意图，引导学生说出电解质有的可以全部电离成离子，有的只能部分电离成离子，进而引出强、弱电解质的概念，并认识常见的强、弱电解质，这是本节课的重点和难点，可以加以讨论、归纳物质类别的方法帮助学生记忆。接着在原有强电解质电离方程式书写的基础上，加入弱电解质电离书写的注意事项，并着重练习，这也是本节课的重点。

（六）当堂检测，人人达标　8min

最后以练一练为手段，小组间进行电离方程式书写的竞赛模式，组内比较、评价，最后小组展示结果，评选最优答案。

五、说板书

板书是常规教学中应用最广泛的教学媒体之一，它不仅是教师教学思路的展现，也是教学艺术的一种体现。本课板书主体分成两部分：强电解质和弱电解质；电离方程式。

（1）强电解质和弱电解质主要包括定义和举例两部分。其中定义中可以采用对比的形式呈现，标注出关键词语，比如"水溶液"是环境，"电解质"是主语，"完全"和"部分"形成对比进行讲解。举例以图形的形式，采用不同颜色的笔记进行对比，化合物下分电解质和非电解质，电解质下分强电解质和弱电解质，可以减少混合物和单质对这部分的混淆。

（2）电离方程式包括定义和表示方法，定义可以简单陈述，强调关键词，同时以符号标注出重点和难点；表示方法以实例为主要表现形式，把常见的强弱电解质电解方程式的书写简单明了地表示出来即可。

图 2　《强电解质和弱电解质》实体板书

六、说创新

在教法上,本节课最大的创新就是在实验室进行了探究性实验,这是我之前很少涉及的方面。都说化学是以实验为基础的学科,可是由于种种原因的干预,真正地将课堂引进实验室还是少数的,一般情况下演示实验、验证性实验都是在课堂上直接进行了,这次真正地走进实验室进行探究性实验,使我向化学实验教学迈进了一大步。

在学法上,通过长期的学习和模仿,我也开始慢慢适应了小组教学,这次实验课,我特意给学生进行了分组,本着"强带弱中间往里插"的原则,全班三个人一组,分成了十九组。探究学习,小组合作,小组间互帮互助,互督互促,共同成长。

教学设计评价表,如表1。

表1 《强电解质和弱电解质》教学设计评价表

评价项目	评价标准	等级(权重)分			自评	小组评	教师评
		优秀	良好	一般			
动脑活动	1. 会辨别常见的强、弱电解质	10	8	6			
	2. 能正确书写电离方程式	10	8	6			
	3. 可以微观辨析 HCl、CH_3COOH 在水溶液中电离后微观粒子的组成	10	8	6			
	4. 能够自主设计实验方案,探究等浓度等体积 HCl、CH_3COOH 电离程度的差异性	10	8	6			
动手能力	1. 积极参与小组合作与交流	10	8	6			
	2. 动脑设计实验,并具有可行性	10	8	6			
	3. 动手操作实验,得到预期实验现象	10	8	6			

续表

评价项目	评价标准	等级（权重）分			自评	小组评	教师评
		优秀	良好	一般			
小组活动	1. 课堂上积极参与，积极思维，勇于开口，发言次数较多	10	8	6			
	2. 小组协作交流情况，小组成员间配合默契，互帮互助	10	8	6			
	3. 对本节课内容兴趣浓厚，并积极思考	10	8	6			
得分总计		100	80	60			

七、说得失

本节课最大的收获，就是通过备课组之间的协同合作设计了探究性实验并走进实验室，学生动脑、动手、动嘴，真正地调动了全班同学的积极性，全"动"了起来。

课堂效率较高，体现了教师为主导、学生为主体的作用，虽然学生活动较多，但是课程内容全部完成。学习化学就应该会动脑设计完整的实验方案，就应该具备动手操作验证实验的能力，并从实验现象中分析并总结出实验结论，最后反思实验过程中的意外并及时归纳。

锻炼学生动手动脑能力，为实验设计、实验操作做足准备。我所教授的班级班容量有57人，每三人一组，共分成了19组，每组指定一名组长。在这种大班容量的情况下，平时的授课过程中，我在每节课中都会适当减少知识点的讲解，而这节探究实验课却出乎意料地全部完成了我设定的所有内容，由此可以看出，大班容与实验课是不冲突的。

本节课也存在不足之处，因为走进实验室次数较少，所以学生过于兴奋，课堂较混乱，时间安排与预期有所偏差。这也给了我一些提示，首先，学生是喜欢探究实验课的，而"喜欢"正是他们努力学习的最大动力，以后要慢慢增加这些课程；其次，预期时间的安排是根据教学内容来进行调整的，而这些可能是适用于大多数学校和学生的，但不一定是适用于我的学生，应该根据自己学生的情况来分配时间，不能让他们感觉到这是在"走过场"。

教学评价表过于简单，有的评价内容难把握，造成评价流于形式。评价表中有自我评价、小组评价和教师评价三部分，目的是督促和帮助学生更好地学习并调动积极性，而评价内容有些难以把握，造成评价分数有些失真，这也告诫我对于评价奖励的机制应该多下一点心思。

物理人教版选修3-1
第一章"9 带电粒子在电场中的运动"

北京市第八十中学雄安校区　康　滢

我说课的内容是高中物理人教版选修3-1第一章"9 带电粒子在电场中的运动"。我将从说教材、说学情、说目标、说流程、说板书、说创新、说得失七个方面进行详细解说，内容如下。

一、说教材

本章（静电场）位于《普通高中物理课程标准（2017版）》中的必修3部分，具体要求有六点：

（1）通过实验，了解静电现象；能用原子结构模型和电荷守恒的知识分析静电现象。

（2）知道点电荷模型；知道两个点电荷相互作用的规律；体会探究库仑定律的过程。

（3）知道电场是一种物质；了解电场强度，体会用物理量之比定义新物理量的方法；会用电场线描述电场。

（4）了解生产生活中关于静电的利用与防护。

（5）知道静电场中的电荷具有电势能；了解电势能、电势和电势差的含义；知道匀强电场中电势差与场强度的关系；能分析带电粒子在电场中的运动情况，能解释相关物理现象。

（6）观察常见的电容器，了解电容器的电容，观察电容器的充、放电现象；能举例说明电容器的应用。

具体对应1.9节的要求是：能分析带电粒子在电场中的运动情况，能解释相关物理现象。

静电场这章的核心知识包含四大部分：一是两个基本定律，即电荷守恒定律和库仑定律。二是电场的描述和性质，其中电场力的性质包含基本性质、电场强度、电场线三部分，电场能的性质包含电势能、电势差、等势面、电场力做的功四部分。三是应用，包含静电现象、电容器、带电粒子在电场中的运动三部分。四是探究实验，主要是探究电荷间相互作用力和探究影响平行板电容器大小的因素这两个演示实验。本章没有学生实验。1.9节属于基础知识的应用学习，应用前两部分基础知识来学习处理带电粒子在电场中的运动。本节内容主要培养学生综合应用力学知识和电学知识的能力。

本节内容由"带电粒子的加速""带电粒子的偏转""示波管的原理"三部分组成，教学内容梯度十分明显，符合学生的认知规律。课本是通过例题的形式来研究带电粒子的加速和偏转，而示波管则是对前两者的综合应用，且要求有一定的空间想象能力。因此，本节的学习目标为：①会分析带电粒子在电场中的受力；②能从动力学角度和能量角度分析计算带电粒子在电场中的加速问题；③能用类平抛运动的分析方法研究带电粒子在电场中的偏转问题；④了解示波管的构造和基本原理。

二、说学情

就学生的知识经验来说，通过本章1~6节的学习，学生已经对本章基本内容（两个基本定律；电场的性质和描述）有了较深刻的认识。就学生学习能力来说，由于学生基础较差，通常对所学知识掌握不牢固。就学生心理特征来说，本节内容与高一知识受力分析和牛顿运动定律及功能关系联系紧密，因此学习时进一步增加了学生的心理负担。

三、说目标

（一）知识与技能目标

1. 理解并掌握带电粒子在电场中加速和偏转的运动规律；

2. 能用牛顿运动定律和动能定理分析带电粒子在电场中加速；

3. 能用运动分解的方法处理带电粒子在电场中的偏转问题。

（二）过程与方法目标

1. 体验从最简单的物理模型入手探究应用原理的方法；

2. 从力和运动的规律出发，分析如何利用电场使带电粒子加速；

3. 分析如何利用电场使带电粒子速度方向改变而发生偏转，并亲历推导过程；

4. 体验"类平抛"运动，强化运用运动分解来处理曲线运动的方法。

（三）情感态度价值观目标

1. 感受利用电场控制带电粒子运动的绝妙之处；

2. 进一步养成科学思维的习惯；

3. 感受严谨的态度带来的成功喜悦。

本节内容在物理四大核心素养上均有体现，物理观念体现在运动与相互作用和能量，科学思维体现在模型结构、科学推理、科学论证、质疑创新，科学探究体现在问题、论证、解释、合作与交流，科学态度与责任体现在科学本质、科学态度和社会责任。

本节的重点：（1）分析带电粒子沿场强方向做匀加速直线运动的规律，并用不同方法处理此类问题；（2）分析带电粒子在电场中偏转时的运动规律，能用运动分解的方法处理曲线运动。

本节的难点：综合运用静电力、电场力做功等概念研究带电粒子在电场中运动时速度、加速度、位移等物理量的改变及能量的转化，尤其是带电粒子在电场中偏转时的偏转距离、偏转角的计算。

四、说流程

1.9 节"带电粒子在电场中的运动"分两课时学习，第一课时学习带电粒子在电场中的加速，第二课时学习带电粒子在电场中的偏转和示波管的原理。现以第一课时内容讲解说课流程。

《1.9-1 带电粒子在电场中的加速》内容的学习分五个流程：1. 明确教学目标，核对学案预习内容——5 分钟；2. 通过例题分析带电粒子的加速（两种方法）——15 分钟；3. 例题应用——10 分钟；4. 巩固拓展练习——

10 分钟；5. 总结归纳——5 分钟。具体过程如下。

（一）明确学习目标，核对预习内容

学习目标

1. 会分析带电粒子在电场中的受力特点。

2. 能从动力学角度和能量角度分析计算带电粒子在电场中的加速问题。

课前预习（内容和公式）

1. 电场中的两类带电粒子：

（1）带电的基本粒子：如电子、质子、α 粒子、正负离子等。这些粒子所受＿＿＿＿＿＿＿力和＿＿＿＿＿＿＿力相比小得多，一般都不考虑＿＿＿＿＿＿＿力。（但并不能忽略质量）

（2）带电微粒：如带电小球、液滴、尘埃等。除有说明或暗示外，一般都考虑＿＿＿＿＿＿＿力。

2. 牛顿第二定律：＿＿＿＿＿＿＿＿＿＿＿＿＿＿＿＿＿＿＿＿

3. 电场强度定义式：＿＿＿＿＿＿＿＿＿＿＿＿＿＿＿＿＿＿

4. 电势差与电场强度的关系：＿＿＿＿＿＿＿＿＿＿＿＿＿＿

5. 运动学公式：＿＿＿＿＿＿＿＿＿＿＿＿＿＿＿＿＿＿＿＿

6. 静电力做功（W 与 U 的关系）：＿＿＿＿＿＿＿＿＿＿＿＿

7. 动能定理：＿＿＿＿＿＿＿＿＿＿＿＿＿＿＿＿＿＿＿＿＿＿

（二）例题分析：带电粒子的加速

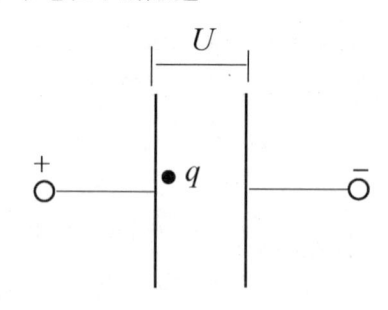

图 1 计算粒子到达另一个极板时的速度

例题：如图 1 所示，在真空中有一对平行金属板，由于接到电池组上而带电，两板间的电势差为 U。若一个质量为 m、带正电荷 q 的粒子，在静电力的作用下由静止开始从正极板向负极板运动，计算它到达负极板时的速度。

老师带领学生分析（提示、点拨为主）：

1. 画出两极板间的电场线
2. 对带电粒子进行受力分析
3. 思考解题方法

解法一：（运用动力学知识）

分析思路：$v \xrightarrow{v^2-0=2ad} a \xrightarrow{a=\frac{F}{m}} F \xrightarrow{E=\frac{F}{q}} E \longrightarrow E=\frac{U}{d}$

解：由牛顿第二定律：$a=\frac{F}{m}=\frac{qE}{m}=\frac{qU}{md}$

由运动学公式：$v^2-0=2ad$

$v=\sqrt{2ad}=\sqrt{\frac{2qU}{m}}$

解法二：（运用动能定理）

分析思路：

（1）受力已知——合外力做的功能求。

（2）初速度已知——求末速度 v。

解：由动能定理：$W=\frac{1}{2}mv^2-0$

又 $W=qU$

∴ $qU=\frac{1}{2}mV^2$

$v=\sqrt{\frac{2qU}{m}}$

（三）例题应用

例题：炽热的金属丝可以发射电子。在金属丝和金属板之间加以电压 $U=2500V$（图2），发射出的电子在真空中加速后，从金属板的小孔穿出。电子穿出时的速度有多大？设电子刚刚离开金属丝时的速度为0。

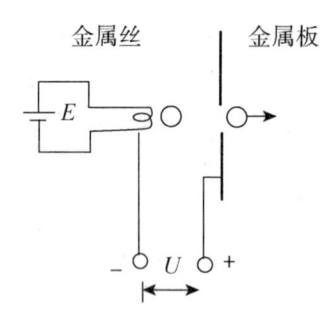

图2 带电粒子的加速，电池 E 用来给金属丝加热。

学生分组讨论分析：

重点提示：

1. 分析电场的不同（非匀强电场）。

2. 分析解题方法的选择（动能定理解题）。

解：电子从金属丝移动到金属板，电势能减少。

减少的电势能全部转化为电子的动能，所以

$$\frac{1}{2}mv^2 = eU$$

解出速度 v 并把数值代入，得

$$v = \sqrt{\frac{2eU}{m}}$$

$$= \sqrt{\frac{2 \times 1.6 \times 10^{-19} \times 2500}{0.9 \times 10^{-30}}} \text{m/s}$$

$$= 3.0 \times 10^7 \text{m/s}$$

（四）巩固拓展练习

练习：如图3所示，M 和 N 是匀强电场中的两个等势面，相距为 d，电势差为 U，一质量为 m（不计重力）、电荷量为 $-q$ 的粒子，以初速度 v_0 通过等势面 M 射入两等势面之间，求该粒子穿过等势面 N 的速度大小？

学生独自分析 + 小组讨论：

重点提示：

1. 分析电场的不同（匀强电场，方向不同）。

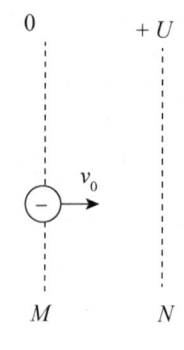

图3

2. 分析解题方法的选择（动能定理解题，注意负电荷各物理量带入时的符号）。

解：该过程中电场力做功等于粒子动能的变化，根据动能定理得：

$$-q(0-U) = \frac{1}{2}mv^2 - \frac{1}{2}mv_0^2$$

所以：$v = \sqrt{v_0^2 + \frac{2qU}{m}}$

拓展（课下思考）：若左极板电压为正，右极板电压为零，其他条件不变，该如何解题？

（五）总结归纳

带电粒子的加速小结：

解法一：运用运动学知识求解（只适于匀强电场）

$$\left. \begin{array}{l} a = \dfrac{F}{m} = \dfrac{qU}{md} \\ v^2 = 2ad \end{array} \right\} v = \sqrt{\dfrac{2qU}{m}}$$

解法二：运用能量知识求解（既适于匀强电场也适用于非匀强电场）

$$qU = \frac{1}{2}mv^2 \longrightarrow v = \sqrt{\frac{2qU}{m}}$$

五、说板书

1.9－1 带电粒子在电场中的运动

——带电粒子的加速

	所用知识点	相关公式	适用范围
解法一：运动学知识求解	牛顿第二定律 运动学公式	$\left. \begin{array}{l} a = \dfrac{F}{m} = \dfrac{qU}{md} \\ v^2 = 2ad \end{array} \right\} v = \sqrt{\dfrac{2qU}{m}}$	只适用于匀强电场
解法二：能量知识求解	动能定理	$qU = \dfrac{1}{2}mv^2 \Rightarrow v = \sqrt{\dfrac{2qU}{m}}$	既适用于匀强电场也适用于非匀强电场

六、说创新

本节课的创新主要有三方面：1. 新课所需知识总结详尽——课前以导学案的形式让学生先复习所有相关内容；2. 例题、习题选择注重层次，注重物理思维的发散性——课上每一题都是前一题的引申和拓展，学完每一题都会对本节知识有更深一层的认识；3. 注重物理情景的分析和物理思维的培养——每一例题、练习的学习都体现出物理核心素养的要求。

七、说得失

回顾本堂课的整个教学过程，同科老师指出的不足和自己反思的缺点主要有：解法一讲解耗时过多；分析引入解法二时没抓住最本质因素；学生反馈关注不够。

解法一运动学知识求解讲解耗时过多是因为学生基础较差，设计教学分析时通常都从最基础的知识讲解分析，但这样做确实显得主次颠倒，以后应更加突出教学重点。在分析引入解法二动能定理解题时，我的讲解没有抓住最本质因素，之所以选用动能定理解题，是因为题设条件当中提到电势差 U 这个与电场能的性质相关的物理量，以后在教学中要更深入研究知识的深层联系。课后，听课老师反映后排学生课上反映对电场力和静电力的认识不清楚，而我竟然没注意到这个情况，因此，以后上课过程应更加关注课堂和学生的反馈。

第四部分 04
学生心理调查

中学生心理健康现状调查研究

——以北京市第八十中学雄安校区为例

郭占军

采用华东师范大学周步成等修订的心理健康诊断测验，调查北京市第八十中学雄安校区163名学生。结果表明：（1）有较严重心理健康问题的学生的检出率为2.5%，有一定心理问题的学生的检出率为61.3%；（2）女生在对人焦虑的得分显著高于男生，男生在过敏倾向的得分显著高于女生；（3）高中生在学习焦虑上显著高于初中生，且高三学生得分显著高于其他五个年级学生。结论：中学生心理问题检出率较高，应采取适当措施，加强心理健康教育实效。

如今，青少年群体尤其是中学生心理健康问题日益受到人们的关注，中学生心理健康状况的调查研究对于分析中学生心理问题成因及制定有效的教育策略都有重要意义，但是近年来对中学生心理健康现状的调查研究较少，而且，地域因素是影响中学生心理健康状况的重要因素，而现有研究多集中于华中和华南地区[1][2][3][4][5]。本研究以北京市第八十中学雄安校区为例，对雄安新区及周边地区中学生的心理健康状况进行分析，为了解和解释雄安新区中学生心理健康水平提供了实证依据。

一、研究方法

（一）调查对象

采用分层抽样的方法，按年级在北京市第八十中学雄安校区初高中六个年级的学生中分层抽样，每个年级随机抽取30人，实际测验学生共计180人。对回收问卷进行整理，剔除效度量表得分7分以上的无效问卷，得到有效问卷163份，有效回收率为90.6%。被试的人口统计学信息如表1所示。

表1 被试的人口统计学信息（$n=163$）

	年级					
	初一	初二	初三	高一	高二	高三
人数	27	28	28	27	29	24
百分比	16.6	17.2	17.2	16.6	17.8	14.7
	性别					
	男生	女生				
人数	81	82				
百分比	49.7	50.3				

（二）调查方法

1. 调查工具。

使用华东师范大学周步成等人编制的心理健康诊断测验（MHT）[6]为测验工具，本量表共100题，包含8个内容量表和1个效度量表，内容量表分别为学习焦虑、对人焦虑、孤独倾向、自责倾向、过敏倾向、身体症状、恐怖倾向和冲动倾向。在结果解释上，效度量表得分≥8分解释为回答不真实，其调查结果作废剔除；各分量表得分≥8分解释为在该项目上适应不良，需要相应指导；总分≥65分解释为心理问题较严重，可能需要心理咨询。

2. 具体实施。

以年级为单位进行团体施测，由同一主试使用相同指导语，在相同条件下分别施测。

二、结果与分析

（一）中学生心理健康总体水平

根据描述统计结果，在本次调查的163名被试中，有较严重心理问题（高焦虑水平，总分≥65分）的有4人，占总人数的2.5%；有一定心理问题（中等焦虑水平，35分≤总分<65分）的有100人，占总人数的61.3%。（见表2）

表2 中学生心理健康问题检出率（$n=163$）

	高焦虑水平 （总分≥65分）					
	初一	初二	初三	高一	高二	高三
人数	0	2	0	1	1	0
检出率	0%	7.1%	0%	3.8%	3.4%	0%
	中等焦虑水平 （35分≤总分<65分）					
人数	14	13	18	16	20	19
检出率	51.8%	46.4%	62.1%	59.2%	68.9%	79.2%

结果显示，在各分量表上，有107名学生有学习焦虑症状，占总人数的62.9%，是中学生当前主要的心理健康问题。各分量表的检出率大小依次为学习焦虑、自责倾向、过敏倾向、身体症状、对人焦虑、恐怖倾向、冲动倾向、孤独倾向。（见表3）

表3 分量表心理健康问题检出率（$n=163$）

	学习焦虑	对人焦虑	孤独倾向	自责倾向	过敏倾向	身体症状	恐怖倾向	冲动倾向
人数	107	18	5	41	39	34	16	9
检出率	65.6%	11%	3%	25.2%	23.9%	20.9%	9.8%	5.5%

（二）不同性别中学生心理健康状况比较

独立样本t检验结果表明：男女生之间，在学习焦虑、孤独倾向、自责倾向、身体症状、恐怖倾向、冲动倾向和总焦虑程度的得分差异没有统计学意义，女生在对人焦虑的得分显著高于男生（$p<0.05$），男生在过敏倾向的得分显著高于女生（$p<0.01$）。（见表4）

表4 不同性别中学生心理健康状况比较

	男生（$n=81$）	女生（$n=82$）	t
学习焦虑	8.05±3.01	8.91±3.14	−1.79
对人焦虑	4.47±2.14	4.70±2.56	−0.61
孤独倾向	2.90±2.26	2.51±2.36	1.08
自责倾向	5.90±2.34	5.43±2.58	1.23
过敏倾向	5.99±1.90	5.83±2.48	0.46
身体症状	5.46±2.26	5.30±2.76	0.39
恐怖倾向	3.77±2.49	4.33±2.73	−1.38
冲动倾向	2.95±2.43	3.33±2.67	−0.95
总焦虑程度	39.48±12.89	40.34±15.05	−0.39

（三）不同年级中学生心理健康状况比较

单因素方差分析结果表明：不同年级的差异主要出现在学习焦虑上，高中生的得分显著高于初中生（$p<0.01$），而在其他分量表和总焦虑程度上的得分差异没有统计学意义。（见表5）

经过LSD法进一步比较发现，在总焦虑程度上，高二和高三学生得分显著高于初一学生；在学习焦虑上，高三学生得分显著高于其他五个年级学生得分，初一学生得分显著低于初二、初三、高二和高三学生；在对人焦虑上，高三学生得分显著高于初一、初二和高一学生；在孤独倾向上，高二学生显著高于初二和初三学生；在过敏倾向上，高二学生显著高于初一学生；在身体症状上，初二学生得分显著高于初一和初三学生。

表5 不同年级中学生心理健康状况比较

	初一	初二	初三	高一	高二	高三	F
学习焦虑	7.04±3.14	8.43±3.21	8.79±3.14	7.85±2.74	8.59±3.06	10.42±2.45	3.59
对人焦虑	3.96±2.44	4.11±2.20	4.68±2.56	4.41±2.15	4.93±2.34	5.50±3.16	1.52

续表

	初一	初二	初三	高一	高二	高三	F
孤独倾向	3.00 ± 2.75	2.18 ± 1.98	2.04 ± 1.77	2.78 ± 2.06	3.38 ± 2.71	2.88 ± 2.31	1.39
自责倾向	5.04 ± 2.42	5.68 ± 2.34	5.57 ± 2.74	5.89 ± 2.13	6.03 ± 2.73	5.75 ± 2.47	0.53
过敏倾向	5.33 ± 2.52	5.79 ± 2.25	5.54 ± 1.89	6.07 ± 2.01	6.48 ± 2.26	6.25 ± 2.15	1.09
身体症状	4.74 ± 1.78	6.04 ± 3.14	4.82 ± 2.82	5.07 ± 2.25	5.72 ± 2.28	5.92 ± 2.43	1.43
恐怖倾向	3.67 ± 1.94	4.18 ± 2.99	3.68 ± 2.65	4.11 ± 2.62	4.76 ± 2.80	3.83 ± 2.63	0.70
冲动倾向	2.78 ± 2.63	3.32 ± 2.97	2.93 ± 2.44	3.52 ± 2.86	3.52 ± 2.16	2.71 ± 2.44	0.55
总焦虑程度	35.56 ± 13.44	19.71 ± 16.29	38.04 ± 14.11	39.70 ± 16.29	43.41 ± 14.21	43.25 ± 12.43	1.28

三、讨论

（一）中学生心理健康整体情况分析

调查结果表明：北京市第八十中学雄安校区学生有较严重心理问题的检出率为2.5%，有一定心理问题的检出率为61.3%，与国内采用同种测量工具的其他调查结果相比，较严重心理问题的检出率低于合肥市、中山市等城市的调查结果，而有一定心理问题的检出率却相对较高，且在学习焦虑上平均分也相对较高，说明北京市第八十中学雄安校区学生的心理问题是普遍存在的，且主要集中在学习焦虑上，学习焦虑水平比部分高教育水平城市中学生要高。

（二）不同性别中学生心理健康情况差异

调查结果表明：男女生在总量表分和6个分量表得分上无显著差异，这与国内同类调查研究结果不太一致，由于生理差异及传统观念，在同类调查结果中，女生在总量表分和各分量表分上往往高于男生，本研究结果可能表明男女生的心理健康情况差异有所减小。此外，本研究结果中，女生在对人焦虑的得分显著高于男生，男生在过敏倾向的得分显著高于女生，表明女生在人际关系中相较于男生更为敏感，对人焦虑的情况更为明显，在教育中关注到这一点，有助于教师处理好学生人际关系方面的心理问题。

（三）不同年级中学生心理健康情况差异

调查结果表明：不同年级的差异主要出现在学习焦虑上，高中生的得分显著高于初中生，高中生较初中生有更大的升学压力，且高中所学知识更难，导致高中生在学习焦虑上的心理问题比初中生更严重，教师应为高中生提供相对较轻松的学习氛围，视情况减轻学习压力，帮助学生解决学习焦虑方面的心理问题。

此外，在学习焦虑上，高三学生得分显著高于其他五个年级学生得分，说明面临高考的高三学生的学习焦虑是最强的，也是最需要心理辅导的，对于高三学生的心理健康问题，学校需加强辅导和干预；在对人焦虑上，高三学生得分显著高于初一、初二和高一学生，这与学习焦虑是有一定联系的，学习压力过大造成高三学生人际关系敏感，也需要引起我们关注。

（四）教育策略

1. 推进制度改革，减轻学生学习压力

中学生心理问题主要集中在学习焦虑上，高强度的学习负荷和过高的考试压力、升学压力是学习焦虑的直接来源，要减轻中学生学习焦虑方面的心理问题，就要响应国家教育体制改革，推进学校制度改革，从根本上革除"应试教育"的弊端。推行素质教育，淡化考试的选拔功能，消除学生和家长对考试的过度关注，才能减轻学生的焦虑，减少中学生心理问题的发生。

2. 开展心理健康教育，促进学生心理健康发展

我国学校内的心理健康教育已有30余年历程，取得了一定成绩，但是总体而言心理健康教育的成效不是很显著，表现在三个方面：一是很多学校对心理健康教育的重视程度不够，有些学校还未开设心理咨询室和心理健康教育课程，有些学校虽然开设了课程却只是开展德育教育，缺乏心理健康教

育的本质;二是学生及家长对心理健康教育的接受度不高,认为心理"有问题"才需要心理健康教育;三是近年来中学生心理问题检出率仍然偏高。

学校要加强心理健康教育实效,使学校心理健康教育朝科学化、规范化、制度化发展。需要做到以下三点:一要加强心理健康教育建设与开展,使心理健康教育课程和心理咨询师发挥实效;二要坚持心理健康教育的各项原则,在心理咨询中坚持助人自助的思想;三要做好心理健康教育和德育工作的结合,不能单纯将德育工作当作心理健康教育,要做好对学生所出现问题的区分,用对症的方法来解决问题,同时使两项工作相互结合、渗透,共同提高。

参考文献

[1] 梁剑玲. 中山市中小学生心理健康状况的调查与研究[J]. 教育测量与评价(理论版), 2010 (6).

[2] 盖静. 淮安市淮阴区中小学生心理健康现状调查及分析[J]. 江苏教育研究, 2011 (29).

[3] 徐惠萍, 余秋梅, 王荔. 昆明城区中小学生心理健康状况调查研究[J]. 昆明学院学报, 2012, 34 (5).

[4] 程龙. 安徽省中小学生心理健康状况调查[J]. 中国校医, 2009, 23 (2).

[5] 杨兆华, 李亚萍, 等. 德阳市中小学生心理健康现状[J]. 预防医学情报杂志, 2010, 26 (4).

[6] 周步成. 心理健康诊断测验手册[M]. 上海: 华东师范大学出版社, 1991.